宋史

元脱脱等撰

第一册

卷一至卷一二(紀)

中華書局

圖書在版編目(CIP)數據

宋史/(元)脱脱等撰. —北京:中華書局,1977.11
(2024.11 重印)
ISBN 978-7-101-00323-9

Ⅰ.宋… Ⅱ.脱… Ⅲ.中國-古代史-宋史
Ⅳ.K244

中國版本圖書館 CIP 數據核字(2004)第 030243 號

責任印製:管 斌

宋 史

(全四十册)

〔元〕脱 脱等 撰

*

中 華 書 局 出 版 發 行

(北京市豐臺區太平橋西里 38 號 100073)

http://www.zhbc.com.cn

E-mail:zhbc@zhbc.com.cn

北京新華印刷有限公司印刷

*

850×1168 毫米 1/32 · 456¾印張 · 8137 千字

1977 年 11 月第 1 版 2024 年 11 月第 17 次印刷

印數:44601-45600 册 定價:1200.00 元

ISBN 978-7-101-00323-9

出版説明

宋史修於元末，由丞相脱脱和阿魯圖先後主持修撰，鐵木兒塔識、賀惟一、張起巖、歐陽玄等七人任總裁官。全書本紀四十七卷，志一百六十二卷，表三十二卷，列傳二百五十五卷，共四百九十六卷，是二十四史中最龐大的一部官修史書。

早在元初，元世祖忽必烈就曾詔修宋史，後來，袁桷又奏請購求遼、金、宋遺書，虞集也曾奉命主持修撰遼、金、宋三史。由於元王朝内部對修撰宋史的體例主張不同，一派要「以宋爲世紀，遼、金爲載記」，一派要「以遼、金爲北史，宋太祖至靖康爲宋史，建炎以後爲南宋史」，雙方「持論不決」〔一〕，長期未能成書。元順帝於公元一三四三年（至正三年），又詔修遼、金、宋三史〔二〕，決定宋、遼、金各爲一史。宋史在紀、傳、表、志本已完備的基礎上〔三〕，只用了兩年半的時間，於一三四五年（至正五年）成書。

在二十四史中，宋史以卷帙浩繁著稱。兩千多人的列傳，比舊唐書列傳多一倍，志的份量在二十四史中也是獨一無二的。食貨志十四卷，相當於舊唐書食貨志的七倍。兵志

〔一〕〔三〕趙翼：廿二史劄記卷二三。　〔二〕元史卷四一順帝本紀。

十二卷，是新唐書兵志的十二倍。禮志二十八卷，竟佔二十四史所有禮志的一半。元末修撰的這部宋史，是元人利用舊有宋朝國史編撰而成，基本上保存了宋朝國史的原貌。宋史對於宋代的政治、經濟、軍事、文化、民族關係、典章制度以及活動在這一歷史時期的許多人物都做了較爲詳盡的記載，是研究兩宋三百多年歷史的基本史料。例如，從食貨志中，不僅可以看到兩宋社會經濟發展的概況和我國各民族、各地區之間經濟聯繫的加强，還可以看到勞動人民創造的超越往代的巨大物質財富和他們所遭受的殘酷剥削。天文志、律曆志、五行志等，保存了許多天文氣象資料、科學數據以及關於地震等自然災害的豐富史料。

宋史具有以往封建史書所没有的特點，這就是它始終遵循的基本思想是程朱理學。清代的四庫全書總目提要說，宋史「大旨以表章道學爲宗，餘事皆不甚措意」〔一〕。清代史學家錢大昕也說：「宋史最推崇道學，而尤以朱元晦（熹）爲宗。」〔二〕這是符合實際的。在宋史修撰中起主要作用的那些人物，都是道學的信奉者。例如，對於宋史修撰「多所協贊」的鐵木兒塔識，就對「伊洛諸儒之書，深所研究」〔三〕。張起巖對「宋儒道學源委，尤多究

〔一〕四庫全書總目提要卷四六史部正史類二。

〔二〕錢大昕：廿二史考異卷八〇。

〔三〕元史卷一四〇鐵木兒塔識傳。

心」〔一〕。特別是在宋史的修撰中「尤任勞動」〔二〕的歐陽玄，更是一個對「伊洛諸儒源委，尤爲淹貫」〔三〕的道學家。宋史的修撰原則是，遵循「先儒性命之説」，「先理致而後文辭，崇道德而黜功利。書法以之而矜式，彝倫賴是以匡扶」〔四〕。在這個原則下，歐陽玄爲宋史定下的體例和他所撰寫的論、贊、序以及進宋史表〔五〕，都集中地貫徹了道學的思想。

宋史在史料剪裁、史實考訂、全書體例等方面存在許多缺點，使它在二十四史中有繁蕪雜亂之稱。宋史「以宋人國史爲稿本」〔六〕宋人國史記載北宋特別詳細，南宋中葉以後「罕所記載」，宋史依樣畫葫蘆，顯得前詳後略，頭重脚輕。在宋史中，還有許多自相矛盾的地方。如一人兩傳，無傳而説有傳，一事數見，有目無文，紀與傳、傳與傳、表與傳、傳文與傳論之間互相牴牾等等。

宋史的版本，主要有下列幾種：公元一三四六年（元至正六年）杭州路刻印的至正本；公元一四八〇年（明成化十六年）的成化本（朱英在廣州按元刻本的抄本刻印，後來

〔一〕元史卷一八二張起巖傳。　〔二〕歐陽玄：圭齋文集卷一六行狀。　〔三〕元史卷一八二歐陽玄傳。

〔四〕歐陽玄：圭齋文集卷一三進宋史表。　〔五〕元史卷一八二歐陽玄傳、圭齋文集卷一三進宋史表。　〔六〕四庫全書總目提要卷四六史部正史類二。

的版本大都以此爲底本）；明嘉靖南京國子監本（南監本）；明萬曆北京國子監本（北監本）；清乾隆四年武英殿本（殿本）；清光緒元年浙江書局本（局本）；一九三四年上海商務印書館百衲本（一九五八年縮印本個別卷帙有抽换）。由於百衲本是用元至正本和明成化本配補影印而成，又同殿本作了對校，修補和改正了某些錯字，是一個較好的版本。因此，這次校點宋史，是以百衲本爲工作本，同時吸收了葉渭清元槧宋史校記和張元濟宋史校勘記稿本的成果，參校了殿本和局本。凡是點不斷、讀不通而又無法從版本上校正的地方，適當地作了本校和他校工作，在卷末校勘記中説明。

本書原由聶崇岐同志負責點校，初點已經完成，並寫出一些校勘記樣稿。聶崇岐同志去世後，從一九六三年起，改由羅繼祖同志點校，其中河渠等十個志由鄧廣銘同志點校，但不久因「文化大革命」開始，工作中輟。一九七一年，宋史和舊唐書、新唐書、舊五代史、新五代史等五史決定由上海人民出版社古籍編輯室組織力量在上海繼續進行工作。本史的點校由上海師範學院、上海社會科學院、復旦大學分擔完成。參加這一階段工作的，上海師範學院擔任初點的有程應鏐、魏建猷、張家駒、徐光烈、董家駿、裴汝誠、陳九思、顔克述、羅君惕、商韜、劉秉彝、吴紹烈同志；定稿小組有程應鏐、徐光烈、顔克述同志；張家駒同志通讀了大部分稿子。上海社會科學院有（按姓氏筆劃爲序）方詩銘、王修齡、佘先鼎、浦增元、徐崙、徐同甫、馬伯煌、湯志鈞、葉芳炎、臧榮炳、劉修明同志。復旦大學有（按姓氏筆劃爲序）王文楚、牟元珪、汪槐齡、周維衍、章左聲、項國茂、楊寬、鄧廷爵、魏嵩山同志。參加本書編輯整理工作的有劉德權、郭羣一、李劍雄、陸楓、馮菊年、周琪生同志（以上名單及排列順序均由各單位提供）。

這次重印，僅就已經發現的問題和可能條件作了少量的修正。

中華書局編輯部

宋史目錄

卷一　本紀第一
太祖趙匡胤一……一
建隆元年至乾德二年
卷二　本紀第二
太祖趙匡胤二……二一
乾德三年至開寶四年
卷三　本紀第三
太祖趙匡胤三……三七
開寶五年至九年
卷四　本紀第四
太宗趙炅一……五三
太平興國元年至雍熙元年
卷五　本紀第五
太宗趙炅二……七五
雍熙二年至至道三年
卷六　本紀第六
眞宗趙恆一……一〇三
咸平元年至五年
卷七　本紀第七
眞宗趙恆二……一二一
咸平六年至大中祥符三年
卷八　本紀第八
眞宗趙恆三……一四七
大中祥符四年至乾興元年

卷九　本紀第九
仁宗趙禎一……一七五
天聖元年至九年
卷十　本紀第十
仁宗趙禎二……一九三
明道元年至康定元年
卷十一　本紀第十一
仁宗趙禎三……二一一
慶曆元年至皇祐元年
卷十二　本紀第十二
仁宗趙禎四……二二九
皇祐二年至嘉祐八年
卷十三　本紀第十三
英宗趙曙……二五三
治平元年至四年
卷十四　本紀第十四
神宗趙頊一……二六三
熙寧元年至二年
卷十五　本紀第十五
神宗趙頊二……二七五
熙寧三年至元豐二年
卷十六　本紀第十六
神宗趙頊三……三〇一
元豐三年至八年
卷十七　本紀第十七
哲宗趙煦一……三一七
元祐元年至八年
卷十八　本紀第十八
哲宗趙煦二……三三九
紹聖元年至元符三年

卷十九　本紀第十九
徽宗趙佶一……三五七
建中靖國元年至崇寧三年
卷二十　本紀第二十
徽宗趙佶二……三七三
崇寧四年至政和元年
卷二十一　本紀第二十一
徽宗趙佶三……三八九
政和二年至重和元年
卷二十二　本紀第二十二
徽宗趙佶四……四〇三
宣和元年至七年
卷二十三　本紀第二十三
欽宗趙桓……四二一
靖康元年至二年
卷二十四　本紀第二十四
高宗趙構一……四三九
建炎元年
卷二十五　本紀第二十五
高宗趙構二……四五三
建炎二年至三年
卷二十六　本紀第二十六
高宗趙構三……四七五
建炎四年至紹興元年
卷二十七　本紀第二十七
高宗趙構四……四九五
紹興二年至四年
卷二十八　本紀第二十八
高宗趙構五……五一七
紹興五年至七年

卷二十九　本紀第二十九
高宗趙構六……五三五
紹興八年至十一年
卷三十　本紀第三十
高宗趙構七……五五五
紹興十二年至二十二年
卷三十一　本紀第三十一
高宗趙構八……五七七
紹興二十三年至三十年
卷三十二　本紀第三十二
高宗趙構九……五九九
紹興三十一年至三十二年
卷三十三　本紀第三十三
孝宗趙眘一……六一五
隆興元年至乾道二年
卷三十四　本紀第三十四
孝宗趙眘二……六三九
乾道三年至淳熙四年
卷三十五　本紀第三十五
孝宗趙眘三……六六七
淳熙五年至十六年
卷三十六　本紀第三十六
光宗趙惇……六九三
紹熙元年至五年
卷三十七　本紀第三十七
寧宗趙擴一……七一三
慶元元年至六年
卷三十八　本紀第三十八
寧宗趙擴二……七二九
嘉泰元年至開禧三年

卷三十九　本紀第三十九
寧宗趙擴三……七四九
嘉定元年至九年
卷四十　本紀第四十
寧宗趙擴四……七六七
嘉定十年至十七年
卷四十一　本紀第四十一
理宗趙昀一……七八三
寶慶元年至端平元年
卷四十二　本紀第四十二
理宗趙昀二……八〇七
端平二年至淳祐三年
卷四十三　本紀第四十三
理宗趙昀三……八二九
淳祐四年至寶祐元年
卷四十四　本紀第四十四
理宗趙昀四……八五一
寶祐二年至開慶元年
卷四十五　本紀第四十五
理宗趙昀五……八七一
景定元年至五年
卷四十六　本紀第四十六
度宗趙禥……八九一
咸淳元年至十年
卷四十七　本紀第四十七
瀛國公趙㬎……九二一
德祐元年至二年
益王趙昰……九三九
景炎元年至三年
衞王趙昺……九四四

祥興元年至二年

卷四十八　志第一

天文一……九四九

儀象……九五一

極度……九六六

黃赤道……九六七

中星……九六八

土圭……九六八

卷四十九　志第二

天文二……九七三

紫微垣……九七三

太微垣……九八三

天市垣……九九〇

卷五十　志第三

天文三……九九五

二十八舍上……九九五

卷五十一　志第四

天文四……一〇三一

二十八舍下……一〇三一

卷五十二　志第五

天文五……一〇六七

七曜……一〇六七

景星……一〇七六

彗孛……一〇七七

客星……一〇七七

流星……一〇七八

妖星……一〇七八

星變……（缺文）

雲氣……一〇八〇

日食……一〇八一

日變……一〇八六
日煇氣……一〇八八
月食……一〇九四
月變……一一〇〇
月煇氣……一一〇〇
卷五十三　志第六
天文六……一一〇五
月犯五緯……一一〇五
月犯列舍上……一一一〇
卷五十四　志第七
天文七……一一三一
月犯列舍下……一一三一
卷五十五　志第八
天文八……一一五七
五緯犯列舍……一一五七
卷五十六　志第九
天文九……一二〇三
歲星晝見……一二〇三
太白晝見經天……一二〇四
五緯相犯……一二〇八
五緯相合……一二一三
五緯俱見……一二二三
老人星……一二二四
景星……一二二六
彗孛……一二二六
客星……一二三〇
卷五十七　志第十
天文十……一二三三
流隕一……一二三三
卷五十八　志第十一

天文十一……一二五五
流隕二……一二五五
卷五十九　志第十二
天文十二……一二七三
流隕三……一二七三
卷六十　志第十三
天文十三……一二九五
流隕四……一二九五
妖星……一三〇六
星變……一三〇七
雲氣……一三〇七
卷六十一　志第十四
五行一上……一三一七
水上……一三一七
卷六十二　志第十五
五行一下……一三四一
水下……一三四一
卷六十三　志第十六
五行二上……一三七五
火上……一三七五
卷六十四　志第十七
五行二下……一三九九
火下……一三九九
卷六十五　志第十八
五行三……一四一五
木……一四一五
卷六十六　志第十九
五行四……一四三五
金……一四三五
卷六十七　志第二十

五行五……一四六一
土……一四六一
卷六十八　志第二十一
律曆一……一四九一
應天乾元儀天曆……一四九一
卷六十九　志第二十二
律曆二……一五一九
應天乾元儀天曆……一五一九
卷七十　志第二十三
律曆三……一五五三
應天乾元儀天曆……一五五三
卷七十一　志第二十四
律曆四……一六〇三
崇天曆……一六〇三
卷七十二　志第二十五
律曆五……一六二五
崇天曆……一六二五
卷七十三　志第二十六
律曆六……一六五三
崇天曆……一六五三
卷七十四　志第二十七
律曆七……一六八五
明天曆……一六八五
卷七十五　志第二十八
律曆八……一七〇九
明天曆……一七〇九
卷七十六　志第二十九
律曆九……一七四三
皇祐渾儀……一七四三
皇祐漏刻……一七四六

皇祐圭表……一七五一
皇祐岳臺晷景法……一七六三
卷七十七　志第三十
律曆十……一七九七
觀天曆……一七九七
卷七十八　志第三十一
律曆十一……一八二一
觀天曆……一八二一
卷七十九　志第三十二
律曆十二……一八四七
紀元曆……一八四七
卷八十　志第三十三
律曆十三……一八七七
紀元曆……一八七七
卷八十一　志第三十四
律曆十四……一九〇九
卷八十二　志第三十五
律曆十五……一九二九
卷八十三　志第三十六
律曆十六……一九五五
紹興統元乾道淳熙會元曆……一九五五
卷八十四　志第三十七
律曆十七……二〇二三
紹熙統天開禧成天曆……二〇二三
卷八十五　志第三十八
地理一……二〇九三
京城……二〇九七
京畿路……二一〇六
京東路……二一〇七
京西路……二一一二

卷八十六　志第三十九
地理二……二一二一
河北路……二一二一
河東路……二一三一
卷八十七　志第四十
地理三……二一四三
陝西路……二一四三
卷八十八　志第四十一
地理四……二一七三
兩浙路……二一七三
淮南東路……二一七八
淮南西路……二一八二
江南東路……二一八六
江南西路……二一八八
荊湖北路……二一九二
荊湖南路……二一九八
卷八十九　志第四十二
地理五……二二〇七
福建路……二二〇七
成都府路……二二一〇
潼川府路……二二一六
利州路……二二二一
夔州路……二二二六
卷九十　志第四十三
地理六……二二三五
廣南東路……二二三五
廣南西路……二二三九
燕山府路……二二四九
卷九十一　志第四十四
河渠一……二二五五

黃河上……二二五五
卷九十二　志第四十五
河渠二……二二八一
黃河中……二二八一
卷九十三　志第四十六
河渠三……二三〇三
黃河下……二三〇三
汴河上……二三一六
卷九十四　志第四十七
河渠四……二三二七
汴河下……二三二七
洛河……二三三六
蔡河……二三三六
廣濟河……二三三八
金水河……二三四〇
白溝河……二三四二
京畿溝渠……二三四三
白河……二三四五
三白渠……二三四五
鄧許諸渠……二三四七
卷九十五　志第四十八
河渠五……二三五一
漳河……二三五一
滹沱河……二三五二
御河……二三五三
塘濼緣邊諸水……二三五八
河北諸水……二三六四
岷江……二三七五
卷九十六　志第四十九
河渠六……二三七九

東南諸水上……二三七九
卷九十七　志第五十
河渠七……二三九三
東南諸水下……二三九三
淮郡諸水……二三九三
淛江……二三九六
臨安西湖……二三九七
臨安運河……二三九九
鹽官海水……二四〇一
明州水……二四〇三
鄞縣水……二四〇四
潤州水……二四〇四
淛西運河……二四〇五
越州水……二四〇六
常州水……二四〇八
昇州水……二四一一
秀州水……二四一三
蘇州水……二四一五
黃巖縣水……二四一六
荆襄諸水……二四一六
廣西水……二四一七
卷九十八　志第五十一
禮一……二四二一
吉禮一……二四二五
卷九十九　志第五十二
禮二……二四三三
吉禮二……二四三三
南郊……二四三三
卷一百　志第五十三
禮三……二四四九

吉禮三……二四四九
北郊……二四四九
祈穀……二四五六
五方帝……二四五九
感生帝……二四六一
卷一百一　志第五十四
禮四……二四六五
吉禮四……二四六五
明堂……二四六五
卷一百二　志第五十五
禮五……二四八三
吉禮五……二四八三
社稷……二四八三
嶽瀆……二四八五
籍田……二四八九
先蠶……二四九三
奏告……二四九七
祈禜……二四九九
卷一百三　志第五十六
禮六……二五〇五
吉禮六……二五〇五
朝日夕月……二五〇五
九宮貴神……二五〇六
高禖……二五一〇
大火……二五一三
壽星靈星……二五一五
風伯雨師……二五一六
司寒……二五一八
蜡……二五一九
七祀……二五二一

馬祖……二五二二
酺神……二五二三
卷一百四　志第五十七
禮七……二五二七
吉禮七……二五二七
封禪……二五二七
汾陰后土……二五三四
朝謁太清宮……二五三七
天書九鼎……二五三九
卷一百五　志第五十八
禮八……二五四七
吉禮八……二五四七
文宣王廟……二五四七
武成王廟……二五五五
先代陵廟……二五五八
諸神祠……二五六一
卷一百六　志第五十九
禮九……二五六五
吉禮九……二五六五
宗廟之制……二五六五
卷一百七　志第六十
禮十……二五七九
吉禮十……二五七九
禘祫……二五七九
卷一百八　志第六十一
禮十一……二五九三
吉禮十一……二五九三
時享……二五九三
薦新……二六〇二
加上祖宗謚號……二六〇四

廟諱……二六〇九
卷一百九　志第六十二
禮十二……二六一三
吉禮十二……二六一三
后廟……二六一三
景靈宮……二六二一
神御殿……二六二四
功臣配侑……二六二八
羣臣家廟……二六三二
卷一百一十　志第六十三
禮十三……二六三九
嘉禮一……二六三九
上尊號儀……二六三九
高宗內禪儀……二六四二
上皇太后皇太妃册寶儀……二六四五
卷一百一十一　志第六十四
禮十四……二六五三
嘉禮二……二六五三
册立皇后儀……二六五三
册命皇太子儀……二六六三
册皇太子妃儀……二六六六
公主受封儀……二六六七
册命親王大臣儀……二六六八
卷一百一十二　志第六十五
禮十五……二六七一
嘉禮三……二六七一
聖節……二六七一
諸慶節……二六八〇
卷一百一十三　志第六十六
禮十六……二六八三

嘉禮四……二六八三
宴饗……二六八三
遊觀……二六九五
賜酺……二六九九
卷一百一十四　志第六十七
禮十七……二七〇三
嘉禮五……二七〇三
巡幸……二七〇三
養老……二七〇六
視學……二七〇八
賜進士宴……二七一一
幸祕書省……二七一二
進書儀……二七一三
大射儀……二七一八
鄉飲酒禮……二七二〇
卷一百一十五　志第六十八
禮十八……二七二五
嘉禮六……二七二五
皇太子冠禮皇子附……二七二五
公主笄禮……二七三〇
公主下降儀宗室附……二七三二
親王納妃……二七三五
品官婚禮……二七四〇
士庶人婚禮……二七四〇
卷一百一十六　志第六十九
禮十九……二七四三
賓禮一……二七四三
大朝會儀……二七四三
常朝儀……二七五一
卷一百一十七　志第七十

禮二十……二七六五
賓禮二……二七六五
入閤儀……二七六五
明堂聽政儀……二七七一
肆赦儀……二七七三
皇太后垂簾儀……二七七四
皇太子正至受賀儀……二七七六
皇太子與百官師保相見儀……二七七七
卷一百一十八　志第七十一
禮二十一……二七八一
賓禮三……二七八一
朝儀班序……二七八一
百官轉對……二七八五
百官相見儀制……二七八八
卷一百一十九　志第七十二
禮二十二……二七九五
賓禮四……二七九五
錄周後……二七九五
錄先聖後……二七九九
羣臣朝使宴餞……二八〇〇
朝臣時節餽廩……二八〇二
外國君長來朝……二八〇三
契丹夏國使副見辭儀高麗附……二八〇四
金國聘使見辭儀……二八一〇
諸國朝貢……二八一三
卷一百二十　志第七十三
禮二十三……二八一七
賓禮五……二八一七
羣臣上表儀……二八一七

宰臣赴上儀……二八一九
朝省集儀班位……二八二一
臣僚上馬之制……二八二四
臣僚呵引之制……二八二六
卷一百二十一　志第七十四
禮二十四……二八二九
軍禮……二八二九
禡祭……二八二九
閱武……二八三〇
受降獻俘……二八三六
田獵……二八四〇
打毬……二八四一
救日伐鼓……二八四三
卷一百二十二　志第七十五
禮二十五……二八四七
凶禮一……二八四七
山陵……二八四七
卷一百二十三　志第七十六
禮二十六……二八六七
凶禮二……二八六七
園陵……二八六七
濮安懿王園廟……二八七六
秀安僖王園廟……二八七七
莊文景獻二太子欑所……二八七九
上陵……二八八一
忌日……二八八八
羣臣私忌……二八九三
卷一百二十四　志第七十七
禮二十七……二八九七
凶禮三……二八九七

外國喪禮及入弔儀……二八九七
諸臣喪葬等儀……二九〇一
卷一百二十五　志第七十八
禮二十八……二九一七
凶禮四……二九一七
士庶人喪禮……二九一七
服紀……二九一九
卷一百二十六　志第七十九
樂一……二九三七
卷一百二十七　志第八十
樂二……二九五九
卷一百二十八　志第八十一
樂三……二九八一
卷一百二十九　志第八十二
樂四……三〇〇一
卷一百三十　志第八十三
樂五……三〇二九
卷一百三十一　志第八十四
樂六……三〇四七
卷一百三十二　志第八十五
樂七……三〇六七
樂章一……三〇六七
郊祀……三〇六七
祈穀……三〇八一
雩祀……三〇八二
五方帝……三〇八三
感生帝……三〇九三
卷一百三十三　志第八十六
樂八……三〇九九
樂章二……三〇九九

明堂大饗……三〇九九
皇地祇……三一〇九
神州地祇……三一一四
朝日夕月……三一一八
高禖……三一二二
九宮貴神……三一二五
卷一百三十四　志第八十七
樂九……三一二九
樂章三……三一二九
太廟常享……三一二九
禘祫……三一三五
加上徽號……三一四二
郊前朝享……三一四四
皇后別廟……三一五七
卷一百三十五　志第八十八
樂十……三一六九
樂章四……三一六九
朝謁玉淸昭應宮……三一六九
太淸宮……三一七二
朝享景靈宮……三一七三
封禪……三一八三
祀汾陰……三一八五
奉天書……三一八六
祭九鼎……三一八七
卷一百三十六　志第八十九
樂十一……三一九一
樂章五……三一九一
祀嶽鎭海瀆……三一九一
祀大火……三二〇三
祀大辰……三二〇五

卷一百三十七　志第九十
樂十二……三三〇九
樂章六……三三〇九
祭太社太稷……三三〇九
祭風雨雷師……三三一四
祭先農先蠶……三三一八
親耕藉田……三三二三
蜡祭……三三二六
釋奠文宣王武成王……三三三四
祭祚德廟……三三四〇
祭司中司命……三三四一
五龍……三三四二
卷一百三十八　志第九十一
樂十三……三三四五
樂章七……三三四五
朝會……三三四五
御樓肆赦……三三五六
恭上皇帝皇太后尊號上……三三五九
卷一百三十九　志第九十二
樂十四……三三七一
樂章八……三三七一
恭上皇帝皇太后尊號下……三三七一
册立皇后……三三八〇
册皇太子……三三九〇
皇子冠……三三九二
鄉飲酒……三三九五
聞喜宴……三三九八
鹿鳴宴……三三九九
卷一百四十　志第九十三
樂十五……三三〇一

鼓吹上……三三〇一
卷一百四十一　志第九十四
樂十六……三三二三
鼓吹下……三三二三
卷一百四十二　志第九十五
樂十七……三三三九
詩樂……三三三九
琴律……三三四一
燕樂……三三四五
教坊……三三四七
雲韶部……三三五九
鈞容直……三三六〇
四夷樂……三三六二
卷一百四十三　志第九十六
儀衛一……三三六五
殿庭立仗……三三六六
卷一百四十四　志第九十七
儀衛二……三三八五
宮中導從……三三八五
行幸儀衛……三三八六
太上皇儀衛……三三九一
后妃儀衛……三三九二
卷一百四十五　志第九十八
儀衛三……三三九九
國初鹵簿……三三九九
卷一百四十六　志第九十九
儀衛四……三四二三
政和大駕鹵簿并宣和增減……三四二三
小駕……三四三六
卷一百四十七　志第一百

儀衛五……三四三九
紹興鹵簿……三四三九
皇太后皇后鹵簿……三四四九
皇太子鹵簿……三四五一
皇太子妃鹵簿之制……三四五五
王公以下鹵簿……三四五六
卷一百四十八　志第一百一
儀衛六……三四六一
鹵簿儀服……三四六一
卷一百四十九　志第一百二
輿服一……三四七七
五輅……三四七九
大輅……三四八五
大輦……三四八六
芳亭輦……三四八七
鳳輦……三四八八
逍遙輦……三四八八
平輦……三四八八
七寶輦……三四八九
小輿……三四八九
腰輿……三四九〇
耕根車……三四九〇
進賢車……三四九〇
明遠車……三四九〇
羊車……三四九一
指南車……三四九一
記里鼓車……三四九三
白鷺車……三四九四
鸞旗車……三四九五
崇德車……三四九五

皮軒車……三四九五
黃鉞車……三四九五
豹尾車……三四九六
屬車……三四九六
五車……三四九六
涼車……三四九七
相風烏輿……三四九七
行漏輿……三四九七
十二神輿……三四九八
鉦鼓輿……三四九八
鍾鼓樓輿……三四九八
卷一百五十　志第一百三
輿服二……三五〇一
后妃車輿……三五〇一
皇太子王公以下車輿……三五〇五
繖扇鞍勒……三五一〇
門戟旌節……三五一四
卷一百五十一　志第一百四
輿服三……三五一七
天子之服皇太子附……三五一七
后妃之服命婦附……三五三四
卷一百五十二　志第一百五
輿服四……三五三九
諸臣服上……三五三九
卷一百五十三　志第一百六
輿服五……三五六一
諸臣服下……三五六一
士庶人服……三五七三
卷一百五十四　志第一百七
輿服六……三五八一

寶……三五八一
印……三五九〇
符劵……三五九四
宮室制度……三五九八
臣庶室屋制度……三六〇〇
卷一百五十五　志第一百八
選舉一……三六〇三
科目上……三六〇四
卷一百五十六　志第一百九
選舉二……三六二五
科目下舉遺逸附……三六二五
卷一百五十七　志第一百一十
選舉三……三六五七
學校試律學等試附……三六五七
卷一百五十八　志第一百一十一
選舉四……三六九三
銓法上……三六九三
卷一百五十九　志第一百一十二
選舉五……三七二一
銓法下……三七二一
遠州銓……三七二一
補蔭……三七二四
流外補……三七三五
卷一百六十　志第一百一十三
選舉六……三七三九
保任……三七三九
考課……三七五七
卷一百六十一　志第一百一十四
職官一……三七六七
三師……三七七一

三公……三七七一
宰執……三七七三
門下省……三七七六
中書省……三七八二
尚書省……三七八七

卷一百六十二　志第一百一十五
職官二……三七九七
樞密院……三七九七
宣徽院……三八〇六
三司使……三八〇七
翰林學士院……三八一一
侍讀侍講……三八一三
崇政殿說書……三八一五
諸殿學士……三八一六
諸閣學士……三八一八
諸修撰直閣……三八二一
東宮官……三八二二
王府官……三八二六

卷一百六十三　志第一百一十六
職官三……三八三一
吏部……三八三一
戶部……三八四六
禮部……三八五一
兵部……三八五四
刑部……三八五七
工部……三八六二
六部監門……三八六四
六部架閣……三八六五

卷一百六十四　志第一百一十七
職官四……三八六九

御史臺……三八六九
祕書省……三八七三
殿中省……三八八〇
太常寺……三八八二
宗正寺大宗正司附……三八八七
光祿寺……三八九一
衛尉寺……三八九二
太僕寺……三八九三

卷一百六十五　志第一百一十八

職官五……三八九九
大理寺……三八九九
鴻臚寺……三九〇三
司農寺……三九〇四
太府寺……三九〇六
國子監……三九〇九
少府監……三九一七
將作監……三九一八
軍器監……三九二〇
都水監……三九二一
司天監……三九二三

卷一百六十六　志第一百一十九

職官六……三九二七
殿前司……三九二七
侍衞親軍……三九三〇
環衞官……三九三一
皇城司……三九三二
三衞官……三九三四
客省引進……三九三五
四方館……三九三六
東西上閤門……三九三六

帶御器械……三九三八
入內內侍省內侍省……三九三九
開封府……三九四一
臨安府……三九四四
河南應天府……三九四五
次府……三九四六
節度使……三九四六
承宣觀察防禦等使……三九四七
卷一百六十七　志第一百二十
職官七……三九五三
大都督府……三九五四
制置使……三九五五
宣諭使……三九五六
宣撫使……三九五七
總領……三九五八
留守……三九五九
經略安撫司……三九六〇
發運使……三九六三
都轉運使……三九六四
招討使……三九六五
招撫使……三九六六
撫諭使……三九六六
鎮撫使……三九六六
提點刑獄……三九六七
提舉常平茶馬市舶等職……三九六八
提舉學事司……三九七一
提點開封府界公事……三九七一
提舉河北糴便司……三九七一
提舉制置解鹽司……三九七一
經制邊防財用司……三九七二

提舉保甲三白渠弓箭手
等職……三九七二
府州軍監……三九七二
諸軍通判……三九七四
幕職諸曹等官……三九七五
諸縣令丞簿尉……三九七七
鎭砦官……三九七九
廟令丞簿……三九七九
總管鈐轄……三九七九
路分都監……三九八〇
諸軍都統制……三九八一
巡檢司……三九八二
監當官……三九八三
卷一百六十八　志第一百二十一
職官八……三九八七

合班之制……三九八七
卷一百六十九　志第一百二十二
職官九……四〇二三
敘遷之制……四〇二三
羣臣敘遷……四〇二三
流內銓……四〇三九
流外出官法……四〇四三
文散官……四〇四九
武散官……四〇五〇
爵……四〇六〇
勳……四〇六一
功臣……四〇六二
檢校官……四〇六二
兼官……四〇六三
試秩……四〇六四

紹興以后階官……四〇六四
卷一百七十　志第一百二十三
職官十……四〇七三
雜制……四〇七三
贊引……四〇七三
導從……四〇七四
賜……四〇七五
食邑……四〇七五
實封……四〇七六
使職……四〇七七
宮觀……四〇八〇
贈官……四〇八三
敍封……四〇八四
致仕……四〇八八
蔭補……四〇九六
卷一百七十一　志第一百二十四
職官十一……四一〇一
奉祿制上……四一〇一
奉祿匹帛……四一〇一
職錢……四一一一
祿粟……四一一九
傔人衣糧……四一二三
廚料……四一二四
薪炭諸物……四一二四
卷一百七十二　志第一百二十五
職官十二……四一二九
奉祿制下……四一二九
增給……四一二九
公用錢……四一四四
給券……四一四五

職田……四一四五

卷一百七十三 志第一百二十六

食貨上一……四一五五

農田……四一五七

卷一百七十四 志第一百二十七

食貨上二……四一九九

方田……四一九九

賦稅……四二〇二

卷一百七十五 志第一百二十八

食貨上三……四二三一

布帛……四二三一

和糴……四二四〇

漕運……四二五〇

卷一百七十六 志第一百二十九

食貨上四……四二六三

屯田……四二六三

常平義倉……四二七五

卷一百七十七 志第一百三十

食貨上五……四二九五

役法上……四二九五

卷一百七十八 志第一百三十一

食貨上六……四三一九

役法下……四三一九

振恤……四三三五

卷一百七十九 志第一百三十二

食貨下一……四三四七

會計……四三四七

卷一百八十 志第一百三十三

食貨下二……四三七五

錢幣……四三七五

卷一百八十一　志第一百三十四
食貨下三……四四〇三
會子……四四〇三
鹽上……四四一三
卷一百八十二　志第一百三十五
食貨下四……四四三三
鹽中……四四三三
卷一百八十三　志第一百三十六
食貨下五……四四六一
鹽下……四四六一
茶上……四四七七
卷一百八十四　志第一百三十七
食貨下六……四四八九
茶下……四四八九
卷一百八十五　志第一百三十八
食貨下七……四五一三
酒……四五一三
阬冶……四五二三
礬……四五三三
香……四五三七
卷一百八十六　志第一百三十九
食貨下八……四五四一
商稅……四五四一
市易……四五四七
均輸……四五五六
互市舶法……四五五八
卷一百八十七　志第一百四十
兵一……四五六九
禁軍上……四五七〇
建隆以來之制……四五八四

卷一百八十八　志第一百四十一
兵二……四六〇九
禁軍下……四六〇九
熙寧以後之制……四六〇九
卷一百八十九　志第一百四十二
兵三……四六三九
廂兵……四六三九
卷一百九十　志第一百四十三
兵四……四七〇五
鄉兵一……四七〇五
陝西保毅……四七〇九
河北忠順……四七一〇
河北陝西強人砦戶……四七一〇
河北河東強壯……四七一一
河東陝西弓箭手……四七一三

河北等路弓箭社……四七二五
卷一百九十一　志第一百四十四
兵五……四七三三
鄉兵二……四七三三
河北河東陝西義勇……四七三三
陝西護塞……四七四〇
川峽土丁……四七四一
荆湖義軍土丁弩手……四七四一
夔施黔思等處義軍土丁……四七四三
廣南西路土丁……四七四四
廣南東路槍手……四七四五
邕欽溪洞壯丁……四七四六
福建路槍仗手……四七四九
江南西路槍仗手……四七五〇
蕃兵……四七五〇

卷一百九十二　志第一百四十五
兵六……四七六七
鄉兵三……四七六七
保甲……四七六七
建炎後鄉兵……四七八九
建炎後砦兵……四七九二
卷一百九十三　志第一百四十六
兵七……四七九九
召募之制……四七九九
卷一百九十四　志第一百四十七
兵八……四八二五
揀選之制……四八二五
廩給之制……四八四〇
卷一百九十五　志第一百四十八
兵九……四八五三
訓練之制……四八五三
卷一百九十六　志第一百四十九
兵十……四八七七
遷補之制……四八七七
屯戍之制……四八九四
卷一百九十七　志第一百五十
兵十一……四九〇九
器甲之制……四九〇九
卷一百九十八　志第一百五十一
兵十二……四九二七
馬政……四九二七
卷一百九十九　志第一百五十二
刑法一……四九六一
卷二百　志第一百五十三
刑法二……四九八五

卷二百一　志第一百五十四
刑法三……五〇〇五
卷二百二　志第一百五十五
藝文一……五〇三一
經類……五〇三四
卷二百三　志第一百五十六
藝文二……五〇八五
史類……五〇八五
卷二百四　志第一百五十七
藝文三……五一三一
史類……五一三一
卷二百五　志第一百五十八
藝文四……五一七一
子類……五一七一
卷二百六　志第一百五十九
藝文五……五二一九
子類……五二一九
卷二百七　志第一百六十
藝文六……五二七一
子類……五二七一
卷二百八　志第一百六十一
藝文七……五三二七
集類……五三二七
卷二百九　志第一百六十二
藝文八……五三九三
集類……五三九三
卷二百一十　表第一
宰輔一……五四一五
太祖建隆元年至仁宗明道元年
卷二百一十一　表第二

宰輔二……五四五七

仁宗明道二年至神宗元豐八年

卷二百一十二　表第三

宰輔三……五五〇一

哲宗元祐元年至欽宗靖康元年

卷二百一十三　表第四

宰輔四……五五四三

高宗建炎元年至寧宗嘉定十七年

卷二百一十四　表第五

宰輔五……五六〇九

理宗寶慶元年至瀛國公德祐二年

卷二百一十五　表第六

宗室世系一……五六六一

太祖四子　燕王房……五六六二

卷二百一十六　表第七

宗室世系二……五七六七

燕王房……五七六七

卷二百一十七　表第八

宗室世系三……五八七一

燕王房……五八七一

卷二百一十八　表第九

宗室世系四……五九八九

燕王房……五九八九

卷二百一十九　表第十

宗室世系五……六〇九五

燕王房……六〇九五

卷二百二十　表第十一

宗室世系六……六一八一

燕王房……六一八一

卷二百二十一　表第十二

宗室世系七……六二七五
燕王房……六二七五
卷二百二十二　表第十三
宗室世系八……六三六五
秦王房……六三六五
卷二百二十三　表第十四
宗室世系九……六四六三
秦王房……六四六三
卷二百二十四　表第十五
宗室世系十……六五一七
太宗九子　漢王房……六五一七
卷二百二十五　表第十六
宗室世系十一……六六四三
漢王房……六六四三
卷二百二十六　表第十七
宗室世系十二……六七五九
漢王房……六七五九
卷二百二十七　表第十八
宗室世系十三……六八八三
漢王房……六八八三
許王房……七〇〇九
卷二百二十八　表第十九
宗室世系十四……七〇一九
商王房……七〇一九
卷二百二十九　表第二十
宗室世系十五……七一三三
商王房……七一三三
卷二百三十　表第二十一
宗室世系十六……七二五三
商王房……七二五三

卷二百三十一　表第二十二
宗室世系十七……七三七一
商王房……七三七一
卷二百三十二　表第二十三
宗室世系十八……七五三一
商王房……七五三一
越王房……七六〇一
卷二百三十三　表第二十四
宗室世系十九……七六一七
鎭王房……七六一七
楚王房……七六六六
周王房……七六七九
英宗四子……七七一四
神宗十四子……七七二六
徽宗三十一子……七七二九
欽宗二子……七七三七
高宗至寧宗諸子……七七三八
卷二百三十四　表第二十五
宗室世系二十……七七四一
魏王廷美十子　高密郡王房……七七四一
卷二百三十五　表第二十六
宗室世系二十一……七八七五
廣平郡王房……七八七五
潁川郡王房……七九二七
卷二百三十六　表第二十七
宗室世系二十二……八〇一五
潁川郡王房……八〇一五
卷二百三十七　表第二十八
宗室世系二十三……八一四一
廣陵郡王房……八一四一

卷二百三十八　表第二十九
宗室世系二十四……八二四三
廣陵郡王房……八二四三
卷二百三十九　表第三十
宗室世系二十五……八三四九
鄆國公房……八三四九
卷二百四十　表第三十一
宗室世系二十六……八四五五
鄆國公房……八四五五
江國公房……八四八二
卷二百四十一　表第三十二
宗室世系二十七……八五二一
申王房……八五二一
紀國公房……八五八〇
卷二百四十二　列傳第一
后妃上……八六〇五
太祖母昭憲杜太后……八六〇六
太祖孝惠賀皇后……八六〇七
孝明王皇后……八六〇八
孝章宋皇后……八六〇八
太宗淑德尹皇后……八六〇九
懿德符皇后……八六〇九
明德李皇后……八六一〇
元德李皇后……八六一〇
眞宗章懷潘皇后……八六一一
章穆郭皇后……八六一一
章獻明肅劉皇后……八六一二
李宸妃……八六一六
楊淑妃……八六一七
沈貴妃……八六一九

仁宗郭皇后……八六一九
慈聖光獻曹皇后……八六二〇
張貴妃……八六二二
苗貴妃……八六二三
周貴妃……八六二三
楊德妃……八六二四
馮賢妃……八六二四
英宗宣仁聖烈高皇后……八六二五
卷二百四十三　列傳第二
后妃下……八六二九
神宗欽聖憲肅向皇后……八六三〇
欽成朱皇后……八六三〇
欽慈陳皇后……八六三一
林賢妃……八六三一
武賢妃……八六三二
哲宗昭慈聖獻孟皇后……八六三二
昭懷劉皇后……八六三八
徽宗顯恭王皇后……八六三八
鄭皇后……八六三九
王貴妃……八六四〇
韋賢妃……八六四〇
喬貴妃……八六四三
劉貴妃……八六四四
欽宗朱皇后……八六四五
高宗憲節邢皇后……八六四五
憲聖慈烈吳皇后……八六四六
潘賢妃……八六四八
張賢妃……八六四九
劉貴妃……八六四九
劉婉儀……八六五〇

張貴妃……八六五〇
孝宗成穆郭皇后……八六五〇
成恭夏皇后……八六五一
成肅謝皇后……八六五二
蔡貴妃……八六五三
李賢妃……八六五三
光宗慈懿李皇后……八六五三
黃貴妃……八六五五
寧宗恭淑韓皇后……八六五六
恭聖仁烈楊皇后……八六五六
理宗謝皇后……八六五八
度宗全皇后……八六六〇
楊淑妃……八六六二

卷二百四十四　列傳第三

宗室一……八六六五
魏王廷美……八六六六
燕王德昭……八六七六
秦王德芳……八六八五
秀王子偁……八六八六

卷二百四十五　列傳第四

宗室二……八六九三
漢王元佐……八六九三
昭成太子元僖……八六九七
商王元份……八六九九
越王元傑……八七〇〇
鎭王元偓……八七〇二
楚王元偁……八七〇四
周王元儼……八七〇五
崇王元億……八七〇七
悼獻太子祐……八七〇七

濮王允讓……八七〇八
卷二百四十六　列傳第五
宗室三……八七一九
吳王顥……八七二〇
益王頵……八七二一
吳王佖……八七二二
燕王俁……八七二三
楚王似……八七二三
獻愍太子茂……八七二四
鄆王楷……八七二五
肅王樞……八七二六
景王杞……八七二六
濟王栩……八七二六
徐王棣……八七二七
沂王㮙……八七二七
和王栻……八七二八
信王榛……八七二八
太子諶……八七二九
弟訓……八七三〇
元懿太子旉……八七三〇
信王璩……八七三一
莊文太子愭……八七三二
魏王愷……八七三三
景獻太子詢……八七三四
鎮王竑……八七三五
卷二百四十七　列傳第六
宗室四……八七四一
子湝……八七四一
子崧……八七四三
子櫟……八七四五

子砥……八七四五
子晝……八七四六
子瀟……八七四六
師羼……八七四八
希言……八七五〇
希懌……八七五一
士珸……八七五二
士優……八七五三
士崒……八七五四
士晴……八七五五
不羣……八七五五
不棄……八七五六
不尤……八七五七
不息……八七五七
善俊……八七六〇
善譽……八七六二
汝述……八七六三
叔近……八七六四
叔向……八七六五
彥倓……八七六五
彥橚……八七六六
彥逾……八七六七

卷二百四十八　列傳第七

公主……八七七一
秦國大長公主……八七七一
太祖六女……八七七二
太宗七女……八七七三
眞宗二女……八七七六
仁宗十三女……八七七六
英宗四女……八七七八

神宗十女……八七八〇
哲宗四女……八七八一
徽宗三十四女……八七八三
孝宗二女……八七八八
光宗三女……八七八九
魏惠獻王一女……八七八九
寧宗一女……八七八九
理宗一女……八七八九
卷二百四十九　列傳第八
范質……八七九三
子旻……八七九六
從子杲……八七九七
王溥……八七九九
父祚……八七九九
魏仁浦……八八〇二
子咸信……八八〇五
孫昭亮……八八〇七
卷二百五十　列傳第九
石守信……八八〇九
子保興……八八一一
保吉……八八一二
孫元孫……八八一四
王審琦……八八一五
子承衍……八八一七
承衎……八八一八
曾孫克臣……八八一九
玄孫師約……八八二〇
高懷德……八八二一
韓重贇……八八二三
子崇訓……八八二四

崇業……八八二五
張令鐸……八八二六
羅彥瓌……八八二七
王彥昇……八八二八
卷二百五十一　列傳第十
韓令坤……八八三一
父倫……八八三一
慕容延釗……八八三四
子德豐……八八三五
從子德琛……八八三六
符彥卿……八八三七
子昭愿……八八四一
昭壽……八八四一
卷二百五十二　列傳第十一
王景……八八四五
子廷義……八八四七
王晏……八八四七
郭從義……八八五〇
曾孫承祐……八八五一
李洪信……八八五三
弟洪義……八八五四
武行德……八八五五
楊承信……八八五七
侯章……八八五八
卷二百五十三　列傳第十二
折德扆……八八六一
子御勳……八八六二
御卿……八八六二
玄孫克行……八八六五
克行從子可適……八八六六

馮繼業……八八六八
王承美……八八六九
李繼周……八八七〇
孫行友……八八七一
子全照……八八七三

卷二百五十四　列傳第十三

侯益……八八七九
子仁矩……八八八二
仁寶……八八八三
孫延廣……八八八三
張從恩……八八八五
扈彥珂……八八八七
薛懷讓……八八八七
趙贊……八八八九
李繼勳……八八九二
藥元福……八八九四
趙晁……八八九七
子延溥……八八九九

卷二百五十五　列傳第十四

郭崇……八九〇一
楊廷璋……八九〇三
宋偓……八九〇五
向拱……八九〇八
王彥超……八九一〇
張永德……八九一三
王全斌……八九一九
曾孫凱……八九二五
康延澤……八九二六
王繼濤……八九二八
高彥暉……八九二九

卷二百五十六　列傳第十五

趙普……八九三一
弟安易……八九四一

卷二百五十七　列傳第十六

吳廷祚……八九四七
子元輔……八九四九
元載……八九四九
元扆……八九五〇
李崇矩……八九五二
子繼昌……八九五四
王仁贍……八九五六
楚昭輔……八九五九
李處耘……八九六〇
子繼隆……八九六三
繼和……八九六九

卷二百五十八　列傳第十七

曹彬……八九七七
子璨……八九八三
瑋……八九八四
琮……八九八九
潘美……八九九〇
李超……八九九四

卷二百五十九　列傳第十八

張美……八九九七
郭守文……八九九八
尹崇珂……九〇〇一
劉廷讓……九〇〇二
袁繼忠……九〇〇四
崔彥進……九〇〇六
張廷翰……九〇〇七

皇甫繼明……九〇〇八
張瓊……九〇〇九

卷二百六十　列傳第十九
曹翰……九〇一三
楊信……九〇一六
弟嗣……九〇一七
贊……九〇一八
党進……九〇一八
李漢瓊……九〇一九
劉遇……九〇二一
李懷忠……九〇二一
米信……九〇二二
田重進……九〇二四
劉廷翰……九〇二五
崔翰……九〇二六

卷二百六十一　列傳第二十
李瓊……九〇三一
郭瓊……九〇三二
陳承昭……九〇三三
李萬超……九〇三四
白重贊……九〇三六
王仁鎬……九〇三七
陳思讓……九〇三八
孫若拙……九〇四〇
焦繼勳……九〇四二
子守節……九〇四三
劉重進……九〇四四
袁彥……九〇四五
祁廷訓……九〇四六
張鐸……九〇四七

李萬全……九〇四九
田景咸……九〇四九
王暉……九〇四九

卷二百六十二　列傳第二十一

李穀……九〇五一
昝居潤……九〇五六
竇貞固……九〇五七
李濤……九〇六〇
弟澣……九〇六二
孫仲容……九〇六三
王易簡……九〇六四
趙上交……九〇六五
子曮……九〇六七
張錫……九〇六八
張鑄……九〇六八
邊歸讜……九〇七〇
劉温叟……九〇七一
子燁……九〇七四
孫几……九〇七五
劉濤……九〇七七
邊光範……九〇七九
劉載……九〇八一
程羽……九〇八二

卷二百六十三　列傳第二十二

張昭……九〇八五
竇儀……九〇九二
弟儼……九〇九五
偁……九〇九七
呂餘慶……九〇九八
劉熙古……九一〇〇

子 蒙正……九一〇一
蒙叟……九一〇一
石熙載……九一〇二
子 中立……九一〇四
李穆……九一〇五
弟 肅……九一〇七

卷二百六十四 列傳第二十三
薛居正……九一〇九
子 惟吉……九一一一
沈倫……九一一三
子 繼宗……九一一五
盧多遜……九一一六
父 億……九一一六
宋琪……九一二一
宋雄……九一二三

卷二百六十五 列傳第二十四
李昉……九一三五
子 宗訥……九一四〇
宗諤……九一四〇
孫 昭述……九一四三
昭遘……九一四四
呂蒙正……九一四五
張齊賢……九一五〇
子 宗誨……九一五八
賈黄中……九一六〇

卷二百六十六 列傳第二十五
錢若水……九一六五
從弟 若沖……九一七一
蘇易簡……九一七一
郭贄……九一七四

李至……九一七五
辛仲甫……九一七八
王沔……九一八〇
温仲舒……九一八二
王化基……九一八三
子舉正……九一八六
舉元……九一八八
孫詔……九一八九

卷二百六十七　列傳第二十六

張宏……九一九三
趙昌言……九一九四
陳恕……九一九八
魏羽……九二〇四
劉式……九二〇五
劉昌言……九二〇六
張洎……九二〇八
李惟清……九二一六

卷二百六十八　列傳第二十七

柴禹錫……九二二一
張遜……九二二二
楊守一……九二二四
趙鎔……九二二五
周瑩……九二二六
王繼英……九二二八
王顯……九二三〇

卷二百六十九　列傳第二十八

陶穀……九二三五
扈蒙……九二三九
王著……九二四〇
王祐……九二四二

子　旭……九二四三
孫　質……九二四四
楊昭儉……九二四五
魚崇諒……九二四七
張澹……九二四八
高錫……九二四九
從子　冕……九二五〇
卷二百七十　列傳第二十九
顏衎……九二五三
劇可久……九二五五
趙逢……九二五七
蘇曉……九二五八
高防……九二五九
馮瓚……九二六二
邊珝……九二六四
王明……九二六五
許仲宣……九二六八
楊克讓……九二六九
子　希閔……九二七一
段思恭……九二七一
侯陟……九二七三
李符……九二七四
魏丕……九二七六
董樞……九二七八
卷二百七十一　列傳第三十
馬令琮……九二八三
杜漢徽……九二八四
張廷翰……九二八五
吳虔裕……九二八六
蔡審廷……九二八七

周廣……九二八八
張勳……九二八八
石曦……九二八九
張藏英……九二九〇
陸萬友……九二九一
解暉……九二九二
李韜……九二九四
王晉卿……九二九五
郭廷謂……九二九五
子 延濬……九二九七
從子 延澤……九二九八
趙延進……九二九八
輔超……九三〇一

卷二百七十二 列傳第三十一

楊業……九三〇三
子 延昭……九三〇六
孫 文廣……九三〇八
王貴……九三〇九
荆罕儒……九三〇九
從孫 嗣……九三一一
曹光實……九三一四
從子 克明……九三一六
張暉……九三一八
司超……九三一九

卷二百七十三 列傳第三十二

李進卿……九三二三
子 延渥……九三二四
楊美……九三二五
何繼筠……九三二六
子 承矩……九三二七

李漢超……九三三三
子守恩……九三三四
郭進……九三三四
牛思進……九三三六
李謙溥……九三三七
子允正……九三三九
姚內斌……九三四一
董遵誨……九三四二
賀惟忠……九三四三
馬仁瑀……九三四四

卷二百七十四　列傳第三十三

王贊……九三四九
張保續……九三五〇
趙玭……九三五一
盧懷忠……九三五二
王繼勳……九三五三
丁德裕……九三五四
張延通……九三五五
梁迥……九三五五
史珪……九三五七
田欽祚……九三五九
侯贇……九三六〇
王文寶……九三六一
翟守素……九三六二
王侁……九三六四
劉審瓊……九三六五

卷二百七十五　列傳第三十四

劉福……九三六七
安守忠……九三六八
孔守正……九三七〇

譚延美……九三七二
元達……九三七三
常思德……九三七四
尹繼倫……九三七五
薛超……九三七六
丁罕……九三七七
趙瑫……九三七七
郭密……九三七八
傅思讓……九三七八
李斌……九三七八
田仁朗……九三七九
劉謙……九三八一

卷二百七十六　列傳第三十五

劉保勳……九三八五
滕中正……九三八七
劉蟠……九三八八
孔承恭……九三八九
宋璫……九三九一
袁廓……九三九二
樊知古……九三九三
郭載……九三九七
臧丙……九三九八
徐休復……九三九九
張觀……九四〇〇
陳從信……九四〇三
張平……九四〇五
子從吉……九四〇六
王繼昇……九四〇六
子昭遠……九四〇七
尹憲……九四〇八

王賓……九四〇九
安忠……九四一一

卷二百七十七　列傳第三十六

張鑑……九四一五
姚坦……九四一八
索湘……九四一九
宋太初……九四二二
盧之翰……九四二三
鄭文寶……九四二五
王子輿……九四二九
劉綜……九四三一
卞袞……九四三四
許驤……九四三五
裴莊……九四三七
牛冕……九四三九
張適……九四四〇
欒崇吉……九四四一
袁逢吉……九四四一
韓國華……九四四二
何蒙……九四四四
愼知禮……九四四五
子從吉……九四四五

卷二百七十八　列傳第三十七

馬全義……九四四九
子知節……九四五〇
雷德驤……九四五三
子有鄰……九四五四
有終……九四五五
孫孝先……九四六三
曾孫簡夫……九四六四

王超……九四六四
子德用……九四六六

卷二百七十九　列傳第三十八

王繼忠……九四七一
傅潛……九四七三
張昭允……九四七四
戴興……九四七五
王漢忠……九四七六
王能……九四七八
張凝……九四七九
魏能……九四八一
陳興……九四八三
許均……九四八四
張進……九四八六
李重貴……九四八七
呼延贊……九四八八
劉用……九四八九
耿全斌……九四九〇
周仁美……九四九一

卷二百八十　列傳第三十九

田紹斌……九四九五
王榮……九四九九
楊瓊……九五〇一
錢守俊……九五〇二
徐興……九五〇三
王杲……九五〇四
李重誨……九五〇五
白守素……九五〇六
張思鈞……九五〇七
李琪……九五〇九

王延範……九五一〇

卷二百八十一　列傳第四十

呂端……九五一三
畢士安……九五一七
曾孫 仲衍……九五二二
仲遊……九五二三
仲愈……九五二六
寇準……九五二七

卷二百八十二　列傳第四十一

李沆……九五三七
弟 維……九五四一
王旦……九五四二
向敏中……九五五三

卷二百八十三　列傳第四十二

王欽若……九五五九
林特……九五六四
丁謂……九五六六
夏竦……九五七一
子 安期……九五七七

卷二百八十四　列傳第四十三

陳堯佐……九五八一
兄 堯叟……九五八四
弟 堯咨……九五八八
從子 漸……九五八九
宋庠……九五九〇
弟 祁……九五九三

卷二百八十五　列傳第四十四

陳執中……九六〇一
劉沆……九六〇五
馮拯……九六〇八

子 行己……九六一一
仲己……九六一二
賈昌朝……九六一三
弟 昌衡……九六二一
從子 炎……九六二一
伯祖父 琰……九六二二
梁適……九六二三
孫 子美……九六二五

卷二百八十六　列傳第四十五

魯宗道……九六二七
薛奎……九六二九
王曙……九六三二
子 益柔……九六三四
蔡齊……九六三六
從子 延慶……九六三八

卷二百八十七　列傳第四十六

楊礪……九六四三
宋湜……九六四五
王嗣宗……九六四七
李昌齡……九六五二
從子 紘……九六五三
趙安仁……九六五五
父 孚……九六五五
子 良規……九六五九
孫 君錫……九六六〇
陳彭年……九六六一

卷二百八十八　列傳第四十七

任中正……九六六九
弟 中師……九六七〇
周起……九六七二

程琳……九六七三
姜遵……九六七七
范雍……九六七八
孫 子奇……九六七九
曾孫 坦……九六八〇
趙稹……九六八一
任布……九六八二
高若訥……九六八四
孫沔……九六八六

卷二百八十九　列傳第四十八

高瓊……九六九一
子 繼勳……九六九四
繼宣……九六九六
范廷召……九六九七
葛霸……九六九九
子 懷敏……九七〇〇

卷二百九十　列傳第四十九

曹利用……九七〇五
孫繼鄴……九七〇八
張耆……九七〇九
子 希一……九七一二
利一……九七一二
楊崇勳……九七一三
夏守恩……九七一四
弟 守贇……九七一五
從子 隨……九七一七
狄青……九七一八
張玉……九七二一
孫節……九七二二
郭逵……九七二二

卷二百九十一　列傳第五十

吳育……九七二七
宋綬……九七三二
子敏求……九七三六
族子昌言……九七三七
李若谷……九七三八
子淑……九七四〇
孫壽朋……九七四二
復圭……九七四二
王博文……九七四三
子疇……九七四六
王𩏩……九七四九

卷二百九十二　列傳第五十一

李諮……九七五三
程戡……九七五五
夏侯嶠……九七五七
盛度……九七五九
丁度……九七六一
張觀……九七六五
鄭戩……九七六六
明鎬……九七六九
王則……九七七〇
王堯臣……九七七二
孫抃……九七七六
田況……九七七八

卷二百九十三　列傳第五十二

田錫……九七八七
王禹偁……九七九三
張詠……九八〇〇

卷二百九十四　列傳第五十三

掌禹錫……九八〇七
蘇紳……九八〇八
王洙……九八一四
子欽臣……九八一七
胥偃……九八一七
柳植……九八一九
聶冠卿……九八一九
馮元……九八二一
趙師民……九八二三
張錫……九八二六
張揆……九八二七
楊安國……九八二八
卷二百九十五　列傳第五十四
尹洙……九八三一
孫甫……九八三八
謝絳……九八四二
子景温……九八四七
葉清臣……九八四九
楊察……九八五五
卷二百九十六　列傳第五十五
韓丕……九八五九
師頏……九八六〇
張茂直……九八六一
梁顥……九八六二
子固……九八六六
楊徽之……九八六六
楊澈……九八六九
呂文仲……九八七〇
王著……九八七二
呂祐之……九八七三

潘愼修……九八七四
杜鎬……九八七六
查道……九八七七
從兄 陶……九八八〇

卷二百九十七 列傳第五十六

孔道輔……九八八三
子 宗翰……九八八五
鞠詠……九八八六
劉隨……九八八八
曹修古……九八九〇
郭勸……九八九二
段少連……九八九四

卷二百九十八 列傳第五十七

彭乘……九八九九
嵇穎……九九〇〇
梅摯……九九〇一
司馬池……九九〇三
子 旦……九九〇五
從子 里……九九〇七
曾孫 朴……九九〇七
李及……九九〇八
燕肅……九九〇九
子 度……九九一〇
孫 瑛……九九一一
蔣堂……九九一三
劉夔……九九一四
馬亮……九九一五
陳希亮……九九一七

卷二百九十九 列傳第五十八

狄棐……九九二五

子遵度……九九二六
郎簡……九九二六
孫祖德……九九二八
張若谷……九九二九
石揚休……九九二九
祖士衡……九九三一
李垂……九九三一
張洞……九九三二
李仕衡……九九三六
李溥……九九三八
胡則……九九四一
薛顏……九九四三
許元……九九四四
鍾離瑾……九九四五
孫沖……九九四五
崔嶧……九九四七
田瑜……九九四八
施昌言……九九四九
卷三百　列傳第五十九
楊偕……九九五三
王沿……九九五七
子鼎……九九六〇
杜杞……九九六二
楊畋……九九六四
周湛……九九六六
徐的……九九六八
姚仲孫……九九七〇
陳太素……九九七二
馬尋……九九七二
杜曾……九九七三

李虛己……九九七三
張傳……九九七五
俞獻卿……九九七六
陳從易……九九七八
楊大雅……九九七九

卷三百一　列傳第六十

邊肅……九九八三
梅詢……九九八四
馬元方……九九八六
薛田……九九八七
寇瑊……九九八七
楊日嚴……九九九〇
李行簡……九九九一
章頻……九九九二
陳琰……九九九三
李宥……九九九四
張秉……九九九五
張擇行……九九九七
鄭向……九九九八
郭稹……九九九八
趙賀……九九九九
高覿……一〇〇〇一
袁抗……一〇〇〇二
徐起……一〇〇〇三
張旨……一〇〇〇三
齊廓……一〇〇〇五
鄭驤……一〇〇〇五

卷三百二　列傳第六十一

王臻……一〇〇〇九
魚周詢……一〇〇一〇

賈黯……一〇〇一四
李京……一〇〇一八
吳鼎臣……一〇〇一九
呂景初……一〇〇二〇
馬遵……一〇〇二二
吳及……一〇〇二二
范師道……一〇〇二五
李絢……一〇〇二七
何中立……一〇〇二九
沈邈……一〇〇三〇

卷三百三　列傳第六十二

張昷之……一〇〇三三
魏瓘……一〇〇三四
弟琰……一〇〇三六
滕宗諒……一〇〇三七
劉越……一〇〇三七
李防……一〇〇三八
趙湘……一〇〇四〇
唐肅……一〇〇四一
子詢……一〇〇四二
張述……一〇〇四四
黃震……一〇〇四五
胡順之……一〇〇四五
陳貫……一〇〇四六
子安石……一〇〇四七
范祥……一〇〇四九
子育……一〇〇五〇
田京……一〇〇五一

卷三百四　列傳第六十三

周渭……一〇〇五五

梁鼎……一〇〇五七
范正辭……一〇〇五九
子諷……一〇〇六一
劉師道……一〇〇六四
王濟……一〇〇六五
方偕……一〇〇六九
曹穎叔……一〇〇七〇
劉元瑜……一〇〇七一
楊告……一〇〇七三
趙及……一〇〇七四
劉湜……一〇〇七五
王彬……一〇〇七六
仲簡……一〇〇七七

卷三百五　列傳第六十四

楊億……一〇〇七九
弟偉……一〇〇八四
從子紘……一〇〇八五
晁迥……一〇〇八五
子宗慤……一〇〇八七
劉筠……一〇〇八八
薛映……一〇〇八九

卷三百六　列傳第六十五

謝泌……一〇〇九三
孫何……一〇〇九七
弟僅……一〇一〇〇
朱台符……一〇一〇一
戚綸……一〇一〇四
張去華……一〇一〇七
子師德……一〇一一〇
樂黃目……一〇一一一

柴成務……一〇一二四
卷三百七　列傳第六十六
喬維岳……一〇一一七
王陟……一〇一一九
張雍……一〇一二〇
董儼……一〇一二三
魏廷式……一〇一二四
盧琰……一〇一二六
宋摶……一〇一二七
凌策……一〇一二八
楊覃……一〇一三〇
陳世卿……一〇一三二
李若拙……一〇一三三
子繹……一〇一三四
陳知微……一〇一三五
卷三百八　列傳第六十七
上官正……一〇一三七
盧斌……一〇一三九
周審玉……一〇一四二
裴濟……一〇一四三
李繼宣……一〇一四四
張旦……一〇一四七
張煦……一〇一四九
張佶……一〇一五〇
卷三百九　列傳第六十八
王延德……一〇一五三
常延信……一〇一五四
程德玄……一〇一五五
王延德……一〇一五七
魏震……一〇一五八

張質……一〇一五八
楊允恭……一〇一五九
秦羲……一〇一六三
謝德權……一〇一六四
閻日新……一〇一六七
靳懷德……一〇一六八

卷三百一十 列傳第六十九

李迪……一〇一七一
子 柬之……一〇一七五
從子 肅之……一〇一七六
承之……一〇一七七
及之……一〇一七九
孫 孝基……一〇一七九
從孫 孝壽……一〇一八〇
孝稱……一〇一八一
王曾……一〇一八二
弟 子融……一〇一八六
張知白……一〇一八七
杜衍……一〇一八九

卷三百一十一 列傳第七十

晏殊……一〇一九五
龐籍……一〇一九八
孫 恭孫……一〇二〇一
王隨……一〇二〇二
章得象……一〇二〇四
呂夷簡……一〇二〇六
子 公綽……一〇二一〇
公弼……一〇二一二
公孺……一〇二一五
張士遜……一〇二一六

子友直……一〇二二九
卷三百一十二　列傳第七十一
韓琦……一〇二二一
子忠彥……一〇二三〇
曾公亮……一〇二三二
子孝寬……一〇二三四
從子孝廣……一〇二三五
孝蘊……一〇二三五
陳升之……一〇二三六
吳充……一〇二三八
王珪……一〇二四一
從父罕……一〇二四三
從兄琪……一〇二四五
卷三百一十三　列傳第七十二
富弼……一〇二四九
子紹庭……一〇二五七
文彥博……一〇二五八
卷三百一十四　列傳第七十三
范仲淹……一〇二六七
子純祐……一〇二七六
純禮……一〇二七七
純粹……一〇二七九
范純仁……一〇二八一
子正平……一〇二九三
卷三百一十五　列傳第七十四
韓億……一〇二九七
子綜……一〇三〇〇
孫宗彥……一〇三〇一
韓絳……一〇三〇一
子宗師……一〇三〇四

韓維……一〇三〇五
韓縝……一〇三一〇
子 宗武……一〇三一一
卷三百一十六　列傳第七十五
包拯……一〇三一五
吳奎……一〇三一八
趙抃……一〇三二一
子 屼……一〇三二五
唐介……一〇三二六
子 淑問……一〇三三〇
義問……一〇三三一
孫 恕……一〇三三二
卷三百一十七　列傳第七十六
邵亢……一〇三三五
從父 必……一〇三三七
馮京……一〇三三八
錢惟演……一〇三四〇
從弟 易……一〇三四三
易子 彥遠……一〇三四五
明逸……一〇三四六
諸孫 景諶……一〇三四八
從孫 勰……一〇三四九
從子 卽……一〇三五〇
卷三百一十八　列傳第七十七
張方平……一〇三五三
王拱辰……一〇三五九
張昪……一〇三六二
趙槩……一〇三六四
胡宿……一〇三六六
子 宗炎……一〇三六九

從子 宗愈……一〇三七〇
宗回……一〇三七一
卷三百一十九 列傳第七十八
歐陽脩……一〇三七五
子 發……一〇三八一
棐……一〇三八一
劉敞……一〇三八三
弟 攽……一〇三八七
子 奉世……一〇三八八
曾鞏……一〇三九〇
弟 肇……一〇三九二
卷三百二十 列傳第七十九
蔡襄……一〇三九七
呂溱……一〇四〇一
王素……一〇四〇二
從子 靖……一〇四〇五
從孫 震……一〇四〇六
余靖……一〇四〇七
彭思永……一〇四一一
張存……一〇四一三
卷三百二十一 列傳第八十
鄭獬……一〇四一七
陳襄……一〇四一九
錢公輔……一〇四二一
孫洙……一〇四二三
豐稷……一〇四二三
呂誨……一〇四二六
劉述……一〇四三一
劉琦……一〇四三三
錢顗……一〇四三四

鄭俠……一〇四三四
卷三百二十二　列傳第八十一
何郯……一〇四三九
吳中復……一〇四四一
從孫擇仁……一〇四四二
陳薦……一〇四四四
王獵……一〇四四五
孫思恭……一〇四四六
周孟陽……一〇四四七
齊恢……一〇四四八
楊繪……一〇四四八
劉庠……一〇四五〇
朱京……一〇四五二
卷三百二十三　列傳第八十二
蔚昭敏……一〇四五五
高化……一〇四五六
周美……一〇四五七
閻守恭……一〇四五九
孟元……一〇四六〇
劉謙……一〇四六一
趙振……一〇四六一
子珣……一〇四六三
張忠……一〇四六四
范恪……一〇四六五
馬懷德……一〇四六六
安俊……一〇四六七
向寶……一〇四六八
卷三百二十四　列傳第八十三
石普……一〇四七一
張孜……一〇四七五

許懷德……一〇四七七
李允則……一〇四七八
張亢……一〇四八二
兄奎……一〇四九〇
劉文質……一〇四九二
子渙……一〇四九三
滬……一〇四九四
趙滋……一〇四九五

卷三百二十五　列傳第八十四

劉平……一〇四九九
弟兼濟……一〇五〇四
郭遵……一〇五〇五
任福……一〇五〇六
王珪……一〇五〇八
武英……一〇五〇九
桑懌……一〇五一〇
耿傅……一〇五一二
王仲寶……一〇五一三

卷三百二十六　列傳第八十五

景泰……一〇五一七
王信……一〇五一八
蔣偕……一〇五一九
張忠……一〇五二一
郭恩……一〇五二一
張岊……一〇五二三
張君平……一〇五二五
史方……一〇五二六
盧鑑……一〇五二七
李渭……一〇五二八
王果……一〇五二九

郭諮……一〇五三〇
田敏……一〇五三三
侍其曙……一〇五三五
康德輿……一〇五三六
張昭遠……一〇五三八
卷三百二十七　列傳第八十六
王安石……一〇五四一
子雱……一〇五五一
唐坰……一〇五五二
王安禮……一〇五五三
王安國……一〇五五七
卷三百二十八　列傳第八十七
李清臣……一〇五六一
安燾……一〇五六四
張璪……一〇五六八
蒲宗孟……一〇五七〇
黄履……一〇五七二
蔡挺……一〇五七五
兄抗……一〇五七七
王韶……一〇五七九
子厚……一〇五八二
寀……一〇五八四
薛向……一〇五八五
子嗣昌……一〇五八八
章楶……一〇五八九
卷三百二十九　列傳第八十八
常秩……一〇五九五
鄧綰……一〇五九七
子洵武……一〇五九九
李定……一〇六〇一

舒亶……一〇六〇三
蹇周輔……一〇六〇四
子 序辰……一〇六〇五
徐鐸……一〇六〇六
王廣淵……一〇六〇八
弟 臨……一〇六〇九
王陶……一〇六一〇
王子韶……一〇六一二
何正臣……一〇六一三
陳繹……一〇六一四
卷三百三十 列傳第八十九
任顓……一〇六一七
李參……一〇六一八
郭申錫……一〇六二〇
傅求……一〇六二一
張景憲……一〇六二二
竇卞……一〇六二四
張瓌……一〇六二五
孫瑜……一〇六二六
許遵……一〇六二七
盧士宗……一〇六二八
錢象先……一〇六三〇
韓璹……一〇六三〇
杜純……一〇六三一
弟 紘……一〇六三三
杜常……一〇六三五
謝麟……一〇六三五
王宗望……一〇六三六
王吉甫……一〇六三七
卷三百三十一 列傳第九十

孫長卿……一〇六四一
周沆……一〇六四三
李中師……一〇六四四
羅拯……一〇六四五
馬仲甫……一〇六四六
王居卿……一〇六四七
孫構……一〇六四八
張詵……一〇六四九
蘇寀……一〇六五〇
馬從先……一〇六五〇
沈遘……一〇六五一
弟 遼……一〇六五二
從弟 括……一〇六五三
李大臨……一〇六五七
呂夏卿……一〇六五八
祖無擇……一〇六五九
程師孟……一〇六六〇
張問……一〇六六二
陳舜俞……一〇六六三
樂京……一〇六六四
劉蒙……一〇六六五
苗時中……一〇六六五
韓贄……一〇六六六
楚建中……一〇六六七
張頡……一〇六六八
盧革……一〇六六九
子 秉……一〇六七〇

卷三百三十二　列傳第九十一

滕元發……一〇六七三
李師中……一〇六七六

陸詵……………………一〇六八〇
子　師閔……………………一〇六八二
趙卨……………………一〇六八三
孫路……………………一〇六八七
游師雄……………………一〇六八八
穆衍……………………一〇六九一
卷三百三十三　列傳第九十二
楊佐……………………一〇六九五
李兌……………………一〇六九六
從弟　先……………………一〇六九七
沈立……………………一〇六九八
張掞……………………一〇六九九
張燾……………………一〇七〇〇
俞充……………………一〇七〇一
劉瑾……………………一〇七〇三
閻詢……………………一〇七〇三
葛宮……………………一〇七〇四
弟　密……………………一〇七〇四
張田……………………一〇七〇六
滎諲……………………一〇七〇七
李載……………………一〇七〇八
姚渙……………………一〇七〇八
朱景……………………一〇七〇九
子　光庭……………………一〇七一〇
李琮……………………一〇七一一
朱壽隆……………………一〇七一二
盧士宏……………………一〇七一三
單煦……………………一〇七一四
楊仲元……………………一〇七一四
余良肱……………………一〇七一五

潘夙……一〇七一七

卷三百三十四　列傳第九十三

徐禧……一〇七二一

李稷……一〇七二四

高永能……一〇七二五

沈起……一〇七二七

劉彝……一〇七二九

熊本……一〇七三〇

蕭注……一〇七三二

陶弼……一〇七三四

林廣……一〇七三六

卷三百三十五　列傳第九十四

种世衡……一〇七四一

子古……一〇七四四

諤……一〇七四五

誼……一〇七四八

孫朴……一〇七四九

師道……一〇七五〇

師中……一〇七五四

卷三百三十六　列傳第九十五

司馬光……一〇七五七

子康……一〇七七〇

呂公著……一〇七七二

子希哲……一〇七七七

希純……一〇七七九

卷三百三十七　列傳第九十六

范鎮……一〇七八三

從子百祿……一〇七九〇

從孫祖禹……一〇七九四

卷三百三十八　列傳第九十七

蘇軾……一〇八〇一
子過……一〇八一八

卷三百三十九　列傳第九十八
蘇轍……一〇八二一
族孫元老……一〇八三五

卷三百四十　列傳第九十九
呂大防……一〇八三九
兄大忠……一〇八四四
弟大鈞……一〇八四七
大臨……一〇八四八
劉摯……一〇八四九
蘇頌……一〇八五九

卷三百四十一　列傳第一百
王存……一〇八七一
孫固……一〇八七四
趙瞻……一〇八七七
傅堯俞……一〇八八一

卷三百四十二　列傳第一百一
梁燾……一〇八八七
王巖叟……一〇八九一
鄭雍……一〇八九七
孫永……一〇九〇〇

卷三百四十三　列傳第一百二
元絳……一〇九〇五
許將……一〇九〇七
鄧潤甫……一〇九一一
林希……一〇九一三
弟旦……一〇九一四
蔣子奇……一〇九一五
陸佃……一〇九一七

吳居厚……一〇九二一
温益……一〇九二三

卷三百四十四　列傳第一百三

孫覺……一〇九二五
弟　覽……一〇九二八
李常……一〇九二九
孔文仲……一〇九三一
弟　武仲……一〇九三三
平仲……一〇九三三
李周……一〇九三四
鮮于侁……一〇九三六
顧臨……一〇九三九
李之純……一〇九四〇
從弟　之儀……一〇九四一
王覿……一〇九四一
從子　俊義……一〇九四五
馬默……一〇九四六

卷三百四十五　列傳第一百四

劉安世……一〇九五一
鄒浩……一〇九五五
田晝……一〇九五九
王回……一〇九五九
曾誕……一〇九六〇
陳瓘……一〇九六一
任伯雨……一〇九六四

卷三百四十六　列傳第一百五

陳次升……一〇九六九
陳師錫……一〇九七一
彭汝礪……一〇九七四
弟　汝霖……一〇九七六

汝方……一〇九七七
呂陶……一〇九七七
張庭堅……一〇九八〇
龔夬……一〇九八二
孫諤……一〇九八四
陳軒……一〇九八五
江公望……一〇九八六
陳祐……一〇九八七
常安民……一〇九八八
卷三百四十七　列傳第一百六
孫鼛……一〇九九五
吳時……一〇九九六
李昭玘……一〇九九八
吳師禮……一〇九九九
王漢之……一一〇〇〇
弟渙之……一一〇〇一
黃廉……一一〇〇二
朱服……一一〇〇四
張舜民……一一〇〇五
盛陶……一一〇〇六
章衡……一一〇〇七
顏復……一一〇〇九
孫升……一一〇一〇
韓川……一一〇一一
龔鼎臣……一一〇一二
鄭穆……一一〇一四
席旦……一一〇一五
喬執中……一一〇一七
卷三百四十八　列傳第一百七
傅楫……一一〇二一

沈畸……一一〇二二
蕭服……一一〇二三
徐勣……一一〇二四
張汝明……一一〇二六
黃葆光……一一〇二八
石公弼……一一〇三〇
張克公……一一〇三三
毛注……一一〇三三
洪彥昇……一一〇三五
鍾傳……一一〇三七
陶節夫……一一〇三八
毛漸……一一〇三九
王祖道……一一〇四〇
張莊……一一〇四二
趙遹……一一〇四三

卷三百四十九　列傳第一百八

郝質……一一〇四九
賈逵……一一〇五〇
竇舜卿……一一〇五二
劉昌祚……一一〇五三
盧政……一一〇五五
燕達……一一〇五六
姚兕……一一〇五七
弟麟……一一〇五八
子雄……一一〇五九
古……一一〇六一
楊遂……一一〇六二
劉舜卿……一一〇六二
宋守約……一一〇六三
子球……一一〇六四

卷三百五十 列傳第一百九

苗授……一一〇六七
子履……一一〇六八
王君萬……一一〇六九
子贍……一一〇七〇
張守約……一一〇七二
王文郁……一一〇七四
周永清……一一〇七五
劉紹能……一一〇七六
王光祖……一一〇七七
李浩……一一〇七八
和斌……一一〇七九
子詵……一一〇八一
劉仲武……一一〇八一
曲珍……一一〇八三
劉闃……一一〇八四
郭成……一一〇八五
賈嵓……一一〇八六
張整……一一〇八六
張蘊……一一〇八七
王恩……一一〇八八
楊應詢……一一〇八九
趙隆……一一〇九〇

卷三百五十一 列傳第一百一十

趙挺之……一一〇九三
張商英……一一〇九五
兄唐英……一一〇九八
劉正夫……一一〇九九
何執中……一一一〇一
鄭居中……一一一〇二

　安堯臣……一一一〇五
張康國……一一一〇七
朱諤……一一一〇八
劉逵……一一一〇九
林攄……一一一一〇
管師仁……一一一一二
侯蒙……一一一一三

卷三百五十二　列傳一百一十一

唐恪……一一一一七
李邦彥……一一一二〇
余深……一一一二一
薛昂……一一一二二
吳敏……一一一二三
王安中……一一一二四
王襄……一一一二六
趙野……一一一二七
曹輔……一一一二八
耿南仲……一一一三〇
　王寓……一一一三二

卷三百五十三　列傳第一百一十二

何㮚……一一一三五
孫傅……一一一三六
陳過庭……一一一三九
張叔夜……一一一四〇
聶昌……一一一四二
張閣……一一一四四
張近……一一一四五
鄭僅……一一一四六
宇文昌齡……一一一四七
　子常……一一一四九

許幾……一一一四九
程之邵……一一一五〇
龔原……一一一五一
崔公度……一一一五二
蒲卣……一一一五三

卷三百五十四　列傳第一百一十三

沈銖……一一一五七
弟錫……一一一五八
路昌衡……一一一五八
謝文瓘……一一一五九
陸蘊……一一一六〇
黄寔……一一一六一
姚祐……一一一六二
樓异……一一一六三
沈積中……一一一六四
李伯宗……一一一六四
汪澥……一一一六五
何常……一一一六六
葉祖洽……一一一六七
時彥……一一一六八
霍端友……一一一六九
俞㮚……一一一六九
蔡薿……一一一七〇

卷三百五十五　列傳第一百一十四

賈易……一一一七三
董敦逸……一一一七六
上官均……一一一七八
來之邵……一一一八一
葉濤……一一一八二
楊畏……一一一八三

崔台符……一一八六
楊汲……一一八七
呂嘉問……一一八七
李南公……一一九〇
子　譓……一一九一
董必……一一九二
虞策……一一九三
弟　奕……一一九四
郭知章……一一九六

卷三百五十六　列傳第一百一十五

劉拯……一一九九
錢遹……一二〇〇
石豫……一二〇二
左膚……一二〇三
許敦仁……一二〇三
吳執中……一二〇四
吳材……一二〇五
劉昺……一二〇六
宋喬年……一二〇七
子　昪……一二〇八
強淵明……一二〇九
蔡居厚……一二〇九
劉嗣明……一二一〇
蔣靜……一二一一
賈偉節……一二一二
崔鶠……一二一三
張根……一二一七
弟　樸……一二一九
任諒……一二二〇
周常……一二二二

張宗顏……一一四七七
劉光世……一一四七八
王淵……一一四八五
解元……一一四八八
曲端……一一四八九

卷三百七十　列傳第一百二十九

王友直……一一四九七
李寶……一一四九九
成閔……一一五〇一
趙密……一一五〇三
劉子羽……一一五〇四
呂祉……一一五〇九
胡世將……一一五一一
鄭剛中……一一五一二

卷三百七十一　列傳第一百三十

白時中……一一五一七
徐處仁……一一五一八
馮澥……一一五二一
王倫……一一五二二
宇文虛中……一一五二六
湯思退……一一五二九

卷三百七十二　列傳第一百三十一

朱倬……一一五三三
王綸……一一五三五
尹穡……一一五三六
王之望……一一五三七
徐俯……一一五四〇
沈與求……一一五四一
翟汝文……一一五四三
王庶……一一五四五

卷三百七十七　列傳第一百三十六

向子諲……一一六三九
陳規……一一六四二
季陵……一一六四六
盧知原……一一六五〇
弟法原……一一六五一
陳桷……一一六五二
李璆……一一六五四
李朴……一一六五五
王庠……一一六五七
王衣……一一六五八

卷三百七十八　列傳第一百三十七

衞膚敏……一一六六一
劉珏……一一六六五
胡舜陟……一一六六八
沈晦……一一六七一
劉一止……一一六七三
從弟寧止……一一六七五
胡交修……一一六七六
綦崇禮……一一六八〇

卷三百七十九　列傳第一百三十八

章誼……一一六八五
韓肖胄……一一六八九
陳公輔……一一六九三
張觷……一一六九五
胡松年……一一六九七
曹勛……一一七〇〇
李稙……一一七〇一
韓公裔……一一七〇三

卷三百八十　列傳第一百三十九

何鑄……一一七〇七
王次翁……一一七〇九
范同……一一七一二
楊愿……一一七一三
樓炤……一一七一五
勾龍如淵……一一七一七
薛弼……一一七二一
羅汝楫……一一七二三
子願……一一七二四
蕭振……一一七二四
卷三百八十一　列傳第一百四十
范如圭……一一七二九
吳表臣……一一七三一
王居正……一一七三三
晏敦復……一一七三七
黃龜年……一一七四〇
程瑀……一一七四二
張闡……一一七四五
洪擬……一一七四八
趙逵……一一七五一
卷三百八十二　列傳第一百四十一
張燾……一一七五五
黃中……一一七六三
孫道夫……一一七六五
曾幾……一一七六七
兄開……一一七六九
勾濤……一一七七一
李彌遜……一一七七四
弟彌大……一一七七七
卷三百八十三　列傳第一百四十二

陳俊卿……一一七八三
虞允文……一一七九一
辛次膺……一一八〇〇

卷三百八十四　列傳第一百四十三

陳康伯……一一八〇七
梁克家……一一八一一
汪澈……一一八一三
葉義問……一一八一六
蔣芾……一一八一八
葉顒……一一八一九
葉衡……一一八二二

卷三百八十五　列傳第一百四十四

葛邲……一一八二七
錢端禮……一一八二九
魏杞……一一八三一
周葵……一一八三三
施師點……一一八三六
蕭燧……一一八三九
龔茂良……一一八四二

卷三百八十六　列傳第一百四十五

劉珙……一一八四九
王藺……一一八五三
黃祖舜……一一八五四
王大寶……一一八五六
金安節……一一八五八
王剛中……一一八六二
李彥穎……一一八六四
范成大……一一八六七

卷三百八十七　列傳第一百四十六

黃洽……一一八七三

汪應辰……一一八七六
王十朋……一一八八二
吳芾……一一八八七
陳良翰……一一八八九
杜莘老……一一八九二
卷三百八十八　列傳第一百四十七
周執羔……一一八九七
王希呂……一一九〇〇
陳良祐……一一九〇一
李浩……一一九〇三
陳橐……一一九〇七
胡沂……一一九〇九
唐文若……一一九一一
李燾……一一九一四
卷三百八十九　列傳第一百四十八
尤袤……一一九二三
謝諤……一一九三〇
顏師魯……一一九三一
袁樞……一一九三四
李椿……一一九三七
劉儀鳳……一一九四〇
張孝祥……一一九四二
卷三百九十　列傳第一百四十九
李衡……一一九四七
王自中……一一九四八
家愿……一一九四九
張綱……一一九五一
張大經……一一九五三
蔡洸……一一九五五
莫濛……一一九五六

周淙……………………一一九五七
劉章……………………一一九五九
沈作賓…………………一一九六〇
卷三百九十一　列傳第一百五十
周必大…………………一一九六五
留正……………………一一九七二
胡晉臣…………………一一九七七
卷三百九十二　列傳第一百五十一
趙汝愚…………………一一九八一
子崇憲…………………一一九九〇
卷三百九十三　列傳第一百五十二
彭龜年…………………一一九九五
黃裳……………………一一九九九
羅點……………………一二〇〇六
黃度……………………一二〇〇九
周南……………………一二〇一二
林大中…………………一二〇一三
陳騤……………………一二〇一六
黃黼……………………一二〇一八
詹體仁…………………一二〇一九
卷三百九十四　列傳第一百五十三
胡紘……………………一二〇二三
何澹……………………一二〇二四
林栗……………………一二〇二六
高文虎…………………一二〇三三
陳自強…………………一二〇三四
鄭丙……………………一二〇三五
京鏜……………………一二〇三六
謝深甫…………………一二〇三八
許及之…………………一二〇四一

李壁……一二一〇六
丘崈……一二一〇九
倪思……一二一一三
宇文紹節……一二一一六
李蘩……一二一一八

卷三百九十九　列傳第一百五十八

鄭瑴……一二一二一
王庭秀……一二一二四
仇悆……一二一二四
高登……一二一二八
婁寅亮……一二一三三
宋汝爲……一二一三三

卷四百　列傳第一百五十九

王信……一二一三九
汪大猷……一二一四三
袁燮……一二一四六
吳柔勝……一二一四八
游仲鴻……一二一四九
李祥……一二一五一
王介……一二一五二
宋德之……一二一五五
楊大全……一二一五七

卷四百一　列傳第一百六十

辛棄疾……一二一六一
何異……一二一六六
劉宰……一二一六七
劉爚……一二一七〇
柴中行……一二一七三
李孟傳……一二一七六

卷四百二　列傳第一百六十一

許奕……一二二六七
陳居仁……一二二七一
子卓……一二二七四
劉漢弼……一二二七五
卷四百七　列傳第一百六十六
杜範……一二二七九
楊簡……一二二八九
錢時……一二二九二
張慮……一二二九三
呂午……一二二九六
子沆……一二二九八
卷四百八　列傳第一百六十七
吳昌裔……一二三〇一
汪綱……一二三〇四
陳宓……一二三一〇
王霆……一二三一三
卷四百九　列傳第一百六十八
高定子……一二三一七
高斯得……一二三二二
張忠恕……一二三二八
唐璘……一二三三一
卷四百一十　列傳第一百六十九
婁機……一二三三五
沈煥……一二三三八
舒璘……一二三三九
曹彥約……一二三四〇
范應鈴……一二三四四
徐經孫……一二三四七
卷四百一十一　列傳第一百七十
湯璹……一二三五一

蔣重珍……一二三五二
牟子才……一二三五五
朱貔孫……一二三六二
歐陽守道……一二三六四

卷四百一十二　列傳第一百七十一

孟珙……一二三六九
杜杲……一二三八一
子庶……一二三八三
王登……一二三八四
楊掞……一二三八六
張惟孝……一二三八七
陳咸……一二三八八

卷四百一十三　列傳第一百七十二

趙汝談……一二三九三
趙汝讜……一二三九七
趙希錧……一二三九八
趙彥吶……一二三九九
趙善湘……一二四〇〇
趙與懽……一二四〇二
趙必愿……一二四〇七

卷四百一十四　列傳第一百七十三

史彌遠……一二四一五
鄭清之……一二四一九
史嵩之……一二四二三
董槐……一二四二八
葉夢鼎……一二四三二
馬廷鸞……一二四三六

卷四百一十五　列傳第一百七十四

傅伯成……一二四四一
葛洪……一二四四四

曾三復……一二四四六
黃疇若……一二四四六
袁韶……一二四五一
危稹……一二四五二
程公許……一二四五四
羅必元……一二四六〇
王遂……一二四六〇
卷四百一十六　列傳第一百七十五
吳淵……一二四六五
余玠……一二四六八
汪立信……一二四七三
向士璧……一二四七七
胡穎……一二四七八
冷應澂……一二四八〇
曹叔遠……一二四八一
族子豳……一二四八二
王萬……一二四八二
馬光祖……一二四八五
卷四百一十七　列傳第一百七十六
喬行簡……一二四八九
范鍾……一二四九六
游似……一二四九六
趙葵……一二四九八
兄范……一二五〇四
謝方叔……一二五一〇
卷四百一十八　列傳第一百七十七
吳潛……一二五一五
程元鳳……一二五二〇
江萬里……一二五二三
王爚……一二五二五

章鑑……一二五二八
陳宜中……一二五二九
文天祥……一二五三三
卷四百一十九　列傳第一百七十八
宣繒……一二五四三
薛極……一二五四四
陳貴誼……一二五四五
曾從龍……一二五四七
鄭性之……一二五四九
李鳴復……一二五五〇
鄒應龍……一二五五〇
余天錫……一二五五一
許應龍……一二五五三
林略……一二五五五
徐榮叟……一二五五五
別之傑……一二五五六
劉伯正……一二五五七
金淵……一二五五八
李性傳……一二五五九
陳韡……一二五六〇
崔福……一二五六四
卷四百二十　列傳第一百七十九
王伯大……一二五六七
鄭寀……一二五七〇
應繇……一二五七一
徐淸叟……一二五七二
李曾伯……一二五七四
王埜……一二五七五
蔡抗……一二五七七
張磻……一二五七八

馬天驥……一二五七八
朱熠……一二五七九
饒虎臣……一二五八〇
戴慶炣……一二五八一
皮龍榮……一二五八一
沈炎……一二五八三

卷四百二十一　列傳第一百八十

楊棟……一二五八五
姚希得……一二五八七
包恢……一二五九一
常挺……一二五九三
陳宗禮……一二五九四
常楙……一二五九五
家鉉翁……一二五九八
李庭芝……一二五九九

卷四百二十二　列傳第一百八十一

林勳……一二六〇五
劉才邵……一二六〇六
許忻……一二六〇七
應孟明……一二六一〇
曾三聘……一二六一二
徐僑……一二六一四
度正……一二六一五
程珌……一二六一六
牛大年……一二六一七
陳仲微……一二六一八
梁成大……一二六二〇
李知孝……一二六二二

卷四百二十三　列傳第一百八十二

吳泳……一二六二五

陳塏……一二六八三
楊文仲……一二六八四
謝枋得……一二六八七
卷四百二十六　列傳第一百八十五
循吏……一二六九一
陳靖……一二六九二
張綸……一二六九四
邵曄……一二六九五
崔立……一二六九七
魯有開……一二六九八
張逸……一二六九九
吳遵路……一二七〇〇
趙尚寬……一二七〇一
高賦……一二七〇三
程師孟……一二七〇四
韓晉卿……一二七〇五
葉康直……一二七〇六
卷四百二十七　列傳第一百八十六
道學一……一二七〇九
周敦頤……一二七一〇
程顥……一二七一三
程頤……一二七一八
張載……一二七二三
弟戩……一二七二五
邵雍……一二七二六
卷四百二十八　列傳第一百八十七
道學二程氏門人……一二七三一
劉絢……一二七三一
李籲……一二七三二
謝良佐……一二七三三

游酢……一二七三二
張繹……一二七三三
蘇昞……一二七三三
尹焞……一二七三四
楊時……一二七三八
羅從彥……一二七四三
李侗……一二七四五
卷四百二十九　列傳第一百八十八
道學三……一二七五一
朱熹……一二七五一
張栻……一二七七〇
卷四百三十　列傳第一百八十九
道學四朱氏門人……一二七七七
黃榦……一二七七七
李燔……一二七八三
張洽……一二七八五
陳淳……一二七八八
李方子……一二七九〇
黃灝……一二七九一
卷四百三十一　列傳第一百九十
儒林一……一二七九三
聶崇義……一二七九三
邢昺……一二七九七
孫奭……一二八〇一
王昭素……一二八〇八
孔維……一二八〇九
孔宜……一二八一二
崔頌……一二八一六
子嶧……一二八一七
尹拙……一二八一七

田敏……一二八一八
辛文悅……一二八二〇
李覺……一二八二〇
崔頤正……一二八二二
弟偓佺……一二八二二
李之才……一二八二三

卷四百三十二　列傳第一百九十一

儒林二……一二八二七
胡旦……一二八二七
賈同……一二八三〇
劉顏……一二八三一
高弁……一二八三二
孫復……一二八三二
石介……一二八三三
胡瑗……一二八三七
劉羲叟……一二八三八
林槩……一二八三八
李覯……一二八三九
何涉……一二八四二
王回……一二八四三
弟向……一二八四四
周堯卿……一二八四六
王當……一二八四八
陳暘……一二八四八

卷四百三十三　列傳第一百九十二

儒林三……一二八五一
邵伯溫……一二八五一
喩樗……一二八五四
洪興祖……一二八五五
高閌……一二八五七

郭昱……一三〇一一
馬應……一三〇一二
和峴……一三〇一二
弟 嵘……一三〇一四
馮吉……一三〇一六

卷四百四十　列傳第一百九十九

文苑二……一三〇一九
高頔……一三〇一九
李度……一三〇二〇
韓溥……一三〇二一
鞠常……一三〇二二
宋準……一三〇二二
柳開……一三〇二三
夏侯嘉正……一三〇二八
羅處約……一三〇三二
安德裕……一三〇三六
錢熙……一三〇三七

卷四百四十一　列傳第二百

文苑三……一三〇三九
陳充……一三〇三九
吳淑……一三〇四〇
舒雅……一三〇四一
黃夷簡……一三〇四二
盧稹……一三〇四三
謝炎……一三〇四三
許洞……一三〇四四
徐鉉……一三〇四四
句中正……一三〇四九
曾致堯……一三〇五〇
刁衎……一三〇五一

姚鉉……一三〇五四
李建中……一三〇五五
洪湛……一三〇五七
路振……一三〇六〇
崔遵度……一三〇六二
陳越……一三〇六六
卷四百四十二　列傳第二百一
文苑四……一三〇六九
穆脩……一三〇六九
石延年……一三〇七〇
劉潛……一三〇七一
蕭貫……一三〇七二
蘇舜欽……一三〇七三
尹源……一三〇八一
黃亢……一三〇八五
黃鑑……一三〇八六
楊蟠……一三〇八六
顏太初……一三〇八六
郭忠恕……一三〇八七
卷四百四十三　列傳第二百二
文苑五……一三〇九一
梅堯臣……一三〇九一
江休復……一三〇九二
蘇洵……一三〇九三
章望之……一三〇九七
王逢……一三〇九八
孫唐卿……一三〇九九
黃庠……一三〇九九
楊寘……一三一〇〇
唐庚……一三一〇〇

兄伯虎……一三一〇〇
文同……一三一〇一
楊傑……一三一〇二
賀鑄……一三一〇三
劉涇……一三一〇四
鮑由……一三一〇五
黃伯思……一三一〇五

卷四百四十四　列傳第二百三

文苑六……一三一〇九
黃庭堅……一三一〇九
晁補之……一三一一一
從弟詠之……一三一一二
秦觀……一三一一二
張耒……一三一一三
陳師道……一三一一五
李廌……一三一一六
劉恕……一三一一八
王無咎……一三一二〇
蔡肇……一三一二〇
李格非……一三一二一
呂南公……一三一二二
郭祥正……一三一二三
米芾……一三一二三
劉詵……一三一二四
倪濤……一三一二五
李公麟……一三一二五
周邦彥……一三一二六
朱長文……一三一二七
劉弇……一三一二七

卷四百四十五　列傳第二百四

文苑七……一三一二九
陳與義……一三一二九
汪藻……一三一三〇
葉夢得……一三一三三
程俱……一三一三六
張嵲……一三一三八
韓駒……一三一四〇
朱敦儒……一三一四一
葛勝仲……一三一四二
熊克……一三一四三
張即之……一三一四五
　趙蕃……一三一四六
卷四百四十六　列傳第二百五
忠義一……一三一四九
康保裔……一三一五〇
馬遂……一三一五二
董元亨……一三一五三
曹覲……一三一五三
　孔宗旦……一三一五四
　趙師旦……一三一五四
蘇緘……一三一五六
秦傳序……一三一五八
詹良臣……一三一五九
　江仲明……一三一五九
李若水……一三一六〇
劉韐……一三一六二
傅察……一三一六五
楊震……一三一六六
　父宗閔……一三一六七
張克戩……一三一六七

張確……一三二六九
朱昭……一三二七〇
史抗……一三二七一
孫益……一三二七二

卷四百四十七　列傳第二百六

忠義二……一三二七五
霍安國……一三二七五
李涓……一三二七六
李邈……一三二七七
劉翊……一三二七九
徐揆……一三二七九
陳遘……一三二八〇
趙不試……一三二八三
趙令宬……一三二八四
唐重……一三二八五
郭忠孝……一三二八八
程迪……一三二八九
徐徽言……一三二九〇
向子韶……一三二九四
楊邦乂……一三二九五

卷四百四十八　列傳第二百七

忠義三……一三二九九
曾恴……一三二九九
從弟悟……一三三〇〇
劉汲……一三三〇〇
鄭驤……一三三〇二
呂由誠……一三三〇三
郭永……一三三〇五
韓浩……一三三〇八
朱庭傑……一三三〇八

王允功……一三二〇八
王薦……一三二〇八
周中……一三二〇八
周辛……一三二〇八
歐陽珣……一三二〇九
張忠輔……一三二〇九
李彥仙……一三二〇九
邵雲……一三二一二
呂圓登……一三二一三
宋炎……一三二一三
趙立……一三二一三
鄭褒……一三二一四
王復……一三二一六
王忠植……一三二一七
唐琦……一三二一七
李震……一三二一八
陳求道……一三二一八

卷四百四十九　列傳第二百八

忠義四……一三二二一
崔縱……一三二二一
吳安國……一三二二二
林沖之……一三二二二
子郁……一三二二三
從子震……一三二二三
霆……一三二二三
滕茂實……一三二二三
魏行可……一三二二四
郭元邁……一三二二五
閻進……一三二二五
朱勣……一三二二五

趙師檟……一三三二六
易青……一三三二六
胡斌……一三三二七
范旺……一三三二七
馬俊……一三三二八
楊震仲……一三三二八
史次秦……一三三二九
郭靖……一三三三〇
高稼……一三三三〇
曹友聞……一三三三三
陳寅……一三三三七
賈子坤……一三三三八
劉銳……一三三三九
蹇彝……一三三三九
何充……一三三三九
許彪孫……一三三四〇
張桂……一三三四一
金文德……一三三四一
曹贛……一三三四一
胡世全……一三三四一
龐彥海……一三三四一
江彥清……一三三四一
陳隆之……一三三四一
史季儉……一三三四一
王翊……一三三四二
李誠之……一三三四三
秦鉅……一三三四五

卷四百五十　列傳第二百九

忠義五……一三三四七
陳元桂……一三三四七

張順……一三二四八
張貴……一三二四九
范天順……一三二四九
牛富……一三二五〇
邊居誼……一三二五〇
陳炤……一三二五一
王安節……一三二五二
尹玉……一三二五三
李芾……一三二五三
尹穀……一三二五六
楊霆……一三二五八
趙卯發……一三二五九
唐震……一三二六〇
趙與檡……一三二六二
趙孟錦……一三二六二
趙淮……一三二六二
卷四百五十一　列傳第二百一十
忠義六……一三二六五
趙良淳……一三二六五
徐道隆……一三二六七
姜才……一三二六七
馬塈……一三二七〇
密佑……一三二七一
張世傑……一三二七二
陸秀夫……一三二七五
徐應鑣……一三二七七
陳文龍……一三二七八
鄧得遇……一三二八〇
張玨……一三二八〇
卷四百五十二　列傳第二百一十一

忠義七……一三二八五
高敏……一三二八五
張吉……一三二八六
景思忠……一三二八六
弟思立……一三二八七
王奇……一三二八八
蔣興祖……一三二八八
郭滸……一三二八九
吳革……一三二八九
李翼……一三二九一
阮駿……一三二九一
趙士隆……一三二九一
士醫……一三二九二
士眞……一三二九二
士遒……一三二九三
士跂……一三二九三
叔皎……一三二九三
叔憑……一三二九三
訓之……一三二九四
聿之……一三二九五
陳淬……一三二九五
黃友……一三二九六
郝仲連……一三二九七
劉惟輔……一三二九八
牛皓……一三二九九
魏彥明……一三二九九
劉士英……一三三〇〇
翟興……一三三〇〇
弟進……一三三〇二
朱蹕……一三三〇三

朱良……一三三〇四

方允武……一三三〇四

龔楫……一三三〇四

李亘……一三三〇五

淩唐佐……一三三〇六

楊粹中……一三三〇六

彊霓……一三三〇六

康傑……一三三〇七

李伸……一三三〇七

郭僎……一三三〇七

郭贊……一三三〇八

王逬……一三三〇八

吳從龍……一三三〇八

司馬夢求……一三三〇九

林空齋……一三三〇九

黃介……一三三一〇

孫益……一三三一〇

王仙……一三三一一

吳楚材……一三三一一

李成大……一三三一二

陶居仁……一三三一三

卷四百五十三　列傳第二百一十二

忠義八……一三三一五

高永年……一三三一五

鞠嗣復……一三三一七

宋旅……一三三一七

丁仲脩……一三三一七

項德……一三三一八

孫昭遠……一三三一八

曾孝序……一三三一九

趙伯振……一三三二〇
王士言……一三三二一
祝公明……一三三二一
薛慶……一三三二一
孫暉……一三三二二
李靚……一三三二二
楊照……一三三二三
丁元……一三三二三
宋昌祚……一三三二三
李政……一三三二四
姜綬……一三三二四
劉宣……一三三二四
屈堅……一三三二五
王琦……一三三二五
韋永壽……一三三二五
鄭覃……一三三二五
姚興……一三三二六
張玘……一三三二七
陳亨祖……一三三二九
王拱……一三三二九
劉泰……一三三三〇
孫逢……一三三三〇
李熙靖……一三三三〇
趙俊……一三三三一
劉化源……一三三三一
胡唐老……一三三三二
王儔……一三三三四
朱嗣孟……一三三三四
劉晏……一三三三四
鄭振……一三三三五

孟彥卿……一三三三六
高談……一三三三七
連萬夫……一三三三七
謝皐……一三三三八
王大壽……一三三三八
薛良顯……一三三三八
唐敏求……一三三三九
王師道……一三三三九

卷四百五十四　列傳第二百一十三

忠義九……一三三四一
趙時賞……一三三四一
趙希洎……一三三四二
劉子薦……一三三四二
黃文政……一三三四三
呂文信……一三三四三
鍾季玉……一三三四四
潘方……一三三四四
耿世安……一三三四四
丁黼……一三三四五
米立……一三三四五
趙文義……一三三四五
楊壽孫……一三三四六
侯畐……一三三四六
王孝忠……一三三四六
高應松……一三三四七
張山翁……一三三四七
黃申……一三三四七
陳羍……一三三四八
蕭雷龍……一三三四九
宋應龍……一三三四九

褚一正……一三三四九
鄒渢……一三三五〇
劉子俊……一三三五〇
劉沐……一三三五〇
孫㮚……一三三五一
彭震龍……一三三五一
蕭燾夫……一三三五一
陳繼周……一三三五二
陳龍復……（缺文）
張鏜……（缺文）
張雲……（缺文）
張汴……一三三五二
呂武……一三三五二
鞏信……一三三五三
蕭明哲……一三三五三
杜滸……一三三五三
林琦……一三三五四
蕭資……一三三五四
徐臻……一三三五五
金應……一三三五五
何時……一三三五五
陳子敬……一三三五六
劉士昭……一三三五六
王士敏……一三三五六
趙孟壘……一三三五六
趙孟桀……一三三五七

卷四百五十五　列傳第二百一十四

忠義十……一三三五九
陳東……一三三五九
歐陽澈……一三三六二

馬仲……一三三六三
何兌……一三三六八
呂祖儉……一三三六八
呂祖泰……一三三七一
楊宏中……一三三七三
華岳……一三三七五
鄧若水……一三三七八
僧眞寶……一三三八二
莫謙之……一三三八二
徐道明……一三三八二

卷四百五十六　列傳第二百一十五

孝義……一三三八五
李璘……一三三八六
甄婆兒……一三三八六
徐承珪……一三三八七
劉孝忠……一三三八七
呂昇……一三三八八
王翰……一三三八八
羅居通……一三三八八
黃德輿……一三三八八
齊得一……一三三八八
李罕澄……一三三八九
邢神留……一三三八九
沈正……一三三八九
許祚……一三三九〇
李琳等……一三三九〇
胡仲堯……一三三九〇
弟仲容……一三三九一
陳兢……一三三九一
洪文撫……一三三九二

易延慶……一三三九三
董道明……一三三九三
郭琮……一三三九四
畢贊……一三三九四
顧忻……一三三九四
李瓊……一三三九五
朱泰……一三三九五
成象……一三三九五
陳思道……一三三九六
方綱……一三三九六
龐天祐……一三三九七
劉斌……一三三九七
樊景温……一三三九七
榮恕旻……一三三九七
祁暐……一三三九八
何保之……一三三九八
李玭……一三三九八
侯義……一三三九九
王光濟……一三三九九
李祚……一三三九九
周善敏……一三三九九
江白……一三四〇〇
裘承詢……一三四〇〇
孫浦等……一三四〇〇
常眞……一三四〇一
子晏……一三四〇一
王洤等……一三四〇一
杜誼……一三四〇一
姚宗明……一三四〇二
鄧中和……一三四〇三

毛安輿……一三四〇三
李訪……一三四〇四
朱壽昌……一三四〇四
侯可……一三四〇五
申積中……一三四〇七
郝戭……一三四〇七
支漸……一三四〇八
鄧宗古……一三四〇九
沈宣……一三四〇九
蘇慶文……一三四〇九
　臺亨……一三四〇九
仰忻……一三四一〇
趙伯深……一三四一〇
彭瑜……一三四一〇
毛洵……一三四一一
　李籌……一三四一一
　楊芾……一三四一一
楊慶……一三四一一
陳宗……一三四一二
郭義……一三四一二
申世寧……一三四一三
苟與齡……一三四一三
王珠……一三四一三
顏詡……一三四一三
張伯威……一三四一四
蔡定……一三四一四
鄭綺……一三四一五
　鮑宗巖……一三四一五

卷四百五十七　列傳第二百一十六

隱逸上……一三四一七

戚同文……一三四一八
陳摶……一三四二〇
种放……一三四二二
萬適……一三四二七
李瀆……一三四二八
魏野……一三四三〇
邢敦……一三四三一
林逋……一三四三二
高懌……一三四三三
徐復……一三四三四
孔旼……一三四三五
何羣……一三四三五

卷四百五十八　列傳第二百一十七

隱逸中……一三四三九
王樵……一三四三九
張愈……一三四四〇
黃晞……一三四四一
周啓明……一三四四一
代淵……一三四四二
陳烈……一三四四二
孫侔……一三四四三
劉易……一三四四四
姜潛……一三四四四
連庶……一三四四五
章詧……一三四四六
俞汝尙……一三四四七
陽孝本……一三四四八
鄧考甫……一三四四八
宇文之邵……一三四四九
吳瑛……一三四五〇

松江漁翁……一三四五一
杜生……一三四五二
順昌山人……一三四五三
南安翁……一三四五三
張舉……一三四五四

卷四百五十九　列傳第二百一十八

隱逸下……一三四五七
徐中行……一三四五七
蘇雲卿……一三四五九
譙定……一三四六〇
王忠民……一三四六二
劉勉之……一三四六二
胡憲……一三四六三
郭雍……一三四六五
劉愚……一三四六六
魏掞之……一三四六八
安世通……一三四六九

卓行

卓行……一三四七〇
劉庭式……一三四七一
巢谷……一三四七二
徐積……一三四七三
曾叔卿……一三四七四
劉永一……一三四七五

卷四百六十　列傳第二百一十九

列女……一三四七七
朱娥……一三四七八
張氏……一三四七八
彭列女……一三四七八
郝節娥……一三四七九
朱氏……一三四七九

崔氏……一三四七九
趙氏……一三四八〇
丁氏……一三四八〇
項氏……一三四八一
王氏二婦……一三四八一
徐氏……一三四八一
榮氏……一三四八一
何氏……一三四八二
董氏……一三四八二
譚氏……一三四八三
劉氏……一三四八三
張氏……一三四八三
師氏……一三四八四
陳堂前……一三四八五
節婦廖氏……一三四八五
劉當可母……一三四八六
曾氏婦……一三四八六
王袤妻……一三四八七
涂端友妻……一三四八七
詹氏女……一三四八七
劉生妻……一三四八八
謝泌妻……一三四八八
謝枋得妻……一三四八九
王貞婦……一三四八九
趙淮妾……一三四九〇
譚氏婦……一三四九〇
吳中孚妻……一三四九一
呂仲洙女……一三四九一
林老女……一三四九一
童氏女……一三四九一

韓氏女……………………………………一三四九二
王氏婦……………………………………一三四九二
劉仝子妻…………………………………一三四九二
毛惜惜……………………………………一三四九三

卷四百六十一　列傳第二百二十

方技上……………………………………一三四九五
趙修己……………………………………一三四九六
王處訥……………………………………一三四九七
子熙元……………………………………一三四九八
苗訓………………………………………一三四九九
子守信……………………………………一三四九九
馬韶………………………………………一三五〇〇
楚芝蘭……………………………………一三五〇〇
韓顯符……………………………………一三五〇一
史序………………………………………一三五〇三
周克明……………………………………一三五〇三
劉翰………………………………………一三五〇五
王懷隱……………………………………一三五〇七
趙自化……………………………………一三五〇八
馮文智……………………………………一三五〇九
沙門洪蘊…………………………………一三五一〇
蘇澄隱……………………………………一三五一一
丁少微……………………………………一三五一二
趙自然……………………………………一三五一二

卷四百六十二　列傳第二百二十一

方技下……………………………………一三五一五
賀蘭棲眞…………………………………一三五一五
柴通玄……………………………………一三五一六
甄棲眞……………………………………一三五一七
楚衍………………………………………一三五一七

僧志言……一三五一八
僧懷丙……一三五一九
許希……一三五二〇
龐安時……一三五二〇
錢乙……一三五二二
僧智緣……一三五二四
郭天信……一三五二五
魏漢津……一三五二五
王老志……一三五二七
王仔昔……一三五二八
林靈素……一三五二八
皇甫坦……一三五三〇
王克明……一三五三〇
莎衣道人……一三五三二
孫守榮……一三五三三

卷四百六十三　列傳第二百二十二

外戚上……一三五三五
杜審琦……一三五三六
弟審瓊……一三五三六
審肇……一三五三六
審進……一三五三七
從子彥圭……一三五三八
彥鈞……一三五三九
從孫守元……一三五三九
曾孫惟序……一三五三九
賀令圖……一三五四〇
楊重進……一三五四一
王繼勳……一三五四一
劉知信……一三五四三
子承宗……一三五四四

劉文裕……一三五四五
劉美……一三五四八
子從德……一三五五〇
從廣……一三五五〇
孫永年……一三五五一
馬季良……一三五五二
郭崇仁……一三五五三
楊景宗……一三五五三
符惟忠……一三五五五
柴宗慶……一三五五五
張堯佐……一三五五七
卷四百六十四　列傳第二百二十三
外戚中……一三五六一
王貽永……一三五六一
李昭亮……一三五六三
李用和……一三五六五
子璋……一三五六六
瑋……一三五六六
珣……一三五六七
李遵勗……一三五六七
子端懿……一三五六九
端愿……一三五七〇
端愨……一三五七一
端愿子評……一三五七一
曹佾……一三五七二
從弟偕……一三五七三
子評……一三五七三
誘……一三五七四
高遵裕……一三五七五
從弟遵惠……一三五七七

從姪 士林……一三五七七
士林子 公紀……一三五七八
公紀子 世則……一三五七八
向傳範……一三五七九
從姪 經……一三五八〇
綜……一三五八一
經子 宗回……一三五八一
宗良……一三五八二
張敦禮……一三五八二
任澤……一三五八三

卷四百六十五 列傳第二百二十四

外戚下……一三五八五
孟忠厚……一三五八五
韋淵……一三五八七
錢忱……一三五八八
邢煥……一三五八九
潘永思……一三五九〇
吳益……一三五九一
弟 蓋……一三五九一
益子 琚……一三五九二
李道……一三五九二
鄭興裔……一三五九三
楊次山……一三五九五

卷四百六十六 列傳第二百二十五

宦者一……一三五九九
竇神寶……一三六〇〇
王仁睿……一三六〇一
王繼恩……一三六〇二
李神福……一三六〇五
弟 神祐……一三六〇六

劉承規……一三六〇八
閻承翰……一三六一〇
秦翰……一三六一二
周懷政……一三六一四
張崇貴……一三六一七
張繼能……一三六二〇
衞紹欽……一三六二四
石知顒……一三六二五
孫全彬……一三六二六
鄧守恩……一三六二七
卷四百六十七　列傳第二百二十六
宦者二……一三六三一
楊守珍……一三六三一
韓守英……一三六三二
藍繼宗……一三六三三
張惟吉……一三六三四
養子若水……一三六三六
甘昭吉……一三六三六
盧守懃……一三六三七
王守規……一三六三八
李憲……一三六三八
張茂則……一三六四一
宋用臣……一三六四一
王中正……一三六四二
李舜舉……一三六四四
石得一……一三六四五
梁從吉……一三六四五
劉惟簡……一三六四六
卷四百六十八　列傳第二百二十七
宦者三……一三六四九

李祥……一三六四九
陳衍……一三六五〇
馮世寧……一三六五一
李繼和……一三六五一
高居簡……一三六五二
程昉……一三六五三
蘇利涉……一三六五四
雷允恭……一三六五四
閻文應……一三六五五
任守忠……一三六五七
童貫……一三六五八
方臘……一三六五九
梁師成……一三六六二
楊戩……一三六六四

卷四百六十九　列傳第二百二十八

宦者四……一三六六七
邵成章……一三六六七
藍珪……一三六六八
康履……一三六六八
馮益……一三六七〇
張去爲……一三六七一
陳源……一三六七二
甘昪……一三六七二
王德謙……一三六七三
關禮……一三六七四
董宋臣……一三六七五

卷四百七十　列傳第二百二十九

佞幸……一三六七七
弭德超……一三六七八
侯莫陳利用……一三六七八

趙贇……一三六七九
王黼……一三六八一
朱勔……一三六八四
王繼先……一三六八六
曾覿……一三六八八
龍大淵……一三六八八
張說……一三六九二
王抃……一三六九三
姜特立……一三六九五
譙熙載……一三六九五
卷四百七十一　列傳第二百三十
姦臣一……一三六九七
蔡確……一三六九八
吳處厚……一三七〇一
邢恕……一三七〇二
呂惠卿……一三七〇五
章惇……一三七〇九
曾布……一三七一四
安惇……一三七一七
卷四百七十二　列傳第二百三十一
姦臣二……一三七二一
蔡京……一三七二一
弟卞……一三七二八
子攸……一三七三〇
儵……一三七三二
族子宑……一三七三三
趙良嗣……一三七三三
張覺……一三七三五
郭藥師……一三七三七
卷四百七十三　列傳第二百三十二

姦臣三……一三七四三
黃潛善……一三七四三
汪伯彥……一三七四五
秦檜……一三七四七
卷四百七十四　列傳第二百三十三
姦臣四……一三七六九
万俟卨……一三七六九
韓侂胄……一三七七一
丁大全……一三七七八
賈似道……一三七七九
卷四百七十五　列傳第二百三十四
叛臣上……一三七八九
張邦昌……一三七八九
劉豫……一三七九三
苗傅……一三八〇二
劉正彥……一三八〇二
杜充……一三八〇九
吳曦……一三八一一
卷四百七十六　列傳第二百三十五
叛臣中……一三八一七
李全上……一三八一七
卷四百七十七　列傳第二百三十六
叛臣下……一三八三五
李全下……一三八三五
卷四百七十八　列傳第二百三十七
世家一……一三八五三
南唐李氏……一三八五三
李景……一三八五四
子煜……一三八五六
從善……一三八六二

從譜……一三八六三
從弟　季操……一三八六三
孫　仲寓……一三八六三
舒元……一三八六四
韓熙載……一三八六五
馮謐……一三八六七
潘佑……一三八六八
皇甫繼勳……一三八六九
周惟簡……一三八六九

卷四百七十九　列傳第二百三十八

世家二……一三八七三
西蜀孟氏……一三八七三
孟昶……一三八七三
子　玄喆……一三八八一
玄珏……一三八八二
弟　仁贄……一三八八三
仁裕……一三八八三
仁操……一三八八四
伊審徵……一三八八四
韓保正……一三八八四
王昭遠……一三八八五
趙崇韜……一三八八六
高彥儔……一三八八七
趙彥韜……一三八八八
龍景昭……一三八八八
幸寅遜……一三八八九
李廷珪……一三八八九
李昊……一三八九〇
毋守素……一三八九三
歐陽迥……一三八九四

卷四百八十　列傳第二百三十九

世家三……一三八九七
吳越錢氏……一三八九七
錢俶……一三八九七
子惟濬……一三九〇九
惟治……一三九一〇
惟濟……一三九一三
弟儼……一三九一四
姪昱……一三九一五
孫承祐……一三九一六
沈承禮……一三九一七

卷四百八十一　列傳第二百四十

世家四……一三九一九
南漢劉氏……一三九一九
劉鋹……一三九一九
龔澄樞……一三九二九
李托……一三九三〇
薛崇譽……一三九三〇
潘崇徹……一三九三一

卷四百八十二　列傳第二百四十一

世家五……一三九三三
北漢劉氏……一三九三三
劉繼元……一三九三三
父鈞……一三九三四
兄繼恩……一三九三六
衞融……一三九四一
趙文度……一三九四二
李惲……一三九四三
馬峯……一三九四四
郭無爲……一三九四四

卷四百八十六　列傳第二百四十五
外國二……一四〇〇七
夏國下……一四〇〇七
卷四百八十七　列傳第二百四十六
外國三……一四〇三五
高麗……一四〇三五
卷四百八十八　列傳第二百四十七
外國四……一四〇五七
交阯……一四〇五七
大理……一四〇七二
卷四百八十九　列傳第二百四十八
外國五……一四〇七七
占城……一四〇七七
眞臘……一四〇八六
蒲甘……一四〇八七
邈黎……一四〇八七
三佛齊……一四〇八八
闍婆……一四〇九一
南毗……一四〇九三
勃泥……一四〇九四
注輦……一四〇九五
丹眉流……一四〇九九
卷四百九十　列傳第二百四十九
外國六……一四一〇三
天竺……一四一〇三
于闐……一四一〇六
高昌……一四一〇九
回鶻……一四一一四
大食……一四一一八
層檀……一四一二一

廣源州……一四二二四
黎洞……一四二一九
環州……一四二三〇

卷四百九十六　列傳第二百五十五

蠻夷四……一四二三三
西南諸夷……一四二三三
黎州諸蠻……一四二三一
敍州三路蠻……一四二三八
威茂渝州蠻……一四二三八
黔涪施高徼外諸蠻……一四二四一
瀘州蠻……一四二四三

附錄：

進宋史表……一四二五三
修史官員……一四二五六
中書省咨文……一四二六一
刊刻官員……一四二六二

宋史卷一

本紀第一

太祖一

太祖啓運立極英武睿文神德聖功至明大孝皇帝，諱匡胤，姓趙氏，涿郡人也。高祖朓，是爲僖祖，仕唐歷永清、文安、幽都令。朓生珽，是爲順祖，歷藩鎭從事，累官兼御史中丞。珽生敬，是爲翼祖，歷營、薊、涿三州刺史。敬生弘殷，是爲宣祖。周顯德中，宣祖貴，贈敬左驍騎衞上將軍。

宣祖少驍勇，善騎射，事趙王王鎔，爲鎔將五百騎援唐莊宗于河上有功。莊宗愛其勇，留典禁軍。漢乾祐中，討王景於鳳翔，會蜀兵來援，戰于陳倉。始合，矢集左目，氣彌盛，奮擊大敗之，以功遷護聖都指揮使。周廣順末，改鐵騎第一軍都指揮使，轉右廂都指揮，領岳州防禦使。從征淮南，前軍却，吳人來乘，宣祖邀擊，敗之。顯德三年，督軍平揚州，與世宗會壽春。壽春賣餅家餅薄小，世宗怒，執十餘輩將誅之，宣祖固諫得釋。累官檢校司徒、天水縣男，與太祖分典禁兵，一時榮之。卒，贈武清軍節度使、太尉。

太祖，宣祖仲子也，母杜氏。後唐天成二年，生於洛陽夾馬營，赤光繞室，異香經宿不散，體有金色，三日不變。既長，容貌雄偉，器度豁如，識者知其非常人。學騎射，輒出人上。嘗試惡馬，不施銜勒，馬逸上城斜道，額觸門楣墜地，人以爲首必碎，太祖徐起，更追馬騰上，一無所傷。又嘗與韓令坤博土室中，雀鬭戶外，因競起掩雀，而室隨壞。漢初，漫遊無所遇，舍襄陽僧寺，有老僧善術數，顧曰：「吾厚贐汝，北往則有遇矣。」會周祖以樞密使征李守眞，應募居帳下。廣順初，補東西班行首，拜滑州副指揮。世宗尹京，轉開封府馬直軍使。

世宗卽位，復典禁兵。北漢來寇，世宗率師禦之，戰于高平。將合，指揮樊愛能等先遁，軍危，太祖麾同列馳馬衝其鋒，漢兵大潰。乘勝攻河東城，焚其門，左臂中流矢，世宗止之。還，拜殿前都虞候，領嚴州刺史。

三年春，從征淮南，首敗萬衆于渦口，斬兵馬都監何延錫等〔一〕。南唐節度皇甫暉、姚鳳衆號十五萬，塞淸流關，擊走之。追至城下，暉曰：「人各爲其主，願成列以決勝負。」太祖笑而許之。暉整陣出，太祖擁馬項直入，手刃暉中腦，幷姚鳳禽之。宣祖率兵夜半至城下，傳呼開門，太祖曰：「父子固親，啓閉，王事也。」詰旦，乃得入。韓令坤平揚州，南唐來援，令坤議退，世宗命太祖率兵二千趨六合。太祖下令曰：「揚州兵敢有過六合者，斷其足。」令坤始固守。太祖尋敗齊王景達于六合東，斬首萬餘級。還，拜殿前都指揮使，尋拜定國軍節度使。

四年春，從征壽春，拔連珠砦，遂下壽州。還，拜義成軍節度、檢校太保，仍殿前都指揮使。冬，從征濠、泗，爲前鋒。時南唐砦于十八里灘，世宗方議以橐駝濟師，而太祖獨躍馬截流先渡，麾下騎隨之，遂破其砦。因其戰艦乘勝攻泗州，下之。南唐屯清口，太祖從世宗翼淮東下，夜追至山陽，俘唐節度使陳承昭以獻，遂拔楚州。進破唐人于迎鑾江口〔三〕，直抵南岸，焚其營栅，又破之于瓜步，淮南平。唐主畏太祖威名，用間於世宗，遣使遺太祖書，餽白金三千兩，太祖悉輸之內府，間乃不行。五年，改忠武軍節度使。

六年，世宗北征，爲水陸都部署。及莫州，先至瓦橋關，降其守將姚內斌，戰却數千騎，關南平。世宗在道，閱四方文書，得韋囊，中有木三尺餘，題云「點檢作天子」，異之。時張永德爲點檢，世宗不豫，還京師，拜太祖檢校太傅、殿前都點檢，以代永德。恭帝卽位，改歸德軍節度、檢校太尉。

七年春，北漢結契丹入寇，命出師禦之。次陳橋驛，軍中知星者苗訓引門吏楚昭輔視日下復有一日，黑光摩盪者久之。夜五鼓，軍士集驛門，宣言策點檢爲天子，或止之，衆不聽。遲明，逼寢所，太宗入白，太祖起。諸校露刃列于庭，曰：「諸軍無主，願策太尉爲天子。」未及對，有以黃衣加太祖身，衆皆羅拜，呼萬歲，卽掖太祖乘馬。太祖攬轡謂諸將曰：「我有號令，爾能從乎？」皆下馬曰：「唯命。」太祖曰：「太后、主上，吾皆北面事之，汝輩不得驚犯；大臣皆我比肩，不得侵凌；朝廷府庫、士庶之家，不得侵掠。用令有重賞，違卽孥戮汝。」諸將皆載拜，肅隊以入。副都指揮使韓通謀禦之，王彥昇遽殺通於其第。太祖進登明德門，令甲士歸營，乃退居公署。有頃，諸將擁宰相范質等至，太祖見之，嗚咽流涕曰：「違負天地，今至于此！」質等未及對，列校羅彥瓌按劍厲聲謂質等曰：「我輩無主，今日須得天子。」質等相顧，計無從出，乃降階列拜。召文武百僚，至晡，班定。翰林承旨陶穀出周恭帝禪位制書于袖中，宣徽使引太祖就庭，北面拜受已，乃掖太祖升崇元殿，服袞冕，卽皇帝位。遷恭帝及符后于西宮，易其帝號曰鄭王，而尊符后爲周太后。

建隆元年春正月乙巳，大赦，改元，定有天下之號曰宋。賜內外百官軍士爵賞，貶降者敍復，流配者釋放，父母該恩者封贈。遣使徧告郡國。丙午，詔諭諸鎭將帥。戊申，賜書南唐。贈韓通中書令，命以禮收葬。己酉，遣官告祭天地社稷。復安州、華州、兗州爲節度。

辛亥，論翊戴功，以周義成軍節度使、殿前都指揮使石守信爲歸德軍節度使、侍衞親軍馬步軍副都指揮使，江寧軍節度使〔三〕、侍衞親軍馬軍都指揮使高懷德爲義成軍節度使、殿前副都點檢，武信軍節度使、侍衞親軍步軍都指揮使張令鐸爲鎭安軍節度使、侍衞親軍馬步軍都虞候，殿前都虞候王審琦爲泰寧軍節度使、殿前都指揮使，虎捷右廂都虞候張光翰爲江寧軍節度使、侍衞親軍馬軍都指揮使，龍捷右廂都指揮使趙彥徽爲武信軍節度使〔四〕，餘領軍者並進爵。壬子，賜宰相、樞密、諸軍校襲衣、犀玉帶、鞍馬有差。癸丑，放南唐降將周成等歸國。乙卯，遣使分振諸州。丁巳，命周宗正郭玘祀周陵廟，仍以時祭享。己未，宰相表請以二月十六日爲長春節。癸亥，以周天雄軍節度使、魏王符彥卿守太師，雄武軍節度使王景守太保、太原郡王，定難軍節度使、守太傅、西平王李彝殷守太尉，荆南節度使高保融守太傅，餘領節鎭者並進爵。甲子，賜皇弟殿前都虞候匡義名光義。己巳，立太廟。鎭州郭崇報契丹與北漢軍皆遁。

二月乙亥，尊母南陽郡夫人杜氏爲皇太后。以周宰相范質依前守司徒、兼侍中，王溥守司空、兼門下侍郎、同中書門下平章事，魏仁浦爲尚書右僕射、兼中書侍郎、同中書門下平章事，樞密使吳廷祚同中書門下二品。丙戌，長春節，賜羣臣衣各一襲。

三月乙巳，改天下郡縣之犯御名、廟諱者。丙辰，南唐主李景、吳越王錢俶遣使以御服、錦綺、金帛來賀。宿州火，遣使恤災。壬戌，定國運以火德王，色尙赤，臘用戌。癸亥，命武勝軍節度使宋延渥等率舟師巡江徼。是春，均、房、商、洛鼠食苗。

夏四月癸酉，竇儼上二舞十二樂曲名、樂章。乙酉，幸玉津園。遣使分詣京城門，賜饑民粥。丙戌，浚蔡河。癸巳，昭義軍節度使李筠叛，遣歸德軍節度使石守信討之。

五月己亥朔，日有食之。庚子，遣昭化軍節度使慕容延釗、彰德軍節度使王全斌將兵出東道，與守信會討李筠。壬寅，竇儼上太廟舞曲名。癸卯，石守信敗李筠于長平。甲辰，命諸道進討。丙午，幸魏仁浦第視疾。己酉，西京作周六廟成，遣官奉遷。丁巳，詔親征，以樞密使吳廷祚留守上都，都虞候光義爲大內都點檢，命天平軍節度使韓令坤屯兵河陽。己未，發京師。丁卯，石守信、高懷德破筠衆于澤州，禽僞節度范守圖，殺北漢援兵之降者數千人，筠遁入澤州。戊辰，王師圍之。

六月癸酉，有星赤色出心。辛未，拔澤州，筠赴火死。命埋胔骼，釋河東相衞融〔五〕，禁剽掠。甲申，免澤州今年租。有星赤色出太微垣，歷上相。乙酉，伐上黨。丁亥，筠子守節以城降，赦之。上如潞。辛卯，大赦，減死罪，免附潞三十里今年租，錄陣歿將校子孫，丁夫給復三年。甲午，永安軍節度使折德扆破北漢沙谷砦。

秋七月戊申，上至自潞。壬子，幸范質第視疾。甲子，遣工部侍郎艾穎拜嵩、慶陵。乙丑，南唐進白金，賀平澤、潞。丁卯，南唐進乘輿御服物。

八月戊辰朔，御崇元殿，行入閤儀。辛未，遣郭玘饗周廟。壬申，復貝州爲永清軍節度。甲戌，命宰相禱雨。辛巳，以周武勝軍節度使侯章爲太子太師。壬午，以光義領泰寧軍節度，依前殿前都虞候。甲申，立琅琊郡夫人王氏爲皇后。戊子，南唐進賀平澤潞金銀器、羅綺以千計。

九月壬寅，昭義軍節度使李繼勳焚北漢平遙縣。癸卯，三佛齊國遣使貢方物。丙午，奉玉册謚高祖曰文獻皇帝，廟號僖祖，高祖妣崔氏曰文懿皇后；曾祖曰惠元皇帝，廟號順祖，曾祖妣桑氏曰惠明皇后；祖曰簡恭皇帝，廟號翼祖，祖妣劉氏曰簡穆皇后；皇考曰武昭皇帝，廟號宣祖。己酉，幸宜春苑。中書舍人趙逢〔六〕坐從征避難，貶房州司戶參軍。己未，淮南節度李重進以揚州叛，遣石守信等討之。甲子，歸太原俘。

冬十月丁卯朔，賜內外文武官冬衣有差。壬申，定縣爲望、緊、上、中、下，令三年一注。壬午，河決厭次。乙酉，晉州兵馬鈐轄荊罕儒襲北漢汾州，死之；龍捷指揮石進〔七〕二十九人坐不救棄市。丁亥，詔親征揚州，以都虞候光義爲大內都部署，樞密使吳廷祚權上都留守。戊子，詔諸道長貳有異政，衆舉留請立碑者，委參軍驗實以聞。庚寅，發京師。

十一月丁未，師傅揚州城，拔之，重進盡室自焚。戊申，誅重進黨，揚州平。命諸軍習戰艦于迎鑾，南唐主懼甚。其臣杜著〔八〕、薛良因詭迹來奔，帝疾其不忠，斬著下蜀市，配良廬州牙校。己酉，振揚州城中民人米一斛，十歲以下者半之。脅隸爲軍者，賜衣屨遣還。庚戌，給攻城役夫死者人絹三匹，復三年。乙卯，南唐主遣使來犒師。庚申，遣其子從鎰來朝。

十二月己巳，駕還。丁亥，上至自揚。辛卯，泉州節度使留從效稱藩。

二年春正月丙申朔，上詣太后宮門稱慶。庚子，占城國王遣使來朝。壬寅，幸造船務，觀習水戰。戊申，以揚州行宮爲建隆寺。太僕少卿王承哲坐舉官失實，責授殿中丞。壬子，商州鼠食苗，詔免賦。謂宰臣曰：「比命使度田，多邀功弊民，當愼其選，以見朕意。」丁巳，導蔡水入潁。己未，遣郭玘饗周廟。靈武節度使馮繼業獻馬五百、橐駝百、野馬二。甲子，澤州刺史張崇詁坐黨李重進棄市。

二月丙寅，幸飛山營〔九〕閱礮車。壬申，疏五丈河。癸酉，有司奏進士合格者十一人。荆南高保勗進黃金什器。甲戌，幸城南，觀修水匱。丁丑，南唐進長春節御衣、金帶及金銀器。己卯，賜天雄軍節度符彥卿粟。禁春夏捕魚射鳥。己丑，定竊盜律。

三月丙申，內酒坊火，酒工死者三十餘人，乘火爲盜者五十人，擒斬三十八人，餘以宰臣諫獲免。酒坊使左承規、副使田處巖以酒工爲盜，坐棄市。

閏月己巳，幸玉津園，謂侍臣曰：「沉湎非令儀，朕宴偶醉，恆悔之。」壬辰，南唐進謝賜生辰金器、羅綺。丁丑，金、商、房三州饑，振之。癸未，幸迎春苑宴射。

夏四月癸巳朔，日有食之。壬寅，詔郡國置前代帝王、賢臣陵冢戶。己酉，無棣男子趙遇詐稱皇弟，伏誅。己未，商河縣令李瑤坐贓杖死，左贊善大夫申文緯坐失覺察除籍。庚申，班私鍊貨易鹽及貨造酒麴律。

五月癸亥朔，以皇太后疾，赦雜犯死罪已下。乙丑，天狗墮西南。丙寅，三佛齊國來獻方物。丁丑，以安邑、解兩池鹽給徐、宿、鄆、濟。庚寅，供奉官李繼昭坐盜賣官船棄市。詔諸道郵傳以軍卒遞。

六月甲午，皇太后崩于滋德殿。己亥，羣臣請聽政，從之。庚子，以太后喪，權停時享。辛丑，見百官於紫宸殿門。壬子，祈雨。庚申，釋服。

秋七月壬戌，以皇太后殯，不受朝。辛未，晉州神山縣谷水泛出鐵，方圓二丈三尺，重七千斤。壬申，以光義爲開封府尹，光美行興元尹。己卯，隴州進黃鸚鵡。

八月壬辰朔，不視朝。壬寅，詔諸大辟送所屬州軍決判。甲辰，南唐主李景死，子煜嗣，遣使請追尊帝號，從之。己酉，執易定節度使、同平章事孫行友，削官勒歸私第。辛亥，幸崇夏寺，觀修三門。女直國遣使來朝獻。大名府永濟主簿郭顗坐贓棄市。庚申，周世宗實錄成。

九月壬戌朔，不御殿。南唐遣使來進金銀、繒綵。甲子，契丹解利來降。荊南節度使高保勗遣其弟保寅來朝。戊子，遣使南唐賻祭。

冬十月癸巳，南唐遣其臣韓熙載、田霖來會皇太后葬。丙申，遣樞密承旨王仁贍賜南唐禮物。戊戌，禁邊民盜塞外馬。辛丑，丹州大雨雹。丙午，葬明憲皇太后于安陵。

十一月辛酉朔，不視朝。甲子，太后祔廟。己巳，幸相國寺，遂幸國子監。癸酉，沙州節度使曹元忠、瓜州團練使曹延繼等遣使獻玉鞍勒馬。

十二月壬申，回鶻可汗景瓊遣使來獻方物。乙未，李繼勳敗北漢軍，俘遼州刺史傅廷彥、弟勳來獻。辛丑，幸新修河倉。庚戌，畋于近郊。癸丑，遣使賜南唐吳越馬、羊、橐駝有差。

三年春正月庚申朔，以喪不受朝賀。己巳，淮南饑，振之。庚午，幸迎春苑宴射。甲戌，廣皇城。詔郡國長吏勸民播種。丙子，瓜沙歸義節度使曹元忠獻馬。庚辰，女直國遣使只骨來獻。詔郡國不得役道路居民。癸未，幸國子監。

二月丙辰，復幸國子監，遂如迎春苑宴從官。庚寅，詔文班官舉堪爲賓佐、令錄者各一人，不當者比事連坐。甲午，詔自今百官朝對，須陳時政利病，無以觸諱爲懼。乙未，滑州節度使張建豐坐失火免官。己亥，更定竊盜律。壬午，上謂侍臣曰：「朕欲武臣盡讀書以通治道，何如？」左右不知所對。甲寅，北漢寇潞、晉，守將擊走之。

三月戊午朔，厭次霣霜殺桑。壬戌，三佛齊國遣使來獻。癸亥，禱雨。丁卯，幸太清觀，遂幸開封尹後園宴射。己巳，大雨。詔申律文諭郡國，犯大辟者刑部審覆。乙亥，遣使賜南唐主生辰禮物。丁丑，女直國遣使來獻。丁亥，命徙北漢降人于邢、洺。

夏四月乙未，延州大雨雪，趙、衞二州旱。丙申，寧州大雨雪，溝洫冰。戊戌，幸太清觀。庚子，回鶻阿督等來獻方物。壬寅，丹州雪二尺。乙巳，贈兄光濟爲邕王，弟光贊爲夔王，追册夫人賀氏爲皇后。

五月甲子，幸相國寺禱雨，遂幸迎春苑宴射。乙亥，海州火。開太行運路。癸未，命使檢河北諸州旱〔10〕。甲申，詔均戶役，敢蔽占者有罪。復幸相國寺禱雨。乙酉，廣大內。齊、博、德、相、霸五州自春不雨，以旱減膳徹樂。

六月辛卯，振宿州饑。癸巳，吳廷祚以雄武軍節度使罷。乙未，賜酒國子監。丁酉，幸太清觀。己亥，減京畿、河北死罪以下。壬寅，京師雨。壬子，蕃部尙波于等爭採造務，以兵犯渭北，知秦州高防擊走之。乙卯，幸迎春苑宴射。黄陂縣有象自南來食稼。

秋七月庚申，南唐遣其臣翟如璧謝賜生辰禮，貢金銀、錦綺千萬。壬戌，放南唐降卒弱者數千人歸國。乙丑，免舒州菰蒲新稅。丁卯，潞州大雨雹。索内外軍不律者配沙門島。己卯，北漢捉生指揮使路貴等來降。辛巳，遣從臣十人檢河北旱。癸未，兗、濟、德、磁、洺五州蝝。

八月癸巳，蔡河務綱官王訓等四人坐以糠土雜軍糧，磔于市。乙未，用知制誥高錫言，諸行賂獲薦者許告訐，奴婢鄰親能告者賞。詔注諸道司法參軍皆以律疏試判。詔尚書吏部舉書判拔萃科。

九月庚午，吐蕃尚波于等歸伏羌縣地。壬申，修武成王廟。丙子，占城國來獻。禁伐桑棗。

冬十月乙酉朔，賜百官冬服有差。丙戌，幸太清觀，遂幸造船務，觀習水戰。己亥，幸岳臺，命諸軍習騎射，復幸玉津園。辛丑，以樞密副使趙普爲樞密使。辛亥，畋近郊。

十一月癸亥，禁奉使請托。縣令考課以戶口增減爲黜陟。丙寅，南唐遣其臣顧彝來朝。丙子，三佛齊國遣使李麗林等來獻，高麗國遣李興祐等來朝。己卯，畋于近郊。壬午，賜南唐建隆四年曆。

十二月丙戌，詔縣置尉一員，理盜訟；置弓手，視縣戶爲差。戊戌，蒲、晉、慈、隰、相、衞六州饑，振之。庚子，班捕盜令。甲辰，衡州刺史張文表叛。

是歲，周鄭王出居房州。

乾德元年春正月甲寅朔，不御殿。乙卯，發關西鄉兵赴慶州。丁巳，修畿內河隄。己未，遣使賜南唐吳越馬、橐駝、羊有差。庚申，遣山南東道節度使慕容延釗率十州兵以討張文表。乙丑，幸造船務，觀造戰船。甲戌，詔荆南發水卒三千應延釗于潭。己卯，女直國遣使來獻。

二月壬辰，周保權將楊師璠梟文表于朗陵市。甲午，慕容延釗入荆南，高繼沖請歸朝，得州三，縣十七。乙未，克潭州。辛亥，澶、滑、衞、魏、晉、絳、蒲、孟八州饑，命發廩振之。

三月辛未，幸金鳳園習射，七發皆中。符彥卿等進馬稱賀，乃偏賜從臣名馬、銀器有差。壬申，高繼沖籍其錢帛芻粟來上。癸酉，班新定律。戊寅，慕容延釗破三江口，下岳州，克復朗州，湖南平，得州十四，監一，縣六十六。

夏四月，旱。甲申，偏禱京城祠廟，夕雨。減荆南朗州、潭州管內死罪一等，鹵掠者給主。乙酉，遣使祭南岳。丁亥，幸國子監，遂幸武成王廟，宴射玉津園。庚寅，出內錢募諸軍子弟鑿習戰池。辛卯，建隆應天曆成，御製序。壬辰，賞湖南立功將士。癸巳，幸玉津園。丙申，兵部郎中曹匪躬棄市，海陵、鹽城屯田副使張藹除名，並坐不法。庚子，荆南節度使高繼沖進助宴金銀、羅紈、柱衣、屏風等物。癸卯，辰、錦、敍等州歸順。甲辰，詔疏鑿三門。禁涇、原、邠、慶等州補蕃人爲邊鎭將。夏西平王李彝興獻犛牛一。乙巳，幸玉津園，閱諸軍騎射。丙午，免湖南茶稅，禁峽州鹽井。辛亥，貸澶州民種食。

五月壬子朔，禱雨京城。甲寅，遣使禱雨嶽瀆。乙丑，廣大內。庚午，給荆南管內符印。癸酉，幸玉津園。

六月乙酉，免潭州諸縣無名配斂。壬辰，暑，罷營造，賜工匠衫履。乙未，詔：荆南兵願歸農者聽。丙申，詔歷代帝王三年一饗，立漢光武、唐太宗廟。己亥，澶、濮、曹、絳蝗，命以牢祭。庚子，百官三上表請舉樂，從之。減左右仗千牛員。丙午，雨。詔蜡祀、廟、社皆用戌臘一日。己酉，命習水戰于新池。

秋七月辛亥朔，定州縣所置雜職、承符、廳子等名數。甲寅，以湖湘歿王事靳彥朗男承勳等三十人補殿直。丙辰，幸新池，賜役夫錢，遂幸玉津園。丁巳，安國軍節度使王全斌等率兵入太原境，以俘來獻，給錢米以釋之。己未，詔民有疾而親屬遺去者罪之。癸亥，湖南疫，賜行營將校藥。丁卯，幸武成王廟，遂幸新池，觀習水戰。己巳，朗州賊將汪端寇州城，都監尹重睿擊走之。詔免荆南管內夏稅之半。甲戌，釋周保權罪。乙亥，詔繕朗州城，免其管內夏稅。丁丑，分命近臣禱雨。己卯，班重定刑統等書。

八月壬午，殿前都虞候張瓊以陵侮軍校史珪、石漢卿等，爲所誣譖，下吏，瓊自殺。丙戌，遣給事中劉載朝拜安陵。丁亥，王全斌攻北漢樂平縣，降之。辛卯，以樂平縣爲平晉軍，降卒千八百人爲效順軍，人賜錢帛。壬辰，詔九經舉人下第者再試。癸巳，女直國遣使獻名馬。蠲登州沙門島民稅，令專治船渡馬。丙申，北漢靜陽十八砦首領來降。泉州陳洪進遣使來朝貢。齊州河決。京師雨。己亥，契丹幽州岐溝關使柴廷翰等來降。癸卯，宰相質率百官上尊號，不允。

九月甲寅，三上表請，從之。丙寅，宴廣政殿，始用樂。丁卯，責宣徽南院使兼樞密副使李處耘爲淄州刺史。戊辰，女直國遣使獻海東青名鷹。丙子，禁朝臣公薦貢舉人。賜南唐羊萬口。磔汪端于朗州。戊寅，北漢引契丹兵攻平晉，遣洛州防禦使郭進等救之。

冬十月庚辰，詔州縣徵科置簿籍。己亥，畋近郊。丁未，吳越國王進郊祀禮金銀、珠器、犀象、香藥皆萬計。

十一月乙卯，荆南節度使高繼沖進郊祀銀萬兩。甲子，有事南郊，大赦，改元乾德。百官奉玉册上尊號曰應天廣運仁聖文武至德皇帝。丙寅，南唐進賀南郊、尊號銀絹萬計。丁卯，賜近臣襲衣、金帶、器幣、鞍馬有差。乙亥，畋近郊。

十二月庚辰，殿前祗候李璘以父讎殺員僚陳友，璘自首，義而釋之。辛巳，開封府尹光義、興元尹光美各益食邑，賜功臣號；宰相質、溥、仁浦並特進，易封，益食邑；樞密使普加光祿大夫，易功臣號；文武臣僚各進階、勳、爵、邑。甲申，皇后王氏崩。辛卯，罷登州都督。己亥，泉州陳洪進遣使貢白金千兩，乳香、茶藥皆萬計。己巳，南唐主上表乞呼名，詔不允。

閏月己酉朔，校醫官，黜其藝不精者二十二人。甲寅，命近臣祈雪。丁卯，覆試拔萃科，田可封、宋白、譚利用等稱旨，賜與有差。辛未，卜安陵于鞏縣。乙亥，折德扆敗北漢軍于府州城下〔二〕，禽其將楊璘。以太常議，奉赤帝爲感生帝。

二年春正月辛巳，諭郡國長吏勸農耕作。有象入南陽，虞人殺之，以齒革來獻。京師雨雪，雷。癸未，幸迎春苑宴射。甲申，詔著四時聽選式。回鶻遣使獻方物。戊子，質以太子太傅、溥以太子太保、仁浦仍尚書左僕射罷。庚寅，以趙普爲門下侍郎、同中書門下平章事，李崇矩樞密使。壬辰，詔親試制舉三科，不限官庶，許直詣閤門進狀。甲辰，詔諸道獄詞令大理、刑部檢詳，或淹留差失致中書門下改正者，重其罪。乙巳，幸玉津園宴射。丁未，詔縣令、簿、尉非公事毋至村落。令、錄、簿、尉諸職官有耄耋篤疾者舉劾之。

二月戊申朔，北漢遼州刺史杜延韜以城來降。癸丑，遣使振陝州饑。導溵水入京。丁巳，治安陵，隧壞，役兵壓死者二百人，命有司瘞恤。庚午，府州俘北漢衞州刺史楊璘來獻。甲戌，南唐進改葬安陵銀綾絹各萬計。浚汴河。

三月辛巳，幸教船池，賜水軍將士衣有差，還幸玉津園宴射。乙未，北漢耀州團練使周審玉等來降。丁酉，遣使祈雨于五嶽。禁臣僚往來假官軍部送。辛丑，遣攝太尉光義奉册寶上明憲皇太后謚曰昭憲，皇后賀氏謚曰孝惠，王氏謚曰孝明。

夏四月丁未朔，策賢良方正直言極諫科，博州判官潁贄中第。戊申，振河中饑。己酉，免諸道今年夏稅之無苗者。乙卯，葬昭憲皇太后、孝明皇后于安陵。乙丑，始置參知政事，以兵部侍郎薛居正、呂餘慶爲之。己巳，靈武饑，轉涇粟以饟。壬申，祔二后于别廟。徙永州諸縣民之畜蠱者三百二十六家于縣之僻處，不得復齒於鄉。

五月己卯，知制誥高錫坐受藩鎭賂，貶萊州司馬。辛巳，宗正卿趙礪坐贓杖、除籍。癸未，幸玉津園宴射。

六月己酉，以光義爲中書令，光美同中書門下平章事，子德昭貴州防禦使。庚申，幸相國寺，遂幸教船池、玉津園。辛未，河南北及秦諸州蝗，惟趙州不食稼。

秋七月乙亥，春州暴水溺民。庚辰，郃陽雨雹。辛巳，幸玉津園，還幸新池，觀習水戰。

辛卯，詔翰林學士陶穀、竇儀等舉堪爲藩郡通判者各一人，不當者連坐。

九月甲戌朔，周易博士奚嶼責乾州司戶，庫部員外王貽孫責左贊善大夫，並坐試任子不公。戊子，延州雨雹。乙未，幸北郊觀稼。辛丑，太子太傅質薨。壬寅，潘美等克郴州。

冬十月戊申，周紀王熙謹薨，輟視朝。

十一月甲戌，命忠武軍節度使王全斌爲西川行營前軍兵馬都部署，武信軍節度崔彥進副之，將步騎三萬出鳳州道；江寧軍節度使劉光義爲西川行營前軍兵馬副都部署〔三〕，樞密承旨曹彬副之，將步騎二萬出歸州道以伐蜀。乙亥，宴西川行營將校于崇德殿，示川峽地圖，授攻取方略，賜金玉帶、衣物各有差。壬辰，畋近郊。

十二月乙巳，釋廣南郴州都監陳琄等二百人。戊申，劉光義拔夔州，蜀節度高彥儔自焚。丁巳，蠲歸、峽秋稅。辛酉，王全斌克萬仭、燕子二砦，下興州，連拔石圖等二十餘砦。甲子，光義拔巫山等砦，斬蜀將南光海等八千級，禽其戰櫂都指揮袁德宏等千二百人。全斌先鋒史進德〔三〕敗蜀人于三泉砦，禽其節度使韓保正、李進等。南唐進銀二萬兩、金銀器皿數百事。庚午，詔招復山林聚匿。辛未，畋北郊。

校勘記

〔一〕斬兵馬都監何延錫等　「都監」二字原脫，據舊五代史卷一一六周世宗紀補。

〔二〕進破唐人于迎鑾江口　「迎鑾江口」，原作「灤江口」，據舊五代史卷一一八周世宗紀改。

〔三〕江寧軍節度使　李燾續資治通鑑長編（以下簡稱長編）卷一，在「高懷德」條作「江寧軍」，在「張光翰」條又作「寧江軍」。畢沅續資治通鑑（以下簡稱續通鑑）卷一考異說：「考其時昇州未入版圖，亦尚無江寧軍之名，當是『寧江』之誤。寧江者，夔州軍號也。懷德易鎮，而以張光翰代之。長編于光翰書『寧江』，懷德書『江寧』，蓋轉寫有誤耳。」

〔四〕龍捷右廂都指揮使趙彥徽爲武信軍節度使　按上文體例，每人都敍述所遷的官和差遣。據長編卷一，「武信軍節度使」下當脫「步軍都指揮使」六字。

〔五〕釋河東相衞融　「衞融」，原作「魏融」，據本書卷四八二北漢世家、長編卷一改。

〔六〕中書舍人趙逢　「趙逢」，原作「趙行逢」，據本書卷二七〇本傳、陳均皇朝編年綱目備要（以下簡稱編年綱目）卷一改。

〔七〕龍捷指揮石進　本書卷二七二荆罕儒傳、長編卷一都作「石進德」。

〔八〕其臣杜著　「杜著」，原作「社著」，據本書卷四七八南唐世家、長編卷一改。

〔九〕幸飛山營閱礮車　「飛山營」，原作「飛山閣」，長編卷一、王應麟玉海卷一四五作「飛山軍營」，編年綱目卷一、玉海卷一三九作「飛山營」，據改。

〔一〇〕命使檢河北諸州旱　「河北」二字原脫，據長編卷三補。

〔一一〕折德扆敗北漢軍于府州城下　「府州」二字原脫，據長編卷四補。

〔一二〕江寧軍節度使劉光義爲西川行營前軍兵馬副都部署　「都部署」上原脫「副」字，據本書卷二五九劉廷讓傳、長編卷五補。

〔一三〕全斌先鋒史進德　「史進德」，本書卷二五五王全斌傳、卷四七九西蜀世家、長編卷五都作「史延德」。

宋史卷二

本紀第二

太祖二

三年春正月癸酉朔，以出師不御殿。甲戌，王全斌克劍門，斬首萬餘級，禽蜀樞密使王昭遠、澤州節度趙崇韜。乙亥，詔瘞征蜀戰死士卒，被傷者給繒帛。壬午，全斌取利州。乙酉，蜀主孟昶降。得州四十五、縣一百九十八、戶五十三萬四千三十有九。高麗國王遣使來朝獻。戊子，吏部郎中鄧守中坐試吏不當，責本曹員外郎。癸巳，劉光義取萬、施、開、忠四州，遂州守臣陳愈降。乙未，詔撫西川將吏百姓。丙申，赦蜀，歸俘獲，除管內逋賦，免夏稅及沿徵物色之半。

二月癸卯，南唐、吳越進長春節御衣、金銀器、錦綺以千計。甲辰，遣皇城使竇思儼迎勞孟昶。丁未，全州大水。庚申，王全斌殺蜀降兵二萬七千人於成都。

三月癸酉，詔置義倉。是月，兩川賊羣起，先鋒都指揮使高彥暉死之，詔所在攻討。

夏四月乙巳，回鶻遣使獻方物。癸丑，職方員外郎李岳坐贓棄市。南唐進賀收蜀銀絹以萬計。戊午，遣中使給蜀臣鞍馬、車乘于江陵。癸亥，募諸軍子弟導五丈河，通皇城爲池。

五月辛未朔，詔還諸道幕職、令錄經引對者，以涉途遠近，差減其選。壬申，幸迎春苑宴射。乙亥，遣開封尹光義勞孟昶於玉津園。丙戌，見孟昶於崇元殿，宴昶等於大明殿。丁亥，賜將士衣服錢帛。戊子，大赦，減死罪一等。壬辰，宴孟昶及其子弟於大明殿。

六月甲辰，以孟昶爲中書令、秦國公，昶子弟諸臣錫爵有差。庚戌，孟昶薨。

秋七月，珍州刺史田景遷內附。壬辰，追封孟昶爲楚王。丁酉，幸教船池，遂幸玉津園宴射。

八月戊戌朔，詔籍郡國驍勇兵送闕下。癸卯，河決陽武縣。庚戌，詔王全斌等慮蜀亡命兵士家。乙卯，河溢河陽，壞民居。戊午，殿直成德鈞坐贓棄市。己未，鄆州河水溢，沒田。辛酉，壽星見。

九月己巳，閱諸道兵，以騎軍爲驍雄，步軍爲雄武，並隸親軍。壬申，詔蜀諸郡各置克寧軍五百人。辛巳，河決澶州。戊子，幸西水磑。

十月丁酉朔，大霧。己未，太子中舍王治坐受贓殺人，棄市。丙寅，濟水溢鄒平。

十一月丙子，甘州回鶻可汗遣僧獻佛牙、寶器。乙未，劍州刺史張仁謙坐殺降，貶宋州教練。

十二月丁酉朔，詔婦爲舅姑喪者齊、斬。己亥，詔西川管內監軍、巡檢毋預州縣事。戊午，甘州回鶻可汗、于闐國王等遣使來朝，進馬千匹、橐駝五百頭、玉五百團、琥珀五百斤。

四年春正月丙子，遣使分詣江陵、鳳翔，賜蜀羣臣家錢帛。丁亥，命丁德裕等率兵巡撫西川。己丑，幸迎春苑宴射。

二月癸卯，視皇城役。丙辰，于闐國王遣其子德從來獻。安國軍節度使羅彥瓌等敗北漢於靜陽，擒其將鹿英。辛酉，試下第舉人。甲子，免西川今年夏稅及諸徵之半，田不得耕者盡除之。岳州火。

三月癸酉，罷義倉。甲戌，占城國遣使來獻。癸未，僧行勤等一百五十七人，各賜錢三萬，遊西域。

夏四月丁酉，占城遣使來獻。丙午，潭州火。壬子，罷光州貢鷹鷂。丁巳，契丹天德軍節度使于延超與其子來降。進士李藹坐毀釋氏，辭不遜，黥杖，配沙門島。庚申，幸燕國長公主第視疾。

五月，南唐賀文明殿成，進銀萬兩。甲戌，光祿少卿郭玘坐贓棄市。乙亥，閱蜀法物圖書。丁丑，詔蜀郡敢有不省父母疾者罪之。辛巳，潭州火。壬午，澶州進麥兩歧至六歧者百六十五本。辛卯，熒惑犯軒轅。

六月甲午，東阿河溢。甲辰，河決觀城。月犯心前星。丙午，澧州刺史白全紹坐縱紀綱規財部內，免官。詔：人臣家不得私養宦者，內侍年三十以上方許養一子，士庶敢有閹童男者不赦。己酉，果州貢禾，一莖十三穗。

秋七月丙寅，詔：蜀官將吏及姻屬疾者，所在給醫藥錢帛。戊辰，西南夷首領董暠等內附。己巳，幸造船務，又幸開封尹北園宴射。癸酉，賜西川行營將士錢帛有差。庚辰，罷劍南蜀米麥征。華州旱，免今年租。給州縣官奉戶。

八月丁酉，詔除蜀倍息。庚子，水壞高苑縣城。壬寅，詔憲臣及吏、刑部官三周歲滿日，卽轉授加恩。庚戌，樞密直學士馮瓚、綾錦副使李美、殿中侍御史李檝爲宰相趙普陷，以贓論死；會赦，流沙門島，逢恩不還。辛亥，幸玉津園宴射。京兆府貢野蠶繭。壬子，衡州火。乙卯，錄囚。丙辰，河決滑州，壞靈河大隄。普州免食稼。

閏月乙丑，河溢入南華縣。己巳，衡州火。乙亥，詔：民能樹藝、開墾者不加征，令佐能勸來者受賞。

九月壬辰朔，水。虎捷指揮使孫進、龍衞指揮使吳瓌等二十七人，坐黨呂翰亂伏誅，夷其族。庚子，占城獻馴象。乙巳，幸教船池，遂幸玉津園觀衞士騎射。丙午，詔吳越立禹廟于會稽。

冬十月辛酉朔，命太常復二舞。癸亥，詔諸郡立古帝王陵廟，置戶有差。己巳，禁吏卒以巡察擾民。

十二月庚辰，妖人張龍兒等二十四人伏誅，夷龍兒、李玉、楊密、聶贇族。

五年春正月戊戌，治河隄。丁未，合州漢初縣上青梂木，中有文曰「大連宋」。甲寅，王全斌等坐伐蜀黷貨殺降，全斌責崇義軍節度使，崔彥進責昭化軍節度使，王仁贍責右衞大將軍。丙辰，詔伐蜀將校有受蜀人錢物者，並卽還主。丁巳，賞伐蜀功，曹彬、劉光義等進爵有差。

二月庚申朔，幸造船務，遂幸城西觀衞士騎射。甲子，薛居正、呂餘慶並爲吏部侍郎，依前參知政事。己丑，幸教船池。

三月甲辰，詔翰林學士、常參官於幕職、州縣及京官內各舉堪任常參官者一人，不當者連坐。乙巳，詔諸道舉部內官吏才德優異者。丙午，以普爲尙書左僕射兼門下侍郎、同中書門下平章事，崇矩檢校太傅。是日，幸教船池，又幸玉津園宴射。丙辰，北漢石盆砦招收指揮使閻章以砦來降。五星聚奎。

夏五月乙巳，賜京城貧民衣。北漢鴻唐砦招收指揮使樊暉以砦來降。甲寅，王溥爲太子太傅。

六月戊午朔，日有食之。辛巳，幸建隆觀，遂幸飛龍院。丁亥，牂牁順化王子等來獻方物。

七月丁酉，禁毁銅佛像。己酉，免水旱災戶今年租。

八月甲申，河溢入衞州城，民溺死者數百。

九月壬辰，倉部員外郎陳郾坐贓棄市。甲午，西南蕃順化王子部才等遣使獻方物。己酉，畋近郊。

十一月乙酉朔，工部侍郎毋守素坐居喪娶妾免。供奉武仁海坐枉殺人棄市。

十二月丙辰，禁新小鐵鑞等錢、疏惡布帛入粉藥者。癸酉，升麟州爲建寧軍節度。趙普以母憂去位，丙子，起復。

開寶元年春正月甲午，增治京城。陝之集津、絳之垣曲、懷之武陟饑，振之。己亥，北漢偏城砦招收指揮使任恩等來降。

三月庚寅，班縣令、尉捕盜令。癸巳，幸玉津園。乙巳，有馴象自至京師。

夏四月乙卯，幸節度使趙彥徽第視疾。

五月丁未，賜南唐米麥十萬斛。

六月癸丑朔，詔民田爲霖雨、河水壞者，免今年夏稅及沿徵物。癸亥，詔：荆蜀民祖父母、父母在者，子孫不得別財異居。丁丑，太白晝見；戊寅，復見。辛巳，龍出單父民家井中，大風雨，漂民舍四百區，死者數十人。

秋七月丙申，幸鐵騎營，賜軍錢羊酒有差。北漢顯州砦〔一〕主胡遇等來降。丙午，幸鐵騎營，遂幸玉津園。戊申，坊州刺史李懷節坐強市部民物，責左衞率府率。北漢主劉鈞卒，養子繼恩立。

八月乙卯，按鶻于近郊，還幸相國寺。戊午，又按鶻于北郊，還幸飛龍院。丙寅，遣客省使盧懷忠等二十二人率禁軍會潞州。戊辰，命昭義軍節度使李繼勳〔二〕等征北漢。

九月辛巳朔，禁錢出塞。癸未，監察御史楊士達坐鞫獄濫殺棄市。庚子，李繼勳敗北漢於銅温河〔三〕。己酉，北漢供奉官侯霸榮弑其主繼恩，繼元立。

冬十月己未，畋近郊，還幸飛龍院。丙子，吳越王遣其子惟濬來朝貢。

十一月癸卯，日南至，有事南郊，改元開寶，大赦，十惡、殺人、官吏受贓者不原。宰相普等奉玉册、寶，上尊號曰應天廣運大聖神武明道至德仁孝皇帝。

十二月甲子，行慶，自開封興元尹、宰相、樞密使及諸道藩侯，並加勳爵有差。乙丑，大食國遣使獻方物。

二年春正月己卯朔，以出師，不御殿。

二月乙卯，命昭義軍節度使李繼勳爲河東行營前軍都部署，侍衞步軍指揮使党進副之，宣徽南院使曹彬爲都監，棣州防禦使何繼筠爲石嶺關部署，建雄軍節度使趙贊爲汾州路部署，以伐北漢。宴長春殿。命彰德軍節度使韓仲贇爲北面都部署，彰義軍節度使郭延義副之，以防契丹。戊午，詔親征。己酉，以開封尹光義爲上都留守，樞密副使沈義倫爲大內部署、判留司三司事。甲子，發京師。乙亥，雨，駐潞州。

三月壬辰，發潞州。乙未，李繼勳敗北漢軍於太原城下。戊戌，駕傅城下。庚子，觀兵城南，築長連城。辛丑，幸汾河，作新橋。發太原諸縣丁數萬集城下。癸卯，北漢史昭文以憲州來降。乙巳，臨城南，謂汾水可以灌其城，命築長隄壅之，決晉祠水注之。遂砦城四面，繼勳軍於南，贇軍於西，彬軍於北，進軍於東，乃北引汾水灌城。辛亥，遣海州刺史孫方進率兵圍汾州。

四月戊申，幸城東觀築隄。壬子，復幸城東。己未，何繼筠敗契丹於陽曲，斬首數千級，俘武州刺史王彥符以獻，命陳示所獲首級、鎧甲于城下。壬戌，幸汾河觀造船。戊辰，幸城西上生院。丙子，復幸城西。

五月癸未，韓仲贇敗契丹於定州北。自戊子至庚寅，命水軍載弩環攻，横州團練使王廷義〔四〕、殿前都虞候石漢卿死之。甲午，北漢趙文度以嵐州來降。甲辰，都虞候趙廷翰奏，諸軍欲登城以死攻，上愍之，不允。

閏月戊申，雉圮，水注城中，上遽登隄觀。己酉，右僕射魏仁浦薨。壬子，以太常博士李光贊言，議班師。己未，命兵士遷河東民萬戶于山東。庚申，分命使臣率兵赴鎭、潞。壬戌，駕還。戊辰，駐蹕於鎭州。

六月丙子朔，發鎭州。癸巳，至自太原。曲赦京城囚。

秋七月丁巳，幸封禪寺。詔鎭、深、趙、邢、洺五州管內鎭、砦、縣悉城之。甲子，大宴。賜宰相、樞密使、翰林學士、節度、觀察使襲衣金帶。戊辰，西南夷順化王子武才等來獻方物。癸酉，幸新水磑。汴決下邑。乙亥，壽星見。

八月丁亥，詔川峽諸州察民有父母在而別籍異財者，論死。

九月乙巳朔，幸武成王廟。壬戌，幸玉津園宴射。

冬十月戊子，畋近郊。庚寅，散指揮都知杜延進等謀反伏誅，夷其族。詔：相、深、趙三州丁夫死太原城下者，復其家。庚子，以王溥爲太子太師，武衡德爲太子太傅。癸卯，西川兵馬都監張延通、內臣張嶼、引進副使王珏〔五〕爲丁德裕所譖，延通坐不遜誅，嶼、珏並杖配。

十一月丙午，幸鎭寧軍節度使張令鐸第視疾。甲寅，畋近郊，還幸金鳳園。庚申，回鶻、于闐遣使來獻方物。

十二月癸未，幸中書視宰相趙普疾。己亥，右贊善大夫王昭坐監大盈倉，其子與倉吏爲姦贓，奪兩任，配隸汝州。丁德裕誣奏西川轉運使李鉉指斥，事既直，猶坐酒失，責授右贊善大夫。

三年春正月癸卯朔，雨雪，不御殿。癸丑，增河堤。辛酉，詔：民五千戶舉孝弟彰聞、德行純茂者一人，奇才異行不拘此限，里閭郡國遞審連署以聞，仍爲治裝詣闕。

二月庚寅，幸西茶庫，遂幸建隆觀。

三月庚戌，詔閱進士十五舉以上司馬浦等百六人，並賜本科出身。辛亥，賜處士王昭素國子博士致仕。丙辰，殿中丞張顒坐先知潁州政不平，免官。己未，幸宰相趙普第視疾。夏四月辛未朔，日有食之。丁亥，幸寺觀禱雨。辛卯，雨。甲午，幸敎船池。己亥，罷河北諸州鹽禁。詔郡國非其土產者勿貢。五月丁未，禁京城民畜兵器。癸丑，幸城北觀水磑。癸亥，賜諸班營舍爲雨壞者錢有差。

六月乙未，禁諸州長吏親隨人掌廂鎭局務。

秋七月乙巳，立報水旱期式。壬子，詔蜀州縣官以戶口差第省員加祿，尋詔諸路亦如之。戊辰，幸敎船池，又幸玉津園宴射。

八月戊子，幸敎船池，又幸玉津園。

九月己亥朔，命潭州防禦使潘美爲賀州道兵馬行營都部署〔六〕，朗州團練使尹崇珂副之。遣使發十州兵會賀州，以伐南漢。甲辰，詔：西京、鳳翔、雄耀等州，周文、成、康三王，秦始皇，漢高、文、景、武、元、成、哀七帝，後魏孝文，西魏文帝，後周太祖，唐高祖、太宗、中宗、肅宗、代宗、德、順、文、武、宣、懿、僖、昭諸帝，凡二十七陵，嘗被盜發者，有司備法服、常服各一襲，具棺槨重葬，所在長吏致祭。己酉，幸開寶寺觀新鐘。丙辰，女直國遣使齎定安國王烈萬華表，獻方物。丁卯，潘美等敗南漢軍萬衆於富州，下之。

十月庚辰，克賀州。

十一月壬寅，下昭、桂二州。乙巳，減桂陽歲貢白金額。癸丑，右領軍衞將軍石延祚坐監倉與吏爲姦贓棄市。癸亥，定州駐泊都監田欽祚敗契丹於遂城。丙寅，以曹州舉德行孔蟾爲章丘主簿。

十二月壬申，潘美等下連州。辛卯，大敗南漢軍萬餘於韶州，下之。癸巳，增河隄。

四年春正月戊戌朔，以出師，不視朝。丙午，罷諸道州縣攝官。丁未，右千牛衞大將軍桑進興坐贓棄市。癸丑，潘美等取英州、雄州。

二月丁亥，南漢劉鋹遣其左僕射蕭漼〔七〕等以表來上。己丑，潘美克廣州，俘劉鋹，廣南平。得州六十、縣二百十四、戶十七萬二百六十三。辛卯，大赦廣南，免二稅，僞署官仍舊。

三月乙未，幸飛龍院，賜從臣馬。丙申，詔：廣南有買人男女爲奴婢轉傭利者，並放免；僞政有害于民者具以聞，除之。增前代帝王守陵戶二。

夏四月丙寅朔，前左監門衞將軍趙玭訴宰相趙普，坐誣毁大臣，汝州安置。丁卯，三佛齊國遣使獻方物。己巳，詔禁嶺南商稅、鹽、麴，如荆湖法〔九〕。辛未，幸永興軍節度使吳廷祚第視疾。癸未，幸開寶寺。辛卯，南唐遣其弟從謙來朝貢。發廂軍千人修前代陵寢之在秦者。壬辰，監察御史閭丘舜卿坐前任盜用官錢，棄市。

五月乙未朔，御明德門受劉鋹俘，釋之；斬其柄臣龔澄樞、李托、薛崇譽。大宴於大明殿，鋹預焉。丁酉，賞伐廣南功，潘美、尹崇珂等進爵有差。

六月癸酉，遣使祀南海。丁丑，命翰林試南漢官，取書判稍優者，授令、錄、簿、尉。壬午，以孝子羅居通爲延州主簿。封劉鋹爲恩赦侯。乙酉，罷賀州銀場。賜劉鋹月奉外錢五萬、米麥五十斛。河決原武，汴決穀熟。

秋七月戊戌，賜開封尹光義門戟十四。庚子，幸新修水磑，賜役人錢帛有差。戊午，復著內侍養子令。癸亥，幸建武軍節度使何繼筠第視疾。汴決宋城。

八月壬申，文武百官上尊號，不允。辛卯，景星見。

冬十月癸亥朔，日有食之。己巳，詔僞作黃金者棄市。庚午，太子洗馬王元吉坐贓棄市。辛巳，除廣南舊無名配斂。甲申，詔十月後犯強竊盜者郊赦不原。丙戌，放廣南民驅充軍者。

十一月癸巳朔，南唐遣其弟從善，吳越國王遣其子惟濬，以郊祀來朝貢。南唐主煜表乞去國號呼名，從之。庚戌，詔諸道所罷攝官三任無遺闕者以聞。河決澶州，通判姚恕坐不即上聞棄市。己未，日南至，有事南郊，大赦，十惡、故劫殺、官吏受贓者不原。詔置諸州幕職官奉戶。壬戌，蜀班內殿直四十人，援御馬直例乞賞，遂撾登聞鼓，命各杖二十；翌日，悉斬于營，都指揮單斌等皆杖、降。

十二月癸亥朔，賜南郊執事官器幣有差。丁卯，行慶，開封尹光義、興元尹光美、貴州防禦使德昭、宰相趙普並益食邑。己巳，內外文武官遞進勳爵。辛未，賜九經李符本科出身。壬午，畋近郊。

校勘記

〔一〕潁州砦　本書卷四八二北漢世家、長編卷九、李𡌴皇宋十朝綱要（以下簡稱十朝綱要）卷一都作「烏玉砦」，疑以「烏玉砦」爲是。

〔二〕昭義軍節度使李繼勳　「昭義軍」，原作「昭化軍」，據本書卷二五四本傳、卷四八二北漢世家、長編卷九改。下文二年二月乙卯條同。

〔三〕銅溫河　按本書卷二五八曹彬傳、卷四八二北漢世家作「洞渦河」，卷二五四李繼勳傳作「渦河」，長編卷九、宋會要輯稿（以下簡稱宋會要）兵七之三一作「洞過河」，長編卷九注引朔記又作

「銅鍋河」。此處「溫」字疑誤。

〔四〕王廷義　「廷」，原作「庭」，據本書卷二五二本傳、長編卷一〇改。

〔五〕王珏　本書卷二七四張延通傳、長編卷一〇都作「王班」。

〔六〕賀州道兵馬行營都部署　「賀州」，原作「貴州」，據長編卷一一、宋會要兵七之二八改。

〔七〕蕭灌　「灌」，原作「灌」，據本書卷四八一南漢世家、卷二五八潘美傳、長編卷一一改。

〔八〕詔禁嶺南商稅鹽麴如荆湖法　按長編卷一二作「詔嶺南商稅及鹽法并依荆湖例，酒麴仍勿禁。」宋會要食貨二〇之三載廣南轉運使言，廣州酒麴元無禁法，詔依舊不禁。本文將麴列入禁例，疑誤。

宋史卷三

本紀第三

太祖三

五年春正月壬辰朔，雨雪，不御殿。禁鐵鑄浮屠及佛像。庚子，前盧氏縣尉〔一〕鄢陵許永年七十有五，自言父瓊年九十九，兩兄皆八十餘，乞一官以便養。因召瓊厚賜之，授永鄢陵令〔二〕。壬寅，省州縣小吏及直力人。乙巳，罷襄州歲貢魚。

二月丙子，詔沿河十七州各置河隄判官一員。庚辰，以鳳州七房銀冶爲開寶監。庚寅，以兵部侍郎劉熙古參知政事。

閏月壬辰，禮部試進士安守亮等諸科共三十八人，召對講武殿，始放榜。庚戌，升密州爲安化軍節度。

三月庚午，賜潁州龍騎指揮使仇興及兵士錢。辛未，占城國王波美稅遣使來獻方物。

壬申，幸教船池習戰。乙酉，殿中侍御史張穆坐贓棄市。

夏四月庚寅朔，三佛齊國主釋利烏耶遣使來獻方物。丙午，遣使檢視水災田。丙寅，遣使諸州捕虎。

五月庚申，賜恩赦侯劉鋹錢一百五十萬。乙丑，命近臣祈晴。併廣南州十三、縣三十九。丙寅，罷嶺南採珠媚川都卒爲靜江軍。辛未，河決濮陽，命潁州團練使曹翰往塞之。甲戌，以霖雨，出後宮五十餘人，賜予以遣之。丁亥，河南、北淫雨，澶、滑、濟、鄆、曹、濮六州大水。

六月己丑，河決陽武，汴決穀熟。丁酉，詔：淫雨河決，沿河民田有爲水害者，有司具聞除租。戊申，修陽武隄。

秋七月己未，右拾遺張恂坐贓棄市〔三〕。癸未，邕、容等州獠人作亂。

八月庚寅，高麗國王王昭遣使獻方物〔四〕。己亥，廣州行營都監朱憲大破獠賊於容州。

九月丁巳朔，日有食之。癸酉，李崇矩以鎭國軍節度使罷。

癸卯，升宿州爲保靜軍節度，罷密州仍爲防禦。

冬十月庚子，幸河陽節度使張仁超第視疾。甲辰，試道流，不才者勒歸俗。

十一月己未，李繼明、欒繼淸大破獠賊於英州。癸亥，禁僧道習天文地理。己巳，禁舉人寄應。庚辰，命參知政事薛居正、呂餘慶兼淮、湖、嶺、蜀轉運使。

十二月乙酉朔，祈雪。己亥，畋近郊。開封尹光義暴疾，遂如其第視之。甲寅，內班董延諤坐監務盜芻粟，杖殺之。詔合入令錄者引見後方注。乙卯，大雨雪。

是歲，大饑。

六年春正月丙辰朔，不御殿。置蜀水陸轉運計度使。癸酉，修魏縣河。

二月丙戌朔，棣州兵馬監押〔五〕、殿直傅延翰謀反伏誅。丙申，曹州饑，漕太倉米二萬石振之。己亥，吳越國進銀裝花舫、金香師子。

三月乙卯朔，周鄭王殂于房州，上素服發哀，輟朝十日，謚曰恭帝，命還葬慶陵之側，陵曰順陵。己未，復密州爲安化軍節度。庚申，覆試進士於講武殿，賜宋準及下第徐士廉等諸科百二十七人及第。乙亥，賜宋準等宴錢二十萬。大食國遣使來獻。翰林學士、知貢舉李昉坐試人失當，責授太常少卿。試朝臣死王事者子陸坦等，賜進士出身。丙子，幸相國寺觀新修塔。

夏四月丁亥，召開封尹光義、天平軍節度使石守信等賞花習射於苑中。辛丑，遣盧多遜爲江南國信使。甲辰，占城國王悉利陀盤印茶遣使來獻方物。丙午，黎州保塞蠻來歸。

戊申，詔修五代史。

五月庚申，劉熙古以戶部尚書致仕。詔：中書吏擅權多姦贓，兼用流內州縣官。己巳，交州丁璉遣使貢方物。幸玉津園觀刈麥。辛巳，殺右拾遺馬適。

六月辛卯，閱在京百司吏，黜爲農者四百人。癸巳，占城國遣使獻方物。隰州巡檢使李謙溥拔北漢七砦。癸卯，雷有鄰告宰相趙普黨堂吏胡贊等不法，贊及李可度並杖、籍沒。庚戌，詔參知政事與宰相趙普分知印押班奏事。

秋七月壬子朔，詔諸州府置司寇參軍，以進士、明經者爲之。丙辰，減廣南無名率錢。

八月乙酉，罷成都府僞蜀嫁裝稅。辛卯，賜布衣王澤方同學究出身。丁酉，泗州推官侯濟坐試判假手，杖、除名。甲辰，趙普罷爲河陽三城節度使、同平章事。辛酉，幸都亭驛。

九月丁卯，餘慶以尙書左丞罷。己巳，封光義爲晉王、兼侍中，德昭同中書門下平章事，薛居正爲門下侍郎、同平章事，戶部侍郎、樞密副使沈義倫爲中書侍郎、同平章事，石守信兼侍中，盧多遜中書舍人、參知政事。壬申，詔晉王光義班宰相上。

冬十月甲申，葬周恭帝，不視朝。丁亥，幸玉津園觀稼。戊子，流星出文昌、北斗。甲辰，特赦諸官吏姦贓。

十一月癸丑，詔常參官進士及第者各舉文學一人。

十二月壬午，命近臣祈雪。丙午，前中書舍人、參知政事多遜起復視事。行開寶通禮。限度僧法，諸州僧帳及百人歲許度一人。

七年春正月庚戌，不御殿。庚申，占城國王波美稅遣使獻方物。齊州野蠶成繭。癸亥，左拾遺秦亶、太子中允呂鵠並坐贓，宥死，杖、除名。

二月庚辰朔，日有食之。丙戌，日有二黑子。癸卯，命近臣祈雨。詔：詩、書、易三經學究，依三經、三傳資敍入官。乙巳，太子中舍胡德沖坐隱官錢，棄市。

三月乙丑，三佛齊國王遣使獻方物。

夏四月丙午，遣使檢嶺南民田。

五月戊申朔，殿中侍御史李瑩坐受南唐餽遺，責授右贊善大夫〔六〕。甲寅，以布衣齊得一爲章丘主簿。乙丑，詔市二價者以枉法論。丙寅，幸講武池觀習水戰。丙子，又幸講武池，遂幸玉津園。

六月丙申，河中府饑，發粟三萬石振之。己亥，淮溢入泗州城；壬寅，安陽河溢，皆壞民居。

秋七月壬子，幸講武池觀習水戰，遂幸玉津園。丙辰，南丹州溪洞酋帥莫洪燕內附。

詔減成都府鹽錢。庚午，太子中允李仁友坐不法，棄市。

八月戊寅，吳越國王遣使來朝貢。丁亥，諭吳越伐江南。戊子，陳州貢芝草，一本四十九莖。己丑，幸講武池，賜習水戰軍士錢。戊戌，殿中丞趙象坐擅稅，除名。甲辰，幸講武池觀習水戰，遂幸玉津園。

九月癸亥，命宣徽南院使、義成軍節度使曹彬爲西南路行營馬步軍戰櫂都部署，山南東道節度使潘美爲都監，潁州團練使曹翰爲先鋒都指揮使，將兵十萬出荊南，以伐江南。將行，召曹彬、潘美戒之曰：「城陷之日，愼無殺戮；設若困鬭，則李煜一門，不可加害。」丁卯，以知制誥李穆爲江南國信使。

冬十月甲申，幸迎春苑，登汴隄觀戰艦東下。丙戌，又幸迎春苑，登汴隄觀諸軍習戰，遂幸東水門，發戰櫂東下。江南進絹數萬，御衣、金帶、器用數百事。壬辰，曹彬等將舟師步騎發江陵，水陸並進。丁酉，命吳越王錢俶爲昇州東南行營招撫制置使。己亥，曹彬收下峽口，獲指揮使王仁震、王宴、錢興。

閏月己酉，克池州。丁巳，敗江南軍于銅陵。庚申，命宰相、參知政事更知日曆。壬戌，彬等拔蕪湖、當塗兩縣，駐軍采石。癸亥，詔減湖南新製茶。甲子，薛居正等上新編五代史，賜器幣有差。丁卯，彬敗江南軍于采石，擒兵馬部署楊收、都監孫震等千人，爲浮梁以濟。

十一月癸未，黥李從善部下及江南水軍一千三百九十人爲歸化軍。甲申，詔省劍南山南等道屬縣主簿。丁亥，秦、晉、阜，免蒲、陝、晉、絳、同、解六州逋賦，關西諸州免其半。己丑，知漢陽軍李恕敗江南水軍于鄂。甲午，曹彬敗江南軍於新林砦〔七〕。辛丑，命知雄州孫全興答涿州修好書。壬寅，大食國遣使獻方物。

十二月己酉，彬敗江南軍於白鷺洲。辛亥，命近臣祈雪。甲子，吳越王帥兵圍常州，獲其人馬，尋拔利城砦。丙寅，彬敗江南軍於新林港。己巳，左拾遺劉祺坐受賂，黥面、杖配沙門島。庚午，北漢寇晉州，守臣武守琦敗之於洪洞。壬申，吳越王敗江南軍於常州北界。

八年春正月甲戌朔，以出師，不御殿。丙子，知池州樊若水敗江南軍於州界；田欽祚敗江南軍於溧水，斬其都統使李雄。乙酉，御長春殿，謂宰相曰：「朕覩爲臣者比多不能有終，豈忠孝薄而無以享厚福耶？」宰相居正等頓首謝。庚寅，曹彬拔昇州城南水砦。

二月癸丑，彬敗江南軍於白鷺洲。乙卯，拔昇州關城。丁巳，太子中允徐昭文坐抑人售物，除籍。甲子，知揚州侯陟敗江南軍於宣化鎭。戊辰，覆試進士於講武殿，賜王嗣宗等三十一人、諸科紀自成等三十四人及第。

三月乙酉，賜王嗣宗等宴錢二十萬。己丑，命祈雨。庚寅，彬敗江南軍於江中。己亥，契丹遣使克沙骨慎思以書來講和。知潞州藥繼能拔北漢鷹澗堡。辛丑，召契丹使於講武殿觀習射。壬寅，遣內侍王繼恩領兵赴昇州。大食國遣使來朝獻。

夏四月乙巳，幸東水磑。癸丑，幸都亭驛閱新戰船。丁巳，吳越王拔常州。壬戌，彬等敗江南軍於秦淮北。戊辰，幸玉津園觀種稻，遂幸講武池觀習水戰。庚午，詔嶺南盜贓滿十貫以上者死。幸西水磑。

五月壬申朔，以吳越國王錢俶守太師、尚書令，益食邑。知桂陽監張侃發前官隱沒羨銀，追罪兵部郎中董樞、右贊善大夫孔璘，殺之，太子洗馬趙瑜杖配海島；侃受賞，遷屯田員外郎。辛巳，祈晴。甲申，江南寧遠軍及沿江砦並降。乙酉，詔武岡、長沙等十縣民爲賊鹵掠者蠲其逋租，仍給復一年。甲午，安南都護丁璉遣使來貢。辛丑，河決濮州〔八〕。

六月壬寅，曹彬等遣使言，敗江南軍於其城下。丁未，宋州觀察判官崔絢、錄事參軍馬德休並坐贓棄市。辛亥，河決澶州頓丘。甲子，彗出柳，長四丈，辰見東方。

秋七月辛未朔，日有食之。庚辰，遣閤門使郝崇信、太常丞呂端使契丹。癸未，西天東印土王子穰結說囉來朝獻。甲申，詔吳越王班師。己亥，山後兩林鬼主、懷化將軍勿尼等來朝獻。

八月乙卯，幸東水磑觀魚，遂幸北園。辛酉，詔權停今年貢舉。壬戌，契丹遣左衛大將軍耶律霸德等致御衣、玉帶、名馬。西南蕃順化王子若廢等來獻名馬。癸亥，丁德裕敗潤州兵於城下。

九月壬申，狩近郊，逐兔，馬蹶墜地，因引佩刀刺馬殺之。既而悔之，曰：「吾爲天下主，輕事畋獵，又何罪馬哉！」自是遂不復獵。戊寅，潤州降。

冬十月己亥朔，江南主遣徐鉉、周惟簡來乞緩師。辛亥，詔郡國令佐察民有孝悌力田、奇材異行或文武可用者遣詣闕。丁巳，修西京宮闕。江南主貢銀五萬兩、絹五萬匹，乞緩師。戊午，改潤州鎮海軍節度爲鎮江軍節度〔九〕。幸晉王北園。己未，曹彬遣都虞候劉遇破江南軍於皖口，擒其將朱令贇、王暉。

十一月辛未，江南主遣徐鉉等再奉表乞緩師，不報。甲申，曹彬夜敗江南軍於城下。丙戌，以校書郎宋準、殿直邢文慶充賀契丹正旦使。乙未，曹彬克昇州，俘其國主煜，江南平，凡得州十九、軍三、縣一百八十、戶六十五萬五千六十。臨視新龍興寺。

十二月庚子，幸惠民河觀築堰。辛丑，赦江南，復一歲；兵戈所經，二歲。戊申，三佛齊遣使來獻方物。己酉，幸龍興寺。辛亥，免開封府諸縣今年秋租十之三。己未，以恩赦侯劉鋹爲彭城郡公。甲子，契丹遣使耶律烏正來賀正旦。丁卯，吳越國王乞以長春節朝覲，從之。

九年春正月辛未，御明德門，見李煜于樓下，不用獻俘儀。壬申，大赦，減死罪一等。乙亥，封李煜爲違命侯，子弟臣僚班爵有差。己卯，江南昭武軍節度使留後盧絳焚掠州縣。庚辰，詔郊西京。癸巳，晉王率文武上尊號，不允。

二月癸卯，三上表，不允。庚戌，以曹彬爲樞密使。辛亥，命德昭迎勞吳越國王錢俶於宋州。契丹遣使耶律延顥以御衣、玉帶、名馬、散馬、白鶻來賀長春節。乙卯，吳越王奏內客省使丁德裕貪很，貶房州刺史。丁巳，觀禮賢宅。戊午，以盧多遜爲吏部侍郎，仍參知政事。己未，吳越國王錢俶偕子惟濬等朝於崇德殿，進銀絹以萬計。賜俶衣帶鞍馬，遂以禮賢宅居之，宴於長安殿。壬戌，錢俶進賀平昇州銀絹、乳香、吳綾、紬綿、錢茶、犀象、香藥，皆億萬計。甲子，召晉王、吳越國王并其子等射於苑中，俶進御衣、壽星、通犀帶及金器。丁卯，幸禮賢宅，賜俶金器及銀絹倍萬。

三月己巳，俶進助南郊銀絹、乳香以萬計。庚午，賜俶劍履上殿，詔書不名。癸酉，以皇子德芳爲檢校太保、貴州防禦使，中書侍郎、同平章事沈義倫爲大內都部署，右衞大將軍王仁贍權判留司、三司兼知開封府事。丙子，幸西京。己卯，次鞏縣，拜安陵，號慟隕絕者久之。庚辰，賜河南府民今年田租之半，奉陵戶復一年。辛巳，至洛陽。庚寅，大雨，分命近臣詣諸祠廟祈晴。辛卯，幸廣化寺，開無畏三藏塔。

夏四月己亥，雨霽。庚子，有事圜丘，迴御五鳳樓大赦，十惡、故殺者不原，貶降責免者量移敍用，諸流配及逋欠悉放，諸官未贈恩者悉覃賞。壬寅，大宴，賜親王、近臣、列校襲衣金帶鞍馬器幣有差。丙午，駕還。辛亥，上至自洛。丁巳，曹翰拔江州，屠之，擒牙校宋德明、胡則等。詔益晉王食邑，光美、德昭並加開府儀同三司，德芳益食邑，薛居正、沈義倫加光祿大夫，樞密使曹彬、宣徽北院使潘美加特進，吳越國王錢俶益食邑，內外文武臣僚咸進階封。己未，著令旬假爲休沐。

五月己巳，幸東水磑，遂幸飛龍院，觀漁金水河。甲戌，遣司勳員外郎和峴往江南路採訪。殺盧絳。庚辰，幸講武池，遂幸玉津園觀稼。宋州大風，壞城樓官民舍幾五千間。甲申，以閤門副使田守奇等充賀契丹生辰使。晉州以北漢嵐、石、憲三州巡檢使王洪武等來獻。

六月庚子，步至晉王邸，命作機輪，輓金水河注邸中爲池。癸卯，吳越王進銀、絹、綿以倍萬計。乙卯，熒惑入南斗。

秋七月戊辰，幸晉王第觀新池。丙子，幸京兆尹光美第視疾。戊寅，再幸光美第。泉州節度使陳洪進乞朝覲。丙戌，命近臣祈晴。丁亥，命修先代帝王及五嶽四瀆祠廟。庚寅，幸光美第。

八月乙未朔，吳越國王進射火箭軍士。己亥，幸新龍興寺。辛丑，太子中允郭思齊坐贓棄市。乙巳，幸等覺院，遂幸東染院，賜工人錢。又幸控鶴營觀習射，賜帛有差。又幸開寶寺觀藏經。丁未，遣侍衞馬軍都指揮使党進、宣徽北院使潘美伐北漢。丙辰，遣使率兵分五道入太原。

九月甲子，幸綾錦院。庚午，權高麗國事王伷遣使來朝獻。党進敗北漢軍於太原城北。辛巳，命忻、代行營都監郭進遷山後諸州民。庚寅，幸城南池亭，遂幸禮賢宅，又幸晉王第。

冬十月甲午朔旦，賜文武百官衣有差。丁酉，兵馬監押馬繼恩率兵入河東界，焚蕩四十餘砦。己亥，幸西教場。庚子，鎭州巡檢郭進焚壽陽縣，俘九千人。辛丑，晉、隰巡檢穆彥璋入河東，俘二千餘人。党進敗北漢軍於太原城北。己酉，吳越王獻馴象。癸丑夕，帝崩於萬歲殿，年五十，殯于殿西階，謚曰英武聖文神德皇帝，廟號太祖。太平興國二年四月乙卯，葬永昌陵。大中祥符元年，加上尊謚曰啓運立極英武睿文神德聖功至明大孝皇帝〔10〕。

帝性孝友節儉，質任自然，不事矯飾。受禪之初，頗好微行，或諫其輕出。曰：「帝王之興，自有天命，周世宗見諸將方面大耳者皆殺之，我終日侍側，不能害也。」既而微行愈數，有諫，輒語之曰：「有天命者任自爲之，不汝禁也。」

一日，罷朝，坐便殿，不樂者久之。左右請其故。曰：「爾謂爲天子容易耶？早作乘快誤決一事，故不樂耳。」汴京新宮成，御正殿坐，令洞開諸門，謂左右曰：「此如我心，少有邪曲，人皆見之。」

吳越錢俶來朝，自宰相以下咸請留俶而取其地，帝不聽，遣俶歸國。及辭，取羣臣留俶章疏數十軸，封識遺俶，戒以塗中密觀，俶居途啓視，皆留己不遣之章也。俶自是感懼，江南平，遂乞納土。南漢劉鋹在其國，好置酖以毒臣下，既歸朝，從幸講武池，帝酌卮酒賜鋹，鋹疑有毒，捧杯泣曰：「臣罪在不赦，陛下既待臣以不死，願爲大梁布衣，觀太平之盛，未敢飲此酒。」帝笑而謂之曰：「朕推赤心於人腹中，寧肯爾耶？」卽取鋹酒自飲，別酌以賜鋹。王彥昇擅殺韓通，雖預佐命，終身不與節鉞。王全斌入蜀，貪恣殺降，雖有大功，卽加貶絀。

宮中葦簾，緣用青布；常服之衣，澣濯至再。魏國長公主襦飾翠羽，戒勿復用，又教之曰：「汝生長富貴，當念惜福。」見孟昶寶裝溺器，搉而碎之，曰：「汝以七寶飾此，當以何器貯食？所爲如是，不亡何待！」

晚好讀書，嘗讀二典，歎曰：「堯、舜之罪四凶，止從投竄，何近代法網之密乎！」謂宰相曰：「五代諸侯跋扈，有枉法殺人者，朝廷置而不問。人命至重，姑息藩鎮，當若是耶？自今諸州決大辟，錄案聞奏，付刑部覆視之。」遂著爲令。

乾德改元，先諭宰相曰：「年號須擇前代所未有者。」三年，蜀平，蜀宮人入內，帝見其鏡背有志「乾德四年鑄」者，召竇儀等詰之。儀對曰：「此必蜀物，蜀主嘗有此號。」乃大喜曰：「作相須讀書人。」由是大重儒者。

受命杜太后，傳位太宗。太宗嘗病亟，帝往視之，親爲灼艾，太宗覺痛，帝亦取艾自灸。每對近臣言：太宗龍行虎步，生時有異，他日必爲太平天子，福德吾所不及云。

贊曰：昔者堯、舜以禪代，湯、武以征伐，皆南面而有天下。四聖人者往，世道升降，否泰推移。當斯民塗炭之秋，皇天眷求民主，亦惟責其濟斯世而已。使其必得四聖人之才，而後以行其事畀之，則生民平治之期，殆無日也。

五季亂極，宋太祖起介冑之中，踐九五之位，原其得國，視晉、漢、周亦豈甚相絕哉？及其發號施令，名藩大將，俯首聽命，四方列國，次第削平，此非人力所易致也。建隆以來，釋藩鎭兵權，繩贓吏重法，以塞濁亂之源；州郡司牧，下至令錄、幕職，躬自引對；務農興學，愼罰薄斂，與世休息，迄於丕平；治定功成，制禮作樂。在位十有七年之間，而三百餘載之基，傳之子孫，世有典則。遂使三代而降，考論聲明文物之治，道德仁義之風，宋於漢、唐，蓋無讓焉。嗚呼，創業垂統之君，規模若是，亦可謂遠也已矣！

校勘記

〔一〕前盧氏縣尉　「氏」字原脫。本書卷四五七陳摶傳作「盧氏縣」，按本書地理志有盧氏縣而無盧縣，據補。

〔二〕授永鄢陵令　「鄢陵」，長編卷一三作「鄢城」。按本書卷四五七陳摶傳謂許永欲乞近地一官以就營養，太祖遂授永郾城令；長編所說授官原由與陳傳同；本書地理志有郾城而無鄢城，郾城在許州，與鄢陵近，「鄢」、「郾」形音俱近易訛，疑以「郾城」爲是。

〔三〕七月己未右拾遺張恂坐贓棄市　「己未」下原衍「朔」字。按這年七月戊午朔，長編卷一三記此事，「己未」下無「朔」字，據刪。

〔四〕八月庚寅高麗國王王昭遣使獻方物　原刊「八月」二字舛置下文「己亥」前，按這年七月無庚寅，據宋會要蕃夷七之三改。又「王昭」，原作「王昭遠」，據本書卷四八七高麗傳、宋會要蕃夷七之三改。

〔五〕隸州兵馬監押　「監押」二字原脫，據長編卷一四補。

〔六〕責授右贊善大夫　「右」，原作「左」，據本書卷四五七李瀆傳、長編卷一五改。

〔七〕新林砦　「林」，原作「竹」，據長編卷一五、十朝綱要卷一、宋會要兵七之三〇改。

〔八〕辛丑河決濮州　原刊誤置在下文六月壬寅條後，據本書卷六一五行志、長編卷一六改。

〔九〕改潤州鎮海軍節度爲鎮江軍節度　「海」，原作「江」，「江」，原作「海」，據長編卷一六、宋會要方域五之四改。

〔一〇〕大中祥符元年加上尊謚曰啓運立極英武睿文神德聖功至明大孝皇帝　按本書卷一〇八禮志，大中祥符元年所上謚是「啓運立極英武聖文神德玄功大孝皇帝」，宋會要帝系一之九同。此處所載的謚，一說是大中祥符五年所加，見長編卷七九、宋會要帝系一之一〇；一說是天禧元年所加，見本書卷一〇八禮志、宋會要禮五八之二八、歐陽脩太常因革禮卷九〇。

宋史卷四

本紀第四

太宗一

太宗神功聖德文武皇帝諱炅，初名匡乂，改賜光義，卽位之二年，改今諱，宣祖第三子也，母曰昭憲皇后杜氏。初，后夢神人捧日以授，已而有娠，遂生帝於浚儀官舍。是夜，赤光上騰如火，閭巷聞有異香，時晉天福四年十月七日甲辰也〔一〕。

帝幼不羣，與他兒戲，皆畏服。及長，隆準龍顏，望之知爲大人，儼如也。性嗜學，宣祖總兵淮南，破州縣，財物悉不取，第求古書遺帝，恆飭厲之，帝由是工文業，多藝能。

仕周至供奉官都知。太祖卽位，以帝爲殿前都虞候，領睦州防禦使。親征澤、潞，帝以大內點檢留鎭，尋領泰寧軍節度使。征李重進，爲大內都部署，加同平章事，行開封尹，再加兼中書令。征太原，改東都留守，別賜門戟，封晉王，序班宰相上。

開寶九年冬十月癸丑，太祖崩，帝遂卽皇帝位。乙卯，大赦，常赦所不原者咸除之。丙辰，羣臣表請聽政，不許；丁巳，宰相薛居正等固請，乃許，卽日移御長春殿。庚申，以弟廷美爲開封尹兼中書令，封齊王；先帝子德昭爲永興軍節度使兼侍中，封武功郡王；德芳爲山南西道節度使、興元尹、同平章事。薛居正加左僕射，沈倫加右僕射，盧多遜爲中書侍郎，曹彬仍樞密使，並同平章事。楚昭輔爲樞密使，潘美爲宣徽南院使，內外官進秩有差。詔茶、鹽、榷酤用開寶八年額。

十一月癸亥朔，帝不視朝。甲子，追册故尹氏爲淑德皇后，越國夫人符氏爲懿德皇后。戊辰，罷州縣奉戶。庚午，詔諸道轉運使察州縣官吏能否，第爲三等，歲終以聞。命諸州大索知天文術數人送闕下，匿者論死。乙亥，命權知高麗國事王伷爲高麗國王。癸未，幸相國寺。己丑，遣著作郎馮正、佐郎張玘使契丹告哀。詔文武官由譴累不齒者，有司毋得更論前過。

十二月己亥，置直舍人院。甲寅，御乾元殿受朝，樂縣而不作。大赦，改是歲爲太平興國元年。命太祖子及齊王廷美子並稱皇子，女並稱皇女。丁巳，置三司副使。戊午，契丹遣使來賻。己未，幸講武池，遂幸玉津園。庚申，節度使趙普、向拱、張永德、高懷德、馮繼業、張美、劉廷讓來朝。

二年春正月壬戌，以大行殯，不視朝。丙寅，禁居官出使者行商賈事。戊辰，親試禮部舉人。甲戌，上大行皇帝謚曰英武聖文神德，廟號太祖。丙子，幸相國寺，還御東華門觀燈。庚辰，閱禮部貢士十舉至十五舉者百二十人，並賜出身。戊子，命邕州廣源州酋長坦綽儂民富爲檢校司空、御史大夫、上柱國。辛卯，幸講武池。置江南榷茶場。

二月甲午，契丹遣使來賀卽位及正旦。吳越國遣使來貢。罷南唐鐵錢。庚子，帝改名炅。壬寅，大宴崇德殿，不作樂。乙巳，幸新鑿池，遂幸講武池，宴射玉津園。丁未，占城國遣使來貢。己酉，令江南諸州鹽先通商處悉禁之。戊午，幸太平興國寺，遂幸造船務，還幸建隆觀。

三月壬戌朔，始立試銜官選限。己卯，以河陽節度使趙普爲太子少保。己丑，幸開寶寺。置威勝軍。禁江南諸州銅。許契丹互市。

夏四月辛卯，大食國遣使來貢。丁酉，契丹遣使來會葬。乙卯，葬太祖于永昌陵。

五月壬戌，河南法曹參軍高丕、伊闕縣主簿翟嶙、鄭州滎澤令申廷温坐不勤事並免。癸亥，向拱、張永德、張美、劉廷讓皆罷節鎭，爲諸衞上將軍。乙丑，幸新水磑，遂幸玉津園宴射。丙寅，詔繼母殺子及婦者同殺人論。庚午，宴崇德殿，不作樂。遣辛仲甫使契丹。甲戌，以十月七日爲乾明節。己卯，祔太祖神主于廟，以孝明皇后王氏配；又以懿德皇后符氏、淑德皇后尹氏祔別廟。庚辰，詔作北帝宮于終南山。癸未，幸新水磑，遂宴射玉津園。

六月辛卯朔，白龍見邠州要策池中。乙卯，幸開寶寺，遂幸飛龍院，賜從官馬。是月，磁州保安等縣墨蟲生，食桑葉殆盡。潁州大水。

秋七月庚午，詔諸庫藏敢變權衡以取羨餘者死。癸未，鉅鹿、沙河步屈食桑麥，河決滎澤、頓丘、白馬、温縣。

閏月己亥，幸白鶻橋，臨金水河。己酉，河溢開封等八縣，害稼。甲寅，詔發潭州兵擊梅山洞賊。丁巳，有司上閏年輿地版籍之圖。令支郡得專奏事。

八月癸亥，黎州兩林蠻來貢。乙丑，平海軍節度使陳洪進來朝。癸酉，以觀燈遂幸相國寺。戊寅，詔作崇聖殿。是月，陝、澶、道、忠、壽諸州大水，鉅鹿步蝻生，景城縣雹。

九月乙未，幸弓箭院，遂幸新修三館。壬寅，幸新水磑，遂幸西御園宴射。丁未，渤尼國遣使來貢，山後兩林蠻來獻馬。辛亥，幸講武臺大閱。容州初貢珠。乙卯，鎭海、鎭東軍節度使錢惟濬來朝。丙辰，狩近郊。丁巳，吳越王遣使乞呼名，不允。是月，興州江水溢，濮州大水，汴水溢。

冬十月戊午朔，賜百官及在外將校、長吏冬服。辛酉，契丹來賀乾明節。己巳，幸京城西北，觀衞士與契丹使騎射，遂宴苑中。己巳，羣臣請舉樂，表三上，從之。丙子，詔禁天文卜相等書，私習者斬。辛巳，畋近郊。初榷酒酤。

十一月丁亥朔，日有食之，既。庚寅，日南至，帝始受朝。甲午，遣李濬等賀契丹正旦。丁酉，禁江南諸州新小錢，私鑄者棄市。癸丑，幸御龍弓箭直營，賜軍士錢帛有差。

十二月丁巳朔，試諸州所送天文術士，隸司天臺，無取者黥配海島。庚午，畋近郊。癸酉，詔定晉州礬法，私煮及私販易者罪有差。辛巳，幸新水磑。高麗國王使其子元輔來賀即位。

三年春正月丙戌朔，不受朝，羣臣詣閤賀。庚寅，殿直霍瓊坐募兵刧民財，腰斬。甲午，浚汾河。雅州西山野川路蠻來朝。戊戌，開襄、漢漕渠，渠成而水不上，卒廢。己亥，光祿丞李之才坐擅入酒邀同列飲殿中，除名。庚子，罷陳州蔡河舟算。辛丑，浚廣濟、惠民及蔡三河。治黃河隄。乙巳，浚汴口。己酉，命修太祖實錄。辛亥，命羣臣禱雨。癸丑，京畿雨足。

二月丙辰，幸鄭國公主第。以三館新修書院爲崇文院。丁巳，詔班諸州錄事、縣令、簿尉曆子合書式。甲子，罷昌州七井虛額鹽。丙寅，泗州錄事參軍徐璧坐監倉受賄出虛券，棄市。辛未，幸西綾錦院，命近臣觀織室機杼，還幸崇文院觀書。詔鑿金明池。甲申，禁沿邊諸郡闌出銅錢。製西京新修殿名。

三月乙酉朔，貝州清河民田祚十世同居，詔旌其門閭，復其家。辛丑，監海門戍、殿直武裕坐姦贓棄市。壬寅，秦州言，戎酋王泥猪寇八狠戍，巡檢劉崇讓擊敗之，梟其首以徇。己酉，吳越國王錢俶來朝。壬子，幸開寶寺。是月，壽州甘露降。

夏四月乙卯朔，命羣臣禱雨。召華山道士丁少微。丙辰，禁民自春及秋毋捕獵。庚午，幸建隆觀，遂幸西染院，又幸造船務。乙亥，置諸道轉運判官。己卯，陳洪進獻漳、泉二州，凡得縣十四、戶十五萬一千九百七十八、兵萬八千七百二十七。庚辰，幸城南觀麥，遂幸玉津園宴射。辛巳，侍御史趙承嗣坐監市征隱官錢，棄市。癸未，以陳洪進爲武寧軍節度使、同平章事。錢俶乞罷所封吳越國王，及解天下兵馬大元帥，并寢書詔不名之命，歸其兵甲，求還，不許。是月，河決獲嘉縣。

五月乙酉，赦漳、泉，仍給復一年。錢俶獻其兩浙諸州，凡得州十三、軍一、縣八十六、戶五十五萬六百八十、兵一十一萬五千三十六。丁亥，封錢俶爲淮海國王，其子惟濬徙淮南軍節度使，惟治徙鎭國軍節度使。戊子，赦兩浙，給復如漳、泉。癸巳，遣李從吉等使契丹。乙未，占城國遣使獻方物。壬寅，定難軍節度使李克叡卒，子繼筠立。乙巳，以繼筠襲定難軍節度使。幸殿前都指揮使楊信第視疾。戊申，以秦州節度判官李若愚子飛雄矯制乘驛至清水縣，縛都巡檢周承瑨及劉文裕、馬知節等七人，將劫守卒據城爲叛，文裕覺其詐，禽縛飛雄按之，盡得其狀，詔誅飛雄及其父母妻子同產，而哀若愚宗奠無主；申戒中外臣庶，自今子弟有素懷凶險、屢戒不悛者，尊長聞諸州縣，錮送闕下，配隸遠處，隱不以聞，坐及期功以上。

六月戊午，復給乘驛銀牌。壬午，秦州淸水監軍田仁朗擊破西羌，斬獲甚衆。癸未，詔：太平興國元年十月乙卯以來諸職官以贓致罪者，雖會赦不得敍，永爲定制。是月，泗州大水，汴水決寧陵縣。

秋七月乙酉，大雨震電，西窰務藁聚焚。壬辰，右千牛衞上將軍李煜卒，追封吳王。戊戌，金鄉縣民李光襲十世同居，詔旌其門。庚戌，改明德門爲丹鳳門。壬子，中書令史李知古坐受賕擅改刑部所定法，杖殺之。

八月癸丑，幸南造船務，遂幸玉津園宴射。滑州黃河淸。丙辰，詔兩浙發淮海王緦麻以上親及管內官吏赴闕。辛未，夷州蠻任朗政來貢。癸酉，詹事丞徐選坐贓，杖殺之。甲戌，羣臣請上尊號曰應運統天聖明文武皇帝，許之。

九月甲申，親試禮部舉人。壬子，以布衣張遜爲襄邑縣主簿，張文旦濮陽縣主簿。

冬十月癸丑朔，契丹遣使來賀乾明節。高麗國王遣使來貢。庚申，幸武功郡王德昭邸，遂幸齊王邸，賜齊王銀萬兩、絹萬匹，德昭、德芳有差。辛酉，復兗州曲阜縣襲封文宣公家。庚午，畋近郊。是月，河決靈河縣。

十一月丙申，祀天地于圜丘，大赦。御乾元殿受尊號。庚子，幸齊王邸。丙午，以郊祀中外文武加恩。

十二月乙丑，幸講武臺觀機石連弩。庚午，畋近郊。戊寅，契丹遣使來賀正旦。己卯，置三司推官、巡官。

四年春正月丁亥，命太子中允張洎、著作佐郎句中正使高麗，告以北伐。遣官分督諸州軍儲輸太原行營。庚寅，以宣徽南院使潘美爲北路都招討制置使，分命節度使河陽崔彥進、彰德李漢瓊、彰信劉遇、桂州觀察使曹翰，副以衞府將直，四面進討。侍衞馬軍都虞候米信、步軍都虞候田重進並爲行營指揮使，將其軍以從，西上閤門使郭守文、順州團練使梁迴監護之。辛卯，命雲州觀察使郭進爲太原石嶺關都部署，以斷燕薊援師。癸巳，置簽署樞密院事，以石熙載爲之。乙未，宴潘美等于長春殿，賜以襲衣、金帶、鞍馬。癸卯，新渾儀成。

二月壬子，幸國子監，遂幸玉津園宴射。甲寅，以齊王廷美子德恭爲貴州防禦使。丙辰，以中書侍郎、尚書右僕射、同平章事沈倫爲東京留守兼判開封府事，宣徽北院使王仁贍爲大內都部署，樞密承旨陳從信副之。癸亥，賜扈從近臣鞍馬、衣服、金玉帶有差。甲子，帝發京師。戊寅，次澶州，觀魚于河。

三月庚辰朔，次鎮州。丁亥，郭進破北漢西龍門砦，禽獲甚衆。乙未，郭進大破契丹于關南。庚子，左飛龍使史業破北漢鷹揚軍，俘百人來獻。乙巳，夏州李繼筠乞帥所部助討北漢。詔泉州發兵護送陳洪進親屬赴闕。

夏四月己酉朔，嵐州行營與北漢軍戰，破之。庚戌，盂縣降。以石熙載爲樞密副使。辛酉，以孟玄喆、劉廷翰爲兵馬都鈐轄，崔翰總馬步軍，並駐泊鎮州〔二〕。壬戌，帝發鎮州。折御卿克岢嵐軍，獲其軍使折令圖。乙丑，克隆州，獲其招討使李詢等六人。己巳，折御卿克嵐州，殺其憲州刺史郭翊〔三〕，獲夔州節度使馬延忠。庚午，次太原，駐蹕汾東行營。辛未，幸太原城，詔諭北漢主劉繼元使降。壬申夜，帝幸城西，督諸將發機石攻城。甲戌，幸諸砦。乙亥，幸連城，視攻城諸洞。

五月己卯朔，攻城西南，遂陷羊馬城，獲其宣徽使范超，斬纛下。辛巳，攻城西北。壬午，其騎帥郭萬超來降，遂移幸城南，手詔賜繼元。癸未，進攻，將士盡奮，若將屠之。是夜，繼元遣使納款。甲申，繼元降，北漢平，凡得州十、縣四十、戶三萬五千二百二十。命祠部郎中劉保勛知太原府。乙酉，赦河東常赦所不原者，命錄死事將校子孫，瘞戰士。戊子，以榆次縣爲新幷州。優賞歸順將校，盡括僧道隸西京寺觀，官吏及高貲戶授田河南。北漢節度使蔚進、盧遂以汾州降。己丑，以繼元爲右衞上將軍、彭城郡公。帝作平晉詩，令從臣和。辛卯，繼元獻官妓百餘，以賜將校。乙未，築新城。送劉繼元緦麻以上親赴闕。丙申，幸城北，御沙河門樓。盡徙餘民于新城，遣使督之，既出，即命縱火。丁酉，以行宮爲平晉寺，帝作平晉記刻寺中。廢隆州，隳其城。庚子，發太原。丁未，次鎮州。

六月甲寅，以將伐幽薊，遣發京東、河北諸州軍儲赴北面行營。庚申，帝復自將伐契丹。丙寅，次金臺頓，募民爲鄉導者百人。丁卯，次東易州，刺史劉宇以城降，留兵千人守之。戊辰，次涿州，判官劉厚德〔四〕以城降。己巳，次鹽溝頓，民得近界馬來獻，賜以束帛。庚午，次幽州城南，駐蹕寶光寺。契丹軍城北，帝率衆擊走之。壬申，命節度使定國宋偓、河陽崔彥進、彰信劉遇、定武孟玄喆四面分兵攻城。以潘美知幽州行府事。契丹鐵林廂主李札盧存以所部來降。癸酉，移幸城北，督諸將進兵，獲馬三百。幽州神武廳直幷鄉兵四百人來降。乙亥，范陽民以牛酒犒師。丁丑，帝乘輦督攻城。

秋七月庚辰，契丹建雄軍節度使、知順州劉廷素來降。壬午，知薊州劉守恩來降。癸未，帝督諸軍及契丹大戰于高梁河，敗績。甲申，班師。庚寅，命孟玄喆屯定州，崔彥進屯關南。乙巳，帝至自范陽。

八月壬子，西京留守石守信坐從征失律，貶崇信軍節度使。甲寅，彰信軍節度使劉遇貶宿州觀察使。癸亥，命潘美屯河東三交口。甲戌，汴水決宋城縣。武功郡王德昭自殺。詔作太清樓。是月，秦州大水。

九月己卯，河決汲縣。丁亥，置皇子侍讀。己亥，幸新城，觀鐵林軍人射強弩。庚子，華山道士丁少微詣闕獻金丹及巨勝、南芝、玄芝。癸卯，山後兩林蠻以名馬來獻。丙午，鎮州都鈐轄劉廷翰及契丹戰于遂城西，大敗之，斬首萬三百級，獲三將、馬萬匹。

冬十月乙亥，以平北漢功，齊王廷美進封秦王，薛居正加司空，沈倫加左僕射，盧多遜兼兵部尚書，曹彬兼侍中，白進超、崔翰、劉廷翰、田重進、米信並領諸軍節度使，楚昭輔、崔彥進、李漢瓊並加檢校太尉，潘美加檢校太師，王仁贍加檢校太傅，石熙載加刑部侍郎，文武從臣進秩有差。

十一月庚辰，放道士丁少微歸華山。己丑，畋近郊。辛卯，忻州言與契丹戰，破之。關南言破契丹，斬首萬餘級。

十二月丁未，占城國遣使來貢。丁卯，畋近郊。置諸州司理判官。

五年春正月庚辰，詔宣慰河東諸州。壬午，新作天駟左右監，以左右飛龍使爲左右天廄使，閑廄使爲崇儀使。庚寅，改端明殿學士爲文明殿學士。

二月戊辰，斬徐州妖賊李緒等七人。廢順化軍。

三月戊子，會親王、宰相、淮海國王及從臣蹴鞠大明殿。己丑，左監門衞上將軍劉鋹卒，追封南越王。癸巳，代州言，宣徽南院使潘美敗契丹之師于鴈門，殺其駙馬侍中蕭啜李，獲都指揮使李重誨。

閏三月丙午，幸水磑，因觀魚。甲寅，親試禮部舉人。丁巳，親試諸科舉人。庚午，幸講武池觀習樓船。辛未，甘、沙州回鶻遣使以橐駝名馬來獻。

夏四月癸未，親試應百篇舉趙昌國〔五〕，賜及第。壅汾河晉祠水灌太原，隳其故城。是月，壽州風雹，冠氏縣〔六〕雨雹。

五月癸卯朔，大霖雨。辛酉，命宰相祈晴。

六月壬午，高麗國王遣使來貢。是月，潁州大水，徐州白溝溢入城。

秋七月丁未，討交州黎桓，命蘭州團練使孫全興、八作使張濬、左監門衞將軍崔亮、寧州刺史劉澄、軍器庫副使賈湜、閤門祗候王僎並爲部署。全興、濬、亮由邕州，澄、湜、僎由廉州，各以其衆致討。庚申，北海蚚蚄生。

八月甲申，西南蕃主龍瓊琚使其子羅若從幷諸州蠻來貢。

九月癸卯，黎桓遣使爲丁璿上表求襲位。甲辰，史館上太祖實錄。壬戌，畋近郊。

冬十月戊寅，大發兵屯關南及鎭、定州。己丑，發京師至雄州民治道。甲午，命侍衞馬軍都指揮使米信護定州屯兵。

十一月庚子朔，安南靜海軍節度行軍司馬、權知州事丁璿上表求襲位，不報。丙午，以秦王廷美爲東京留守，王仁贍爲大內都部署，陳從信副之。己酉，帝伐契丹。壬子，發京師。癸丑，次長垣縣。關南與契丹戰，大破之。以河陽三城節度使崔彥進爲關南都部署。戊午，駐蹕大名府。諸軍及契丹大戰于莫州，敗績。

十二月甲戌，大閱，遂宴幄殿。衞士有盜獲麞者當坐，詔特釋之。戊寅，以保靜軍節度使劉遇、威塞軍節度使曹翰爲幽州東、西路部署。庚辰，發大名府，因校獵。乙酉，帝至自大名府。交州行營與賊戰，大破之。

六年春正月癸卯，置平塞、靜戎二軍。辛亥，易州破契丹數千衆。丙寅，改靜戎軍爲安靜軍。

二月己卯，命宰臣禱雨。

三月己酉，興元尹德芳薨，追封岐王。癸丑，詔令諸路轉運使察官吏賢否以聞。丙辰，置破虜、平戎二軍。丁巳，高昌國遣使來貢。壬戌，交州行營破賊于白藤江口，獲戰艦二百艘，知邕州侯仁寶〔七〕死之。會炎瘴，軍士多死者，轉運使許仲宣驛聞，詔班師。詔斬劉澄、賈湜于軍中，徵孫全興下獄。令諸州長吏五日一慮囚。

夏四月辛未，幸太平興國寺禱雨。丙戌，高麗國遣使來貢。禁西川諸州白衣巫師。罷湖州織羅，放女工。

五月己未，雨。降死罪囚，流以下釋之。平塞軍與契丹戰，破之。

六月甲戌，司空、平章事薛居正薨。

七月丙午，詔渤海琰府王助討契丹。是月，延州、鄜、寧、河中大水，宋州蝗。

九月乙未朔，日有食之。甲辰，左拾遺田錫上疏極諫，詔嘉獎之。丙午，置京朝官差遣院，初令中書舍人郭贄等考校課績。辛亥，以趙普爲司徒，石熙載爲樞密使。壬子，詔求直言。丙辰，易州言破契丹。蘄縣州妖賊王禧等十人。

冬十月癸酉，羣臣三奉表上尊號曰應運統天睿文英武大聖至明廣孝皇帝，許之。甲申，以河陽三城節度使崔彥進爲關南都部署，侍衞馬軍都指揮使米信爲定州都部署。丙戌，校歷代醫書。甲午，詔作蘇州太一宮成。

十一月丁酉，監察御史張白坐知蔡州日假官錢糴糶，棄市。甲辰，改武德司爲皇城司。女眞遣使來貢。辛亥，祀天地于圜丘，大赦。御乾元殿受尊號，內外文武加恩。壬子，令諸州監臨官有所聞見傳聞須面陳者，俟報。丁巳，交州行營部署孫全興棄市。辛酉，以樞密使楚昭輔爲左驍衞上將軍。

十二月癸酉，購求醫書。己卯，畋近郊。己丑，諸道節度州置觀察支使，奉料同掌書記，仍不得並置。辛卯，禁民私市近界部落馬。

七年春正月甲午朔，不受朝，羣臣詣閤稱賀。壬戌，定輿服等差及婚取喪葬儀制。

二月甲申，改關南爲高陽關，徙幷州治唐明鎭。乙酉，特貰廬州管內逋米萬七千二百四十石。

三月癸巳朔，日有食之。乙未，以秦王廷美爲西京留守。乙巳，以旱分遣中黃門徧禱方岳。交州以王師致討遣使來謝。壬子，賜秦王襲衣、通犀帶、錢十萬。是月，舒州上玄石，有白文曰「丙子年出趙號二十一帝」。宣州雪霜殺桑害稼。北陽縣蝗，飛鳥數萬食之盡。

夏四月甲子，以樞密直學士竇偁、中書舍人郭贄並參知政事，如京使柴禹錫爲宣徽北院使兼樞密副使。戊辰，中書侍郎兼兵部尚書、平章事盧多遜罷爲兵部尚書。丁丑，西京留守、秦王廷美罷歸第，復其子德恭、德隆名皇姪，女韓氏婦落皇女、雲陽公主之號。盧多遜褫職流崖州，幷徙其家，期周以上親悉配遠裔。庚辰，左僕射、平章事沈倫罷爲工部尚書。禁河南諸州私鑄鉛錫惡錢及輕小錢。是月，潤州〔八〕大水。

五月辛丑，崔彥進敗契丹于唐興。戊申，慮囚。己酉，夏州留後李繼捧獻其銀、夏、綏、宥四州。辛亥，三交行營言，潘美敗契丹之師于鴈門，破其壘三十六。丙辰，秦王廷美降封涪陵縣公，房州安置。以崇儀副使〔九〕閻彥進知房州，監察御史袁廓通判軍州事，各賜白金三百兩。己未，府州破契丹于新澤砦，獲其將校以下百人。是月，陝州蝗，蕪湖縣雨雹。

六月乙亥，遣使發李繼捧緦麻已上親赴闕，其弟繼遷奔地斤澤。丙子，置譯經院。是月，河決臨濟縣，漢陽軍大水。

秋七月甲午，以子德崇爲檢校太傅、同平章事，封衞王；德明爲檢校太保、同平章事，封廣平郡王。乙卯，工部尚書沈倫以左僕射致仕。是月，河決范濟口，淮水、漢水、易水皆溢，陽穀縣蝗，關、陝諸州大水。

八月庚申朔，太子太師王溥薨。己卯，詔川峽諸州官織錦綺、鹿胎、透背、六銖、欹正、龜穀等悉罷之，民間勿禁。
九月己丑朔，西京諸道係籍沙彌，令祠部給牒。甲寅，貴妃孫氏薨。邠州蝗。
冬十月癸亥，詔：河南吏民不得闌出邊關侵撓略奪，違者論罪；有得羊馬生口者還之。戊辰，幸金明池，御龍舟觀習水戰。河決武德縣，蠲臨河民租。己卯，左諫議大夫、參知政事竇偁卒。癸卯，乾元曆成。是月，岳州田鼠食稼。
十一月己酉，以李繼捧爲彰德軍節度使。禁民喪葬作樂。
十二月戊午朔，日有食之。庚午，蠲兩浙諸州太平興國六年以前逋租。戊寅，高麗國王伷卒，其弟治遣使求襲位，詔立治爲高麗國王。
閏月戊子朔，豐州與契丹戰，破之，獲其天德軍節度使蕭太。占城國獻馴象。丙申，狩近郊。辛亥，詔赦銀、夏等州常赦所不原者。諸州置農師。
八年春正月己卯，以東上閤門使王顯爲宣徽南院使，酒坊使弭德超爲北院使，並兼樞密副使。癸未，詔令州縣長吏延問高年耆德。
二月戊子朔，日有食之。丁酉，禁內屬部落私市女口。
三月庚申，以右諫議大夫宋琪爲參知政事。豐州破契丹兵，降三千餘帳。癸亥，分三司，各置使。癸酉，幸金明池，觀習水戰。丙子，親試禮部舉人。甲申，除福建諸州鹽禁。乙卯，幸樞密使石熙載第視疾。

夏四月壬寅，班外官戒諭辭。壬子，流樞密副使弭德超于瓊州，并徙其家。乙亥，詔諭桓逄璿母子赴闕，不聽。

五月丁卯，詔作太一宮于都城南。黎桓自稱三使留後，遣使來貢，并上丁璿讓表。詔諭桓逄璿母子赴闕，不聽。丁亥，流威塞軍節度使曹翰于登州。乙亥，詔長吏誘致關、隴流亡。是月，河決滑州，過澶、濮、曹、濟，東南入于淮。相州風雹。

六月己亥，以王顯爲樞密使，柴禹錫爲宣徽南院使兼樞密副使。己酉，兗州泰山父老及瑕丘等七縣民詣闕請封禪。是月，穀、洛、瀍、澗溢，壞官民舍萬餘區，溺死者以萬計，鞏縣壞殆盡。

秋七月辛未，參知政事郭贄罷爲秘書少監。庚辰，加宋琪刑部尚書，以工部尚書李昉參知政事。是月，河、江、漢、滹沱及祁之資、滄之胡盧、雄之易惡池水，皆溢爲患。

八月壬辰，以大水故，釋死罪以下。丁酉，山後兩林蠻來貢。溪、錦、敍、富四州蠻來附。庚戌，以樞密使石熙載爲右僕射。辛亥，增謚法。詔：軍國政要令參知政事李昉及樞密院副使一人錄送史館。

九月癸丑朔，占城國獻馴象。初置水陸路發運于京師。是月，睢溢，浸田六十里。

冬十月戊戌，改衞王德崇名元佐，廣平郡王德明名元祐，德昌名元休，德嚴名元雋，德和名元傑。己酉，進元佐爲楚王，元祐陳王，封元休韓王、元雋冀王、元傑益王，並檢校太保、同平章事。司徒、兼侍中趙普罷爲武勝軍節度使。

十一月壬子朔，以參知政事宋琪、李昉並平章事。癸丑，除川峽民祖父母父母在別籍異財棄市律。己未，太一宮成。壬申，以翰林學士李穆、呂蒙正、李至並參知政事，樞密直學士張齊賢、王沔並同簽署樞密院事。庚辰，置侍讀官。

十二月壬午朔，詔綏、銀、夏等州官吏招誘沒界外民歸業，仍給復三年。丁亥，賜河北、河東緣邊戍卒襦，京城諸軍米。淮海國王錢俶三上表乞解兵馬大元帥、國王、尙書中書令、太師等官。罷元帥名，餘不許。西人寇宥州，巡檢使李詢擊走之。是月，醴泉縣水中草變爲稻，滑州河決。

雍熙元年春正月壬子朔，不受朝，羣臣詣閤拜表稱賀。戊午，右僕射石熙載薨。壬戌，購逸書。丁卯，涪陵縣公廷美薨，追封涪陵王。壬申，蠲諸州民去年官所貸粟。癸酉，左諫議大夫、參知政事李穆卒。

三月丁巳，滑州河決旣塞，帝作平河歌賜近臣，蠲水所及州縣今年租。癸未，以涪陵王子德恭、德隆爲刺史，壻韓崇業爲靜難軍司馬。是月，甘露降太一宮庭。

夏四月乙酉，泰山父老詣闕請封禪。戊子，羣臣表請凡三上，許之。甲午，幸金明池，觀習水戰，因幸講武臺觀射，賜武士帛。

五月庚戌朔，除江南鹽禁。辛亥，幸城南觀麥，賜刈者錢帛。罷諸州農師。壬子，西州回鶻與波斯外道來貢。丁丑，乾元、文明二殿災。己卯，以京官充堂後官。

六月丁亥，詔求直言。己丑，遣使按察兩浙、淮南、西川、廣南獄訟。鎭安軍節度使、守中書令石守信薨。庚子，令諸州長吏十日一慮囚。壬寅，詔罷封泰山。甲辰，禁邊臣境外種蒔。

秋七月壬子，改乾元殿爲朝元殿，文明殿爲文德殿，丹鳳門爲乾元門；改匭院爲登聞鼓院，東延恩匭爲崇仁檢院，南招諫匭爲思諫檢院，西申冤匭爲申明檢院，北通玄匭爲招賢檢院。

八月丁酉，親祠太一宮。壬寅，河水溢。是月，淄州大水。

九月壬戌，羣臣表三上尊號曰應運統天睿文英武大聖至仁明德廣孝皇帝，不許；宰相叩頭固請，終不許。丙寅，幸並河新倉。

冬十月甲申，賜華山隱士陳摶號希夷先生。夏州言，掩擊李繼遷，獲其母妻，俘千四百餘帳，繼遷走。壬辰，禁布帛不中度者。癸巳，嵐州獻牝獸一角。幷瑞物六十三種圖付史館。戊戌，忠州錄事參軍卜元幹坐受賕枉法，杖殺之。

十一月壬子，高麗國王遣使來貢。丁巳，祀天地于圜丘，大赦，改元，中外文武官進秩有差。癸酉，以浦城童子楊億爲秘書省正字。

十二月庚辰，淮海國王錢俶徙封漢南國王。癸未，賜京畿高年帛。丁亥，罷嶺南採珠場。壬辰，立德妃李氏爲皇后。丙申，御乾元門，賜京師大酺三日。戊戌，大雨雪。

校勘記

〔一〕時晉天福四年十月七日甲辰也　「七日」，原作「十七日」，按這年十月戊戌朔，甲辰係七日，據本書卷一一二禮志、宋會要帝系一之四改。下文太平興國二年五月甲戌條「乾明節」原作「十月十七日」，亦據此改正。

〔二〕駐泊鎮州　「駐」，原作「注」，據本書卷四七九西蜀世家、長編卷二〇改。

〔三〕郭翊　本書卷二五三折御卿傳、長編卷二〇作「霍翊」。

〔四〕劉厚德　長編卷二〇、彭百川太平治蹟統類卷三都作「劉原德」。

〔五〕趙昌國　長編卷二一、宋會要選舉一八之二七都作「趙國昌」。

〔六〕冠氏縣 「冠」，原作「寇」，據本書卷六二五行志、卷八六地理志改。

〔七〕侯仁寶 「寶」，原作「貴」，據本書卷二五四本傳、宋會要兵八之三六改。

〔八〕潤州 「潤」，原作「閏」，據本書卷六一五行志、長編卷二三幷參攷本書卷八八地理志改。

〔九〕崇儀副使 「儀」，原作「化」。按本書卷二四四魏王廷美傳作「崇儀使」，楊仲良續資治通鑑長編紀事本末（以下簡稱長編紀事本末）卷八秦王事迹條作「崇儀副使」，本書卷一六九職官志有崇儀使、副使而無崇化使、副使，「化」當爲「儀」之訛，據改。

宋史卷五

本紀第五

太宗二

二年春正月丙辰，以德恭爲左武衛大將軍判濟州，封定安侯；德隆爲右武衛大將軍判沂州，封長寧侯。右補闕劉蒙叟通判濟州，起居舍人韓儉通判沂州。乙丑，賜德恭、德隆常奉外支錢三百萬。

二月戊寅，權交州留後黎桓遣使來貢。乙未，夏州李繼遷誘殺汝州團練使曹光實。己亥，占城遣使來貢。

三月己未，親試禮部舉人。江南民饑，許渡江自占。

夏四月乙亥朔，遣使行江南諸州，振饑民及察官吏能否。戊寅，遣忠武軍節度使潘美復屯三交口。己卯，詔以帝所生官舍作啓聖院。己丑，殿前承旨王著坐監資州兵爲姦贓，棄市。庚子，甘露降後苑。辛丑，夏州行營破西蕃息利族，斬其代州刺史折羅遇并弟埋乞，又破保、洗兩族，降五十餘族。

五月甲子，幸城南觀麥，賜田夫布帛。天長軍蝝生。

六月甲戌朔，河西行營言，獲岌羅賦等十四族，焚千餘帳。戊子，復禁鹽、榷酤。

秋七月庚申，詔諸道轉運使及長吏，宜乘豐儲廩以防水旱。

八月癸酉朔，遣使按問兩浙、荆湖、福建、江南東西路、淮南諸州刑獄，仍察官吏勤惰以聞。癸巳，西南奉化王子以慈來貢。是月，瀛、莫二州大水。

九月丙午，以歲無兵凶，除十惡、官吏犯贓、謀故劫殺外，死罪減降，流以下釋之，及蠲江、浙諸州民逋租。庚戌，重九，賜近臣飲于李昉第，召諸王、節度使宴射苑中。是夕，楚王宮火。辛亥，廢楚王元佐爲庶人，均州安置。丁巳，羣臣請留元佐養疾京師，許之。己未，西南蕃王遣使來貢。己巳，禁海賈。

閏月癸未，太白入南斗。甲申，幸天駟監，賜從臣馬。乙未，禁邕管殺人祭鬼及僧人置妻孥。己亥，坊州獻一角獸〔一〕。

冬十月辛丑朔，慮囚。丙午，以天竺僧天息災、施護、法天並爲朝請大夫、試鴻臚少卿。己酉，汴河主糧胥吏坐奪漕軍口糧，斷腕徇于河畔三日，斬之。甲寅，黎邛部蠻王子來貢。

十一月壬午，狩于近郊，以所獲獻太廟，著爲令。戊子，禱雪。辛卯，詔在官丁父母憂者並放離任。

十二月庚子朔，日有食之。癸卯，南康軍言，雪降三尺，大江冰合，可勝重載。丁未，遣中使賜緣邊戍卒襦袴。丙辰，門下侍郎兼刑部尚書、平章事宋琪罷守本官。

三年春正月辛未，右武衞大將軍、長寧侯德隆薨，以其弟德彝嗣侯，仍知沂州。庚辰，夜漏一刻，北方有赤氣如城，至明不散。己丑，知雄州賀令圖等請伐契丹，取燕薊故地。庚寅，北伐，以天平軍節度使曹彬爲幽州道行營前軍馬步水陸都部署，河陽三城節度使崔彥進副之；侍衞馬軍都指揮使、彰化軍節度使米信爲西北道都部署，沙州觀察使杜彥圭副之，以其衆出雄州；侍衞步軍都指揮使、靜難軍節度使田重進爲定州路都部署，出飛狐。戊戌，參知政事李至罷爲禮部侍郎。

二月壬子，以檢校太師、忠武軍節度使潘美爲雲、應、朔等州都部署，雲州觀察使楊業副之，出鴈門。

三月癸酉，曹彬與契丹兵戰固安南，克其城。丁丑，田重進戰飛狐北，又破之。潘美自西陘入，與契丹兵遇，追至寰州，破之，其刺史趙彥辛以城降。辛巳，曹彬克涿州。潘美圍朔州，其節度副使趙希贊以城降。癸未，田重進戰飛狐北，獲其西南面招安使大鵬翼、康州刺史馬頵、馬軍指揮使何萬通。乙酉，曹彬敗契丹于涿州南，殺其相賀斯〔三〕。丁亥，潘美師至應州，其節度副使艾正、觀察判官宋雄以城降。司門員外郎王延範與祕書丞陸坦、戎城縣主簿田辯、術士劉昂，坐謀不軌棄市。庚寅，武寧軍節度使、同平章事、岐國公陳洪進卒。辛卯，田重進攻飛狐，其守將呂行德、張繼從、劉知進等舉城降，以其縣爲飛狐軍。占城國遣使來貢。丙申，進圍靈丘，其守將穆超以城降。

夏四月辛丑，潘美克雲州。田重進戰飛狐北，破其衆。壬寅，曹彬、米信戰新城東北，又破之。己酉，田重進再戰飛狐北，再破之，殺二將。乙卯，重進至蔚州，其牙校李存璋、許彥欽殺大將蕭啜理，執其監城使、同州節度使耿紹忠，以城降。

五月庚午，曹彬之師大敗于岐溝關，收衆夜渡拒馬河，退屯易州，知幽州行府事劉保勳死之。丙子，召曹彬、崔彥進、米信歸闕，命田重進屯定州，潘美還代州。徙雲、應、寰、朔吏民及吐渾部族，分置河東、京西。會契丹十萬衆復陷寰州，楊業護送遷民遇之，苦戰力盡，爲所禽，守節而死。

六月戊戌朔，日有食之。甲辰，以御史中丞辛仲甫爲參知政事。

秋七月庚午，貶曹彬爲右驍衞上將軍，崔彥進爲右武衞上將軍，米信爲右屯衞上將軍、杜彥圭爲均州團練使。應羣臣、列校死事及陷敵者，錄其子孫。壬午，徙山後降民至河南府、許汝等州。丁亥，以簽署樞密院事張齊賢爲給事中、知代州。癸巳，階州福津縣有大山飛來，自龍帝峽壅江水逆流，壞民田數百里。甲午，詔改陳王元祐爲元僖，韓王元休爲元俔，冀王元儁爲元份。

八月丁酉朔，以王沔、張宏並爲樞密副使。丁未，大雨，遣使禱岳瀆，至夕雨止。劍州民饑，遣使振之，因督捕諸州盜賊。辛亥，降潘美爲檢校太保，贈楊業太尉、大同軍節度使。

九月丙寅朔，減兩京諸州繫囚流以下一等，杖罪釋之。賜所徙寰、應、蔚等州民米，昇、宣等十四州雍熙二年官所振貸並蠲之。戊寅，賜北征軍士陣亡者家三月糧。

冬十月甲辰，以陳王元僖爲開封尹。壬子，高麗國王遣使來貢。庚申，詔以權靜海軍留後黎桓爲本軍節度。

十一月丙戌，幸建隆觀、相國寺祈雪。

十二月乙未朔，大雨雪，宴羣臣玉華殿。己亥，定州田重進入契丹界，攻下岐溝關。壬寅，契丹敗劉廷讓軍於君子館，執先鋒將賀令圖，高陽關部署楊重進死之。壬子，建房州爲保康軍，以右衞上將軍劉繼元爲節度使。代州副部署盧漢贇敗契丹于土鐙堡，斬獲甚衆，殺監軍舍利二人。

是歲，壽州大水，濮州蝗。

四年春正月甲子朔，不受朝，羣臣詣閤拜表稱賀。己卯，遣使按問西川、嶺南、江、浙等路刑獄。丙戌，詔：「應行營將士戰敗潰散者並釋不問，緣邊城堡備禦有勞可紀者所在以聞。瘞暴骸，死事者廩給其家，錄死事文武官子孫。蠲河北雍熙三年以前逋租，敵所蹂踐者給復三年，軍所過二年，餘一年。」

二月丙申，以漢南國王錢俶爲武勝軍節度使，徙封南陽國王。丁酉，繕治河北諸州、軍城隍。甲寅，錢俶改封許王。

三月庚辰，詔申嚴考績。

夏四月癸巳朔，以御史中丞趙昌言爲右諫議大夫、樞密副使。乙未，詔：諸州郡暑月五日一滌囹圄，給飲漿，病者令醫治，小罪卽決之。丁未，幸金明池觀水嬉，遂習射瓊林苑，登樓，擲金錢繒綵於樓下，縱民取之。併水陸發運爲一司。

五月丙寅，遣使市諸道民馬。庚辰，改殿前司日騎爲捧日，驍猛爲拱辰，雄勇爲神勇，上鐵林爲殿前司虎翼，腰弩爲神射，侍衞步軍司鐵林爲侍衞司虎翼。丁亥，詔諸州送醫術人校業太醫署。賜諸將陣圖。

六月丁酉，以右驍衛上將軍劉廷讓爲雄州都部署。戊戌，以彰國軍節度使駙馬都尉王承衍爲貝、冀都部署，郭守文及鄆州團練使田欽祚並爲北面排陣使。庚子，定國軍節度使崔翰復爲高陽關兵馬都部署。是月，鄜州獻馬，前足如牛。

秋七月丙寅，幸講武池觀魚。是月，置三班院。

八月庚子，免諸州吏所逋京倉米二十六萬七千石。

九月癸亥，校醫術人，優者爲翰林學生。

冬十月丙午，流雄州都部署劉廷讓于商州。壬子，左僕射致仕沈倫薨。

十一月庚辰，詔以實數給百官奉。

十二月壬寅，幸建隆觀、相國寺祈雪。庚戌，畋近郊。丁巳，大雨雪。

端拱元年春正月己未朔，不受朝，羣臣詣閤拜表稱賀。乙亥，親耕籍田。還御丹鳳樓，大赦，改元，除十惡、官吏犯贓至殺人者不赦外，民年七十以上賜爵一級。癸未，幸玉津園習射。乙酉，禁用酷刑。是月，澶州黃河清。

二月乙未，改左右補闕爲左右司諫，左右拾遺爲左右正言。丙申，禁諸州獻珍禽奇獸。己亥，詔瀛州民爲敵所侵暴者賜三年租，復其役五年。庚子，以籍田，開封尹、陳王元僖進封許王，元偓襄王，元份越王，錢俶鄧王，中書門下平章事李昉爲尙書右僕射，參知政事呂蒙正同中書門下平章事，樞密使王顯加檢校太傅，給事中許國公趙普守太保兼侍中〔三〕，參知政事辛仲甫加戶部侍郎，樞密副使趙昌言加工部侍郎，樞密副使王沔爲參知政事，御史中丞張宏爲樞密副使，餘內外並加恩。甲辰，升建州爲建寧軍節度。庚戌，以子元偓爲左衞上將軍、徐國公，元偁爲右衞上將軍、涇國公。

三月甲戌，貶樞密副使趙昌言爲崇信軍行軍司馬。乙亥，鄭州團練使侯莫陳利用坐不法，配商州禁錮，尋賜死。癸未，幸玉津園習射。廢水陸發運司。

夏四月丁亥，賜京城高年帛。己丑，加高麗國王治、靜海軍節度使黎桓並檢校太尉。

五月辛酉，置祕閣于崇文院。辛未，感德軍節度使李繼捧賜姓趙氏，名保忠。壬申，以保忠爲定難軍節度使。

閏五月辛卯，以洺州防禦使劉福爲高陽關兵馬都部署，濮州防禦使楊贊爲貝州兵馬都部署。乙未，賜諸州高年爵公士。丁酉，交州黎桓遣使來貢。壬寅，親試禮部進士及下第舉人。

六月丙辰朔，右領軍衞大將軍陳廷山謀反伏誅。丁丑，改湖南節度爲武安軍節度。親試進士諸科舉人。

秋七月丙午，除西川諸州鹽禁。辛亥，忠武軍節度使潘美知鎭州。

八月乙卯，壽星見丙地。甲子，以宣徽南院使郭守文爲鎭州路都部署。戊寅，太師、鄧王錢俶薨，追封秦國王，謚忠懿。庚辰，幸太學，命博士李覺講易，賜帛；遂幸玉津園習射。是月，鳳凰集廣州淸遠縣廨合歡樹，樹下生芝三莖。

九月乙酉朔，以侍衞馬軍都指揮使李繼隆爲定州都部署。

冬十月壬午，以侍衞步軍都指揮使戴興爲澶州都部署。癸未，詔罷游獵，五方所畜鷹犬並放之，諸州毋以爲獻。

十一月甲申朔，高麗王遣使來貢。己丑，郭守文破契丹于唐河。

十二月辛未，以夏州蕃落使李繼遷爲銀州刺史，充洛苑使。

二年春正月癸未朔，不受朝，羣臣詣閤拜表稱賀。壬辰，以涪州觀察使柴禹錫爲澶州兵馬部署。癸巳，詔議北伐。

二月壬子朔，令河北東、西路招置營田。癸丑，詔錄將校官吏功及死事使臣、官吏子孫，士卒廩給其家三月。平塞、天威、平定、威虜、靜戎、保塞、寧邊等軍，祁、易、保、定、鎭、邢、趙等州民，除雍熙四年正月丙戌詔給復外，更給復二年；霸、代、洛、雄、莫、深等州，平虜、岢嵐軍，更給復一年。戊午，罷乘傳銀牌，復給樞密院牒。以太倉粟貸京畿饑民。癸亥，作方田。戊辰，以國子監爲國子學。

三月辛卯，命高瓊爲并代都部署。壬寅，親試禮部舉人。

夏四月丁巳，置富順監。辛未，幸趙普第視疾。

五月戊戌，以旱慮囚，遣使決諸道獄。是夕，雨。

秋七月甲申，以知代州張齊賢爲刑部侍郎、樞密副使，鹽鐵使張遜爲宣徽北院使、簽署樞密院事。戊子，有彗出東井，上避正殿，減常膳。辛丑，契丹犯威虜軍，崇儀使尹繼倫擊破之，殺其相皮室，大將于越遁去。

八月丙辰，大赦，是夕彗不見。癸亥，詔作開寶寺舍利塔成。

九月壬午，邛部川、山後百蠻來貢。

冬十月辛未，以定難軍節度使趙保忠同平章事。以歲旱、彗星謫見，詔曰：「朕以身爲犧牲，焚於烈火，亦未足以答謝天譴。當與卿等審刑政之闕失、稼穡之艱難，恤物安人，以祈玄祐。」

十二月辛亥，置三司都磨勘官。丙辰，大雨雪。庚申，詔令四方所上表祇稱皇帝。羣臣請復尊號，不許。辛酉，上法天崇道文武皇帝，詔去「文武」二字，餘許之。三佛齊國遣使來貢。

淳化元年春正月戊寅朔，減京畿繫囚流罪以下一等。改元，內外文武官並加勳階爵邑，中書舍人、大將軍以上各賜一子官。賜鰥寡孤獨錢，除逋負。受尊號，改乾明節爲壽寧節。戊子，詔作淸心殿。

二月丁未朔，除江南、兩浙、淮西、嶺南諸州漁禁。己酉，改大明殿爲含光殿。

三月丙子朔。乙未，幸西京留守趙普第視疾。

夏四月庚戌，遣中使詣五嶽禱雨，慮囚，遣使分決諸道獄。甲寅，詔尙書省四品、兩省五品以上舉轉運使及知州、通判。五溪蠻田漢權來附。戊午，建婺州爲保寧軍節度。丙寅，命殿前副都指揮使戴興爲鎭州都部署。

五月甲午，給致仕官半奉。辛卯，置詳覆、推勘官。

六月丙午，罷中元、下元張燈。庚午，太白晝見。

秋七月丁丑，太白復見。是月，吉、洪、江、蘄、河陽、隴城大水。開封、陳留、封丘、酸棗、鄢陵旱，賜今年田租之半，開封特給復一年。京師貴糴，遣使開廩減價分糶。

八月乙巳，毁左藏庫金銀器皿。己巳，禁川峽、嶺南、湖南殺人祀鬼，州縣察捕，募告者賞之。庚午，西南蕃主使其子龍漢興來貢。是月，京兆長安八縣旱，賜今年租十之六。蠲舒州宿松等三處魚池稅。

九月辛巳，熒惑入太微垣。大宴崇政殿。禁川峽民父母在出爲贅壻。是月，蠲滄、單、汝三州今年租十之六。

冬十月甲辰，交州黎桓遣使來貢。乙巳，熒惑陵左執法。乙丑，知白州蔣元振、知須城縣姚益恭並以清幹聞，下詔襃諭，賜粟帛。是月，以乾鄭二州、河南壽安等十四縣旱，州蠲今年租十之四，縣蠲其稅。

十一月戊戌，太白晝見。是月，蠲大名府管內今年租十之七。

十二月乙巳，占城遣使來貢。乙卯，高麗國遣使來貢。辛酉，詔中外所上書疏及面奏制可者，並下中書、樞密、三司中覆頒行。

是歲，洪、吉、江、蘄諸州水，河陽大水。曹、單二州有蝗，不爲災。開封、大名管內及許、滄、單、汝、乾、鄭等州，壽安、長安、天興等二十七縣旱。深冀二州、文登牟平兩縣饑。

二年春正月壬申朔，不受朝，羣臣詣閤拜表稱賀。丙子，遣商州團練使翟守素帥兵援趙保忠于夏州。乙酉，置內殿崇班、左右侍禁，改殿前承旨爲三班奉職。丙戌，熒惑犯房。

己丑，詔陝西諸州長吏設法招誘流亡，復業者計口貸粟，仍給復二年。

二月癸丑，盡易宮殿彩繪以赭堊。監察御史祖吉坐知晉州日爲姦贓，棄市。乙丑，斬夔州亂卒謝榮等百餘人於市。

閏月辛未朔，日有食之。戊寅，禱雨。丁亥，詔內外諸軍，除木槍、弓弩矢外不得蓄他兵器。己丑，詔：京城蒲博者開封府捕之，犯者斬。命近臣兼差遣院流內銓。是月，河水溢，鄄城縣蝗，汴河決。

三月乙卯，幸金明池御龍舟，遂幸瓊林苑宴射。己巳，以歲蝗旱禱雨弗應，手詔宰相呂蒙正等：「朕將自焚，以答天譴。」翌日而雨，蝗盡死。

夏四月庚午，罷端州貢硯。辛巳，以張齊賢、陳恕並參知政事，張遜兼樞密副使，温仲舒、寇準並爲樞密副使。是月，河水溢，虞鄉等七縣民饑。

五月己亥朔，詔減兩京諸州繫囚流以下一等，杖罪釋之。庚子，置諸路提點刑獄官。丙辰，左正言謝泌以敢言擢右司諫，賜金紫、錢三十萬。

六月甲戌，忠武軍節度使、同平章事潘美卒。命張永德爲并、代都部署。乙酉，以汴水決浚儀縣，帝親督衞士塞之。庚寅，禁陝西緣邊諸州闌出生口。是月，楚丘、鄄城、淄川三縣蝗，河水、汴水溢。

秋七月己亥，詔陝西緣邊諸州，饑民鬻男女入近界部落者官贖之。李繼遷奉表請降，以爲銀州觀察使，賜國姓，改名保吉。

八月己卯，置審刑院。己丑，雅州言登遼山崩。是月，乾寧軍蝗，許、雄、嘉三州大水。

九月丁酉朔，戶部侍郎、參知政事王沔，給事中、參知政事陳恕，並罷守本官。己亥，中書侍郎兼戶部尚書、平章事呂蒙正罷爲吏部尚書，以右僕射李昉、參知政事張齊賢並平章事，翰林學士賈黃中、李沆並爲給事中、參知政事。帝飛白書「玉堂之署」四字，以賜翰林承旨蘇易簡。壬寅，邛部川蠻來貢。癸卯，罷樞密使王顯爲崇信軍節度使。甲辰，以張遜知樞密院事，温仲舒、寇準同知院事。

十一月丙申朔，復百官次對。乙巳，罷京城內外力役土功。己酉，幸建隆觀、相國寺祈雪。

十二月丙寅朔，行入閤儀。乙亥，賜秦州童子譚孺卿本科出身。癸未，保康軍節度使劉繼元卒，追封彭城郡王。大雨無冰。

是歲，女眞表請伐契丹，詔不許，自是遂屬契丹。大名、河中，絳、濮、陝、曹、濟、同、淄、單、德、徐、晉、輝、磁、博、汝、兗、虢、汾、鄭、亳、慶、許、齊、濱、棣、沂、貝、衞、青、霸等州旱。

三年春正月癸卯，大雨雪。乙巳，詔常參官舉可任升朝官者。丙午，詔宰相、侍從舉可任轉運使者。

二月乙丑朔，日有食之。

三月乙未朔，以趙普爲太師，封魏國公。戊戌，親試禮部舉人。辛丑，親試諸科舉人。戊午，以高麗賓貢進士四十人並爲秘書省秘書郎，遣還。庚申，帝幸金明池觀水戲，縱京城觀者，賜高年白金器皿。

夏四月丁丑，詔江南、兩浙、荊湖吏民之配嶺南者還本郡禁錮。癸未，上作刑政、稼穡詩賜近臣。

五月甲午朔，御文德殿，百官入閤。壬寅，詔御史府所斷徒罪以上獄具，令尚書丞郎、兩省給舍一人慮問。丁未，戶部郎中田錫、通判殿中丞郭渭坐稽留刑獄，並責州團練副使，不簽署州事。戊申，詔：太醫署良醫視京城病者，賜錢五十萬具藥，中黃門一人按視之。己酉，以旱遣使分行諸路決獄。是夕，雨。辛亥，置理檢司。甲寅，詔作秘閣。

六月丁丑，大風晝晦，京師疫解。戊寅，慮囚。甲申，飛蝗自東北來，蔽天，經西南而去。是夕，大雨，蝗盡死。庚寅，以殿前都虞候王昭遠爲幷、代兵馬都部署。辛卯，置常平倉。

秋七月己酉，太師、魏國公趙普薨，追封眞定王。是月，許、汝、兗、單、滄、蔡、齊、貝八州蝗，洛水溢。

八月戊辰，以秘閣成賜近臣宴。壬申，召終南山隱士种放，不至。庚辰，闍婆國遣使來貢。丁丑，釋嶺南東、西路罰作荷校者。

九月丙申，遣官祈晴京城諸寺觀。甲寅，幸天駟監，賜從臣馬。乙卯，羣臣上尊號曰法天崇道明聖仁孝文武皇帝，凡五表，終不許。

冬十月辛酉朔，折御卿進白花鷹，放之，詔勿復獻。戊寅，始置京朝、幕職、州縣官考課，并校三班殿最。戊子，高麗、西南蕃皆遣使來貢。

十一月己亥，許王元僖薨。甲申，慮囚，降徒流以下一等，釋杖罪。趙保忠貢鶻，號「海東青」，還之。己未，禁兩浙諸州巫師。置三司主轄收支官。是月，蔡州建安大火。

十二月丁卯，大雨雪。己卯，占城國王楊陀排遣使來貢。是月，雄州言大火。是歲，潤州丹徒縣饑，死者三百戶。

四年春正月庚寅朔，享太室，羣臣詣齋宮拜表稱賀。辛卯，祀天地于圜丘，以宣祖、太祖配，大赦。乙未，大雨雪。高麗國遣使來貢。乙巳，藏才西族首領羅妹以良馬來獻。

二月己未朔，日有食之。壬戌，召賜京城高年帛，百歲者一人加賜塗金帶。是日，雨雪大寒，再遣中使賜孤老貧窮人千錢、米炭。置昭宣使。癸亥，廢沿江榷貨八務。乙丑，加高麗國王王治檢校太師，靜海軍節度使黎桓封交阯郡王。己卯，詔以江、浙、淮、陝饑，遣使巡撫。詔：分遣近臣巡撫諸道，有可惠民者得便宜行事，吏罷軟、苛刻者上之，詔令有未便者附傳以聞。丙戌，置審官院、考課院。永康軍青城縣民王小波聚徒爲寇，殺眉州彭山縣令齊元振。是月，商州大雨雪。

三月壬子，詔權停貢舉。

四月己卯，諸司奉行公事不得輒稱聖旨。

五月戊申，罷鹽鐵、戶部、度支等使，置三司使。

六月戊午朔，詔中丞已下皆親臨鞫獄。丙寅，吏部侍郎、平章事張齊賢罷爲尚書左丞。壬申，宣徽北院使、知樞密院事張遜貶右領軍衞將軍，右諫議大夫、同知院事寇準罷守本官。以涪州觀察使柴禹錫爲宣徽北院使、知樞密院事，樞密直學士呂端參知政事，劉昌言同知樞密院事。戊寅，初復給事中封駮。

七月丁酉，大雨。戊戌，復沿江務，置諸路茶鹽制置使。

出入。

八月丙辰朔，日有食之。癸酉，以向敏中、張詠始同知銀臺、通進司，視章奏案牘以稽

九月丙申，詔：諸雜除禁錮人，州縣有闕得次補以責効，能自新勤幹者具聞再敍。乙巳，以給事中封駁隸銀臺、通進司。丙午，命侍從舉任才堪五千戶以上縣令者二人。自七月雨，至是不止。是月，河水溢，壞澶州；江溢，陷涪州。詔：溺死者給斂具，澶人千錢，涪人鐵錢三千，仍發廩以振。

冬十月壬戌，罷諸路提點刑獄司。庚午，始分天下州縣爲十道，兩京爲左右計，各署判官領之，置三司使二員。辛未，右僕射、平章事李昉，給事中、參知政事賈黃中、李沆，左諫議大夫、同知樞密院事溫仲舒〔四〕，並罷守本官。以吏部尚書呂蒙正平章事，翰林學士蘇易簡爲給事中、參知政事；樞密都承旨趙鎔爲宣徽北院使，樞密直學士向敏中爲右諫議大夫，並同知樞密院事。丁丑，以右諫議大夫趙昌言爲給事中、參知政事。辛巳，遣使按行畿縣，民田被水者蠲其租。是月，河決澶州，西北流入御河。

閏月辛卯，幸水磑觀魚。己酉，置三司總計度使。

十一月丁巳，萬安州獻六眸龜。癸酉，還隴西州所獻白鷹。

十二月辛丑，大雨雪。戊申，西川都巡檢使張玘與王小波戰江原縣，死之。小波中流矢

死，衆推其黨李順爲帥。

五年春正月甲寅朔，不受朝，羣臣詣閤拜表稱賀。戊午，李順陷漢州，己未，陷彭州。乙丑，慮囚，流罪以下釋之。己巳，李順陷成都，知府郭載奔梓州，順入據之，賊兵四出攻劫州縣。遣使振宋、亳、陳、潁州饑民，別遣決諸路刑獄，應因饑劫藏粟，誅爲首者，餘減死。癸酉，以侍衞馬軍都指揮使李繼隆爲河西行營都部署，討李繼遷。甲戌，命昭宣使王繼恩爲兩川招安使，討李順。詔諸州能出粟貸饑民者賜爵。辛巳，詔除兩京諸州淳化三年逋負。

二月乙未，李順分攻劍州，都監西京作坊副使上官正、成都監軍供奉官宿翰合擊大破之，斬馘殆盡。丙午，幸南御莊觀稼。己酉，以益王元傑爲淮南、鎭江等軍節度使，徙封吳王。辛亥，詔除劍南東西川、峽路諸州主吏民卒淳化五年以前逋負。

三月乙亥，趙保忠爲趙保吉所襲，奔還夏州，指揮使趙光嗣執之以獻。李繼隆帥師入夏州。交阯郡王黎桓遣使來貢。

夏四月壬午朔，詔除天下主吏逋負。甲申，削趙保吉所賜姓名。丙戌，置起居院，初復起居注。以國子學復爲國子監。辛卯，慮囚。大食國王遣使來貢。戊戌，赦諸州，除十惡、故劫殺、官吏犯正贓外，降死罪以下囚。己亥，王繼恩帥師過綿州，賊潰走，追殺及溺死者甚衆。庚子，復綿州。內殿崇班曹習破賊于老溪，復閬州。綿州巡檢使胡正遠帥兵進擊，復巴州。壬寅，西川行營擊賊于研口砦，破之，復劍州。癸卯，大雨。

五月丁巳，西川行營破賊十萬衆，斬首三萬級，復成都，獲賊李順。其黨張餘復攻陷嘉、戎、瀘、渝、涪、忠、萬、開八州，開州監軍秦傳序死之。丙寅，河西行營送趙保忠至闕下，釋其罪，授右千牛衞上將軍，封宥罪侯。己巳，以知梓州張雍、都巡檢使盧斌嘗堅守却賊，斌進擊解閬州圍，遂平蓬州，雍加給事中，斌領成州刺史。以少府監雷有終爲諫議大夫、知成都府。庚午，賊攻夔州，峽路都大巡檢白繼贇、夔州巡檢使解守顒大敗其衆于西津口，斬首二萬級，獲舟千餘艘。辛未，降成都府爲益州。壬申，右僕射李昉以司空致仕。甲戌，詔利州、興元府、洋州、西縣民並給復一年。丙子，磔李順黨八人于鳳翔市。庚辰，初伏，帝親書綾扇賜近臣。

六月辛卯，詔赦李順脅從詿誤。是月，都城大疫，分遣醫官煮藥給病者。賊攻施州，指揮使黃希遜擊走之。戊戌，峽路行營破賊于廣安軍，又破賊張罕二萬衆于嘉陵江口，又破于合州西方溪，俘斬甚衆。戊申，以侍衞步軍都指揮使高瓊爲鎮州都部署。賊攻陵州，知州張旦擊破之。高麗遣使，以契丹來侵乞師。

秋七月辛亥朔，賊攻眉州，知州李簡等堅守踰月，賊引去。癸亥，置江、淮、兩浙發運使。丙寅，除兩浙諸州民錢俶日逋負。甲戌，置威塞軍。乙亥，李繼遷遣使來貢。

八月甲申，詔有司講求大射儀注。癸巳，以內班爲黃門。甲午，置宣政使，以宦者昭宣使王繼恩爲之。乙未，詔釋劍南、峽路諸州亡命。戊戌，以通遠軍復爲環州，置淸遠軍。庚子，大雨。貝州言驍捷卒劫庫兵爲亂，推都虞候趙咸雍爲帥，轉運使王嗣宗率屯兵擊敗之，擒咸雍，磔于市。辛丑，詔遣知益州張詠赴部，得便宜從事。癸卯，以參知政事趙昌言爲西川、峽路招安馬步軍都部署，尋詔昌言駐鳳翔，遣內侍押班衞紹欽往行營指揮軍事。峽路行營破賊帥張餘，復雲安軍。李繼遷使其弟奉表待罪。

九月庚戌朔，戶部尙書辛仲甫以太子少保致仕。甲寅，賜三司錢百萬，募能言司事之利便者，量事賞之，盡則再給以備賞。己未，罷諸州榷酤。改黃門院爲內侍省，以黃門班院爲內侍省內侍班院，入內黃門班院爲內侍省入內侍班院。辛酉，遣使分行宋、亳、陳、潁、泗、壽、鄧、蔡等州按行民田，被水及種蒔不及者並蠲其租。壬申，以襄王元侃爲開封尹，改封壽王。大赦，除十惡、故謀劫鬬殺、官吏犯正贓外，諸官先犯贓罪配隸禁錮者放還。乙亥，以左諫議大夫寇準參知政事。丁丑，以蜀部漸平，下詔罪己。戊寅，西川行營言衞紹欽破賊于學射山，別將楊瓊復蜀州，曹習等又破賊于安國鎭，誅其帥馬太保。

冬十月庚辰，詔釋殿前司逃軍親屬之禁錮者。西川行營指揮使張嶙殺其將王文壽以叛，遣使招撫其衆，遂共斬嶙首以降。乙未，楊瓊等復邛州。乙巳，改靑州平盧軍爲鎭海軍，杭州鎭海軍爲寧海軍。

十一月庚戌，遣使諭李繼遷，賜以器幣、茶藥、衣服。丙辰，賜近臣飛白書。庚申，詔：江南西路及荆湖南北路、嶺南溪洞接連，及蕃商、外國使誘子女出境者捕之。癸亥，賊攻眉州，崇儀使宿翰等擊敗之，斬其僞中書令吳蘊。丙寅，幸國子監，賜直講孫奭緋魚，因幸武成王廟，復幸國子監，令奭講尙書，賜以束帛。大寒，賜禁衞諸軍緡錢有差。

十二月戊寅朔，日當食，雲陰不見。辛巳，命樞密直學士張鑑、西京作坊副使馮守規安撫西川。丙戌，命諸王畋近郊。弛忠、靖二州刑徒。庚寅，宿翰等引兵趨嘉州，僞知州王文操以城降。乙未，祕書丞張樞坐知榮州降賊，棄市。辛丑，以三司兩京、十道復歸三部，各置使一員，每部置判官、推官、都監，分勾院爲三。

至道元年正月戊申朔，改元，赦京畿繫囚，流罪以下遞降一等，杖罪釋之。蠲諸州逋租，蠲陝西諸州去年秋稅之半。丙辰，詔作上清宮成。丁巳，涼州吐蕃當尊以良馬來獻。戊午，占城國王楊陀排遣使來貢。辛酉，上御乾元門觀燈。癸亥，契丹大將韓德威誘党項勒浪、嵬族自振武犯邊，永安節度使折御卿邀擊，敗之于子河汊，勒浪等乘亂反擊德威，遂殺其將突厥太尉、司徒、舍利等，獲吐渾首領一人，德威僅以身免。戊辰，以翰林學士錢若水爲右諫議大夫、同知樞密院事，樞密副使劉昌言罷爲給事中。以宣祖舊第作洞眞宮成。甲戌，李繼遷遣使以良馬、橐駝來貢。

二月甲申，命宰相禱雨。令川峽諸州瘞暴骸。戊戌，以旱慮囚，減流罪以下。丙午，雨。嘉州函賊帥張餘首送西川行營，餘黨悉平。蠲襄、唐、均、汝、隨、鄧、歸、峽等州去年逋租。振亳州、房州、光化軍饑，遣使貸之。

三月庚申，詔求直言。辛酉，以會州觀察使、知清遠軍田紹斌爲靈州兵馬都部署。己巳，廢邵武軍歸化縣金坑。

夏四月癸未，吏部尚書、平章事呂蒙正罷爲右僕射，以參知政事呂端爲戶部侍郎、平章事。宣徽北院使、知樞密院事柴禹錫罷爲鎭寧軍節度使，參知政事蘇易簡爲禮部侍郎，以翰林學士張洎爲給事中、參知政事。甲申，以宣徽北院使、同知樞密院事趙鎔知樞密院事。乙酉，契丹犯雄州，知州何承矩擊敗之，斬其鐵林大將一人。辛丑，遣使分決諸路刑獄，劫賊止誅首惡，降流罪以下一等。壬寅，慮囚。甲辰，大雨，雷電。開寶皇后宋氏崩。

六月乙酉，購求圖書。丙戌，遣使諭李繼遷，授以鄜州節度使，繼遷不奉詔。丁亥，以銀州左都押衙張浦爲銀青光祿大夫、檢校工部尙書、鄭州刺史、兼御史大夫，充本州團練使。己亥，許士庶工商服紫。是月，大熱，民有暍死者。

秋七月丙寅，除陳、許等九州及光化軍今年夏稅。

八月壬辰，詔立壽王元侃爲皇太子，改名恆，兼判開封府。大赦，文武常參官子爲父後見任官者，賜勳一轉。癸巳，以尙書左丞李至、禮部侍郎李沆並兼太子賓客。癸卯，禁西北緣邊諸州民與內屬戎人昏娶。

九月丙午，西南蕃牂牁諸蠻來貢，詔封西南蕃主龍漢璓爲歸化王。丁卯，御朝元殿册皇太子。庚午，淸遠軍言李繼遷入寇，率兵擊走之。

冬十月甲戌朔，皇太子讓宮僚稱臣，許之。乙丑，陝西轉運使鄭文寶坐撓邊，責授藍山縣令。

十一月己未，閱武便殿。是月，以峯州團練使上官正、右諫議大夫雷有終並爲西川招安使，召王繼恩歸闕。

十二月甲戌，羣臣奉表加上尊號曰法天崇道上聖至仁皇帝，凡五上，不許。契丹犯邊，折御卿率兵禦之，卒于師。斬馬步軍都軍頭孫贇于軍中。庚辰，新渾儀成。

二年春正月辛亥，祀天地于圜丘，大赦，中外文武加恩。丁卯，廢諸州司理判官。

二月壬申朔，司空致仕李昉薨。戊寅，以越王元份爲杭州大都督兼領越州，吳王元傑爲揚州大都督兼領壽州。己卯，以徐國公元偓爲洪州都督、鎮南軍節度使，涇國公元偁爲鄂州都督、武清軍節度使。庚辰，以御史中丞李昌齡爲給事中、參知政事。辛巳，以呂蒙正爲左僕射，宋琪爲右僕射。乙未，定任子官制。

三月丙寅，以京師旱，遣中使禱雨。戊辰，命宰臣祀郊廟、社稷，禱雨。

夏四月甲戌，命侍衛馬軍都指揮使李繼隆爲環、慶等州都部署，殿前都虞候范廷召副之，討李繼遷。

五月癸卯，李繼遷寇靈州。癸未，雨。

六月戊戌，黔州言蠻寇鹽井，巡檢使王惟節戰死。是月，亳州蝗。

秋七月己亥朔，命殿前都指揮使王超爲夏、綏、麟、府州都部署。庚子，詔作壽寧觀成。丙寅，給事中、參知政事寇準罷守本官。戊辰，蠲峽路諸州民去年逋租。是月，汴水決穀熟縣，許、宿、齊三州蝗抱草死。

閏月庚寅，詔江、浙、福建民負人錢沒入男女者還其家，敢匿者有罪。

八月辛丑，密州言蝗不爲災。

九月戊寅，右僕射宋琪薨。詔川峽諸州民家先藏兵器者，限百日悉送官，匿不以聞者斬。己卯，夏州、延州行營言破李繼遷於烏白池，獲未幕軍主、吃囉指揮使等二十七人，繼遷遁。甲申，會州觀察使、環慶副都部署田紹斌貶右監門衞率府副率，虢州安置。丙戌，秦、晉諸州地晝夜十二震。丙申，詔廢衢州治。

冬十月己未，詔以池州新鑄錢監爲永豐監。

十一月丁卯朔，增司天新曆爲一百二十甲子。戊寅，置簽署提點樞密、宣徽院諸房公事。辛卯，許州羣盜劫郾城縣居民，巡檢李昌習鬭死，都巡檢使王正襲擊之，獲賊首宋斌及餘黨，皆斬于市。甲午，禁淮南通行鹽稅。

十二月，命宰相以下百官詣諸寺觀禱雪。甲寅，雨雪。

大有年。是歲，處州稻再熟。

三年春正月丙子，以戶部侍郎溫仲舒、禮部侍郎王化基並參知政事，給事中李惟清同知樞密院事，參知政事張洎罷爲刑部侍郎。乙酉，孝章皇后陪葬永昌陵。辛卯，以侍衞馬步軍都虞候傅潛爲延州路都部署，殿前都虞候王昭遠爲靈州路都部署。

二月丙申朔，靈州行營破李繼遷。辛丑，帝不豫。甲辰，降京畿死罪囚，流以下釋之。

壬戌，大食、賓同隴國並來貢。

三月丁卯，占城國來貢。壬辰，不視朝。癸巳，追班于萬歲殿，宣詔令皇太子柩前卽位。是日崩，年五十九，在位二十二年，殯于殿之西階。羣臣上尊謚曰神功聖德文武皇帝，廟號太宗。十月己酉，葬永熙陵。

贊曰：帝沈謀英斷，慨然有削平天下之志。既卽大位，陳洪進、錢俶相繼納土。未幾，取太原，伐契丹，繼有交州、西夏之役。干戈不息，天災方行，俘馘日至，而民不知兵；水旱螟蝗，殆徧天下，而民不思亂。其故何也？帝以慈儉爲寶，服澣濯之衣，毀奇巧之器，却女樂之獻，悟畋遊之非。絕遠物，抑符瑞，閔農事，考治功。講學以求多聞，不罪狂悖以勸諫士，哀矜惻怛，勤以自勵，日晏忘食。至於欲自焚以答天譴，欲盡除天下之賦以紓民力，卒有五兵不試、禾稼荐登之效。是以青、齊耆耋之叟，願率子弟治道請登禪者，接踵而至。君子曰：「得乎丘民而爲天子」，帝之謂乎。故帝之功德，炳煥史牒，號稱賢君。若夫太祖之崩不踰年而改元，涪陵縣公之貶死，武功王之自殺，宋后之不成喪，則後世不能無議焉。

校勘記

〔一〕坊州獻一角獸　「坊」，原作「均」，據長編卷二六、太宗實錄卷三四改。

〔二〕殺其相賀斯　長編卷二七、太平治蹟統類卷三都作「殺奚宰相賀斯」。「其」疑「奚」字之誤。

〔三〕給事中許國公趙普守太保兼侍中　按長編卷二九記趙普原官職作「山南東道節度使兼侍中」，太宗實錄卷四三、宋大詔令集卷五一趙普昭文相制作「山南東道節度、襄州管內觀察處置等使、檢校太師兼侍中、許國公」，此處「給事中」三字誤。

〔四〕同知樞密院事溫仲舒　「同」字原脫，據上文淳化二年九月甲辰條、本書卷二一〇宰輔表、卷二六六本傳、長編卷三四補。

宋史卷六

本紀第六

眞宗一

眞宗應符稽古神功讓德文明武定章聖元孝皇帝，諱恆，太宗第三子也，母曰元德皇后李氏。初，乾德五年，五星從鎭星聚奎。明年正月，后夢以裾承日有娠，十二月二日生于開封府第，赤光照室，左足指有文成「天」字。

幼英睿，姿表特異，與諸王嬉戲，好作戰陣之狀，自稱元帥。太祖愛之，育於宮中。嘗登萬歲殿，升御榻坐，太祖大奇之，撫而問曰：「天子好作否？」對曰：「由天命耳。」比就學受經，一覽成誦。

初名德昌，太平興國八年，授檢校太保、同中書門下平章事，封韓王，改名元休。端拱元年，封襄王，改元侃。淳化五年九月，進封壽王，加檢校太傅、開封尹。至道元年八月，立爲皇太子，改今諱，仍判府事。

故事，殿廬幄次在宰相上，宮僚稱臣，皆推讓弗受。見賓客李至、李沆，必先拜，迎送降階及門。開封政務填委，帝留心獄訟，裁決輕重，靡不稱愜，故京獄屢空，太宗屢詔嘉美。

三年三月，太宗崩，奉遺制卽皇帝位於柩前。

夏四月乙未，尊皇后爲皇太后，赦天下，常赦所不原者咸除之。丙申，羣臣請聽政，表三上，從之。戊戌，始見羣臣于崇政殿西序，尋賜器幣。癸卯，門下侍郎兼兵部尚書、平章事呂端加右僕射；弟越王元份進封雍王，吳王元傑進封兗王，並兼中書令；徐國公元偓進封彭城郡王，涇國公元偁進封安定郡王，並同平章事；元儼封曹國公；姪閬州觀察使惟吉爲武信軍節度使；侍衞馬步軍都虞候傅潛、殿前都指揮使王超、侍衞馬軍都指揮使李繼隆、侍衞步軍都指揮使高瓊並領諸軍節度；駙馬都尉王承衍、石保吉、魏咸信並爲諸軍節度使。甲辰，宣徽北院使、知樞密院事趙鎔加南院使，左丞李至、禮部侍郎李沆並參知政事。丁未，中外羣臣進秩一等。罷鹽鐵、度支、戶部副使。癸丑，置鎭戎軍。乙卯，靜海軍節度使、交趾郡王黎桓加兼侍中，進封南平王。

五月丁卯，詔求直言。庚午，命兩制議豐盈之術以聞。甲戌，戶部侍郎、參知政事李昌齡責授忠武行軍司馬。甲申，放宮人給事歲久者。丙戌，以鎭安軍節度使李繼隆同平章事。封姊秦國、晉國二公主並爲長公主，齊國公主改許國長公主，妹宣慈、賢懿、壽昌、萬壽四公主並爲長公主。丁亥，立秦國夫人郭氏爲皇后。

六月乙未，以太宗墨蹟賜天下名山。戊戌，追復涪王廷美西京留守兼中書令、秦王，贈兄魏王德昭太傅，岐王德芳太保。己亥，上大行皇帝謚曰神功聖德文武皇帝，廟號太宗。辛丑，詔罷獻祥瑞。甲辰，復封兄元佐爲楚王。乙巳，追册莒國夫人潘氏爲皇后，謚莊懷。以工部侍郎、同知樞密院事錢若水爲集賢院學士。贈弟元億爲代國公。

秋七月乙丑，詔轉運使更迭赴闕，訪以民事。癸酉，詔訪孔子嫡孫。乙亥，以殿前都虞候范廷召領河西軍節度使，葛霸保順軍節度使，王漢忠威塞軍節度使，康保裔彰國軍節度使，王昭遠保靜軍節度使。甲申，以范廷召、葛霸爲定州、鎭州駐泊都部署，王漢忠爲高陽關行營都部署，康保裔爲幷、代州都部署。

八月丙申，罷鹽井役。己亥，以鎭海軍節度使曹彬爲樞密使，知樞密院事趙鎔爲壽州觀察使，同知樞密院事李惟清爲御史中丞，戶部侍郎向敏中、給事中夏侯嶠並爲樞密副使。庚子，命以十二月二日爲承天節。戊申，太白犯太微。己酉，封乳母齊國夫人劉氏爲秦國延壽保聖夫人。先是，帝以漢、唐封乳母爲夫人、縣君故事付中書，已乃有是命。戊午，熒惑入東井。庚申，西川廣武卒劉旴逐巡檢使韓景祐，掠蜀、漢等州，招安使上官正、鈐轄馬知節討平之。

九月丁丑，二星隕西南。戊寅，以孔子四十五世孫延世爲曲阜縣令，襲封文宣公。

冬十月，夏人寇靈州，合河都部署楊瓊擊走之。己酉，葬太宗于永熙陵。丁巳，賜山陵使而下銀帛有差。歲星入氐。

十一月甲子，祔太宗神主于太廟，以懿德皇后配，祔莊懷皇后於別廟。丙寅，詔兩京死罪以下遞減一等，緣山陵役民賜租有差。己巳，詔工部侍郎錢若水修太宗實錄。己卯，賜帛西鄙餫餉士卒。閱騎射，擢精銳者十人遷職。乙酉，廢理檢院。

十二月癸巳，承天節，羣臣上壽於崇德殿。丙申，追尊母賢妃李氏爲皇太后。辛丑，詔諸路轉運使申飭令長劭農。甲辰，以銀州觀察使趙保吉爲定難軍節度使。

咸平元年春正月辛酉，詔改元。丙寅，上皇太后李氏諡曰元德。丁丑，召學官崔頤正講書，因命宰臣選明經術者以聞。戊寅，閱御龍直。辛巳，僧你尾尼等自西天來朝，稱七年始達。甲申，彗出營室北。

二月癸巳，呂端等言彗出之應，當在齊、魯分。帝曰：「朕以天下爲憂，豈直一方耶？」

甲午，詔求直言，避殿減膳。乙未，慮囚，老幼疾病，流以下聽贖，杖以下釋之。丁酉，彗滅。

三月己巳，置太平州。壬申，賜進士孫僅等宴瓊林。辛巳，以趙保吉歸順，遣使諭陝西，縱綏、銀流民還鄉，家給米一斛。

夏四月，旱。壬辰，禱白鹿山。壬寅，趙保吉遣弟繼瑗入謝。己酉，遣使按天下吏民逋負悉除之。

五月戊午朔，日有食之。甲子，幸大相國寺祈雨，升殿而雨。

六月辛卯，詔近臣舉常參官才堪轉運使者。丙辰，以旱免開封、二十五州軍田租。

秋七月甲子，詔民供億山陵者賜租什二。己巳，詔沿淮諸州藏瘞遺骸。

八月癸卯，禁新小錢。己酉，幸諸王宮。

九月己巳，詔呂端、錢若水重修太祖實錄。壬申，賜終南隱士种放粟帛緡錢。己卯，以左衞上將軍張永德爲太子太師。

冬十月丙戌朔，日有食之。戊子，呂端爲太子太保，戶部尚書張齊賢、參知政事李沆並平章事，李至爲武勝軍節度使。己丑，參知政事溫仲舒罷爲禮部尚書，樞密副使夏侯嶠罷爲戶部侍郎、翰林侍讀學士〔一〕，以樞密副使向敏中爲兵部侍郎、參知政事，翰林學士楊礪、宋湜並爲樞密副使。丙午，許羣臣著述詣闕獻，令兩制銓簡。

十一月丙辰，龍鉢貢馬二千騎。甲子，詔葺歷代帝王陵廟。

十二月庚寅，幸許國長公主第視疾。癸卯，令三司判官舉才堪知州者各一人。

是歲，溪峒、吐蕃諸族、勒浪十六府大首領、甘州回鶻、西南蕃黎州山後蠻來貢。定州雹傷稼，遣使振恤，除是年租。

二年春正月甲子，詔：尙書丞、郎、給、舍，舉升朝官可守大郡者各一人。丙子，定諸司使以下至三班使臣有罪比品聽贖。

二月丙申，以趙普配饗太祖廟庭。詔羣臣迎養父母，蠲天下逋負，釋繫囚。己酉，戒百官比周奔競，有弗率者御史臺糾之。

三月丙辰，江、浙發廩振饑。戊辰，置荆湖南路轉運使。壬申，王漢忠爲涇、原、邠、寧、靈、環都部署。

閏月丁亥，以久不雨，帝諭宰相曰：「凡政有闕失，宜相規以道，毋惜直言。」詔天下繫囚非十惡、枉法及已殺人者，死以下減一等。幸許國長公主第視疾，又幸北宅視德愿疾。詔兩京諸路收瘞暴骸，營塞破塚。戊子，幸太一宮、天淸寺祈雨。己丑，上皇太后宮名曰萬安。庚寅，罷有司營繕之不急者。詔中外臣直言極諫。從弟德愿卒。壬辰，雨。辛丑，江南轉運使言宣、歙竹生米，民採食之。丙午，詔江、浙饑民入城池漁採勿禁。

夏四月丙寅，許國長公主薨。

五月丁亥，嚴服用之制。乙巳，幸曹彬第視疾。

六月丁巳，宰臣進重修太祖實錄。戊午，曹彬薨。庚辰，大食國遣使來貢。

七月甲申，以傅潛爲鎮、定、高陽關行營都部署，張昭允爲都鈐轄〔二〕。給外任官職田。己丑，以橫海軍節度使王顯爲樞密使。壬寅，製聖教序賜傳法院。甲辰，幸國子監，召學官崔偓佺講尚書大禹謨。還幸崇文院，賜秘書監、祭酒以下器幣。丙午，置翰林侍讀學士，以兵部侍郎楊徽之等爲之；置翰林侍講學士，以國子祭酒邢昺爲之。

八月辛亥，御文德殿，文武百官入閤。乙卯，羣臣上尊號曰崇文廣武聖明仁孝皇帝。丁巳，大宴崇德殿，始作樂。戊午，社宴近臣于中書。丙寅，大閱於東北郊。癸酉，楊礪卒。乙亥，以太師贈濟陽郡王曹彬配饗太祖廟庭，司空贈太尉中書令薛居正、忠武軍節度使贈中書令潘美、右僕射贈侍中石熙載配饗太宗廟庭。

九月庚辰朔，日有食之。戊子，召宗室宴射後苑。甲午，奉安太宗聖容於啓聖院新殿，帝拜而慟，左右皆掩泣。賜修殿內侍緡錢。癸卯，幸騏驥院，賜從官馬，還宴射後苑。鎮定都部署言敗契丹兵於廉良路，殺獲甚衆。

冬十月壬子，宜州執溪峒蠻酋三十餘人詣闕，詔釋其罪，遣還。癸丑，放澧州蠻界歸業民租。戊午，置福建路惠民倉。

十一月壬午，詔親王領大都督府〔三〕節鎮者勿兼長史。乙酉，饗太廟。丙戌，祀天地于圜丘，以太祖、太宗配，大赦天下，錄功臣子孫之無祿者。御朝元殿受尊號册。丁亥，賜羣臣帶服、鞍馬、器幣有差。庚寅，大宴含光殿。壬辰，張齊賢加門下侍郎，李沆加中書侍郎，中外臣悉加恩。甲午，以左神武軍大將軍德恭爲左衞大將軍，左衞大將軍德彝爲左神武軍大將軍。乙未，詔：幸河北，所次頓舍給用，毋泛及州縣。以周瑩爲駕前軍都部署，石保吉爲行營先鋒都部署。己亥，狩近郊。辛丑，賜京城父老衣帛。戊申，以魏咸信爲貝冀行營都部署。己酉，以李沆爲東京留守〔四〕。

十二月辛亥，賜近臣戎服廐馬。甲寅，駕發京師，次陳橋。王昭遠卒。戊午，駐蹕澶州。冀州言敗契丹兵於城南，殺千餘人，奪馬百餘匹。辛酉，宴從臣于行宮。以王超等督先鋒，仍示以陣圖，俾識部分。壬戌，賜近臣甲冑弓劍。幸浮橋，登臨河亭，賜澶州父老錦袍、茶帛。甲子，次大名，躬御鎧甲於中軍。契丹攻威虜軍，本軍擊敗之，殺其酋帥。府州言官軍入契丹五合川〔五〕，拔黃太尉砦，殲其衆，焚其車帳，獲馬牛萬計。丁卯，召見大名府父老，勞賜之。

是歲，沙州蕃族首領、邛部川蠻、西南蕃、占城、大食國來貢。江、浙、廣南、荆湖旱，嵐州春霜害稼，分使發粟振之。

三年春正月己卯朔，駐蹕大名府。詔并代都部署高瓊等分屯冀州、邢州。辛巳，臨視樞密副使宋湜疾。癸未，以葛霸爲貝冀、高陽關前軍行營都部署。萊州防禦使田紹斌凡十人以功進秩。契丹犯河間，高陽關都部署康保裔死之。乙酉，流忠武軍節度使傅潛于房州，都鈐轄張昭允于通州，並削奪官爵。丁亥，幸紫極宮，還登子城閱騎射。高陽關、貝冀路都部署范廷召等追契丹至莫州，斬首萬餘級。庚寅，赦河北及淄、齊州罪人，非持杖劫盜、謀故殺、枉法贓、十惡至死者並釋之。錄將吏死事者子孫，民被焚掠者復其租。罷緣邊二十三州軍榷酤。令諸州舉吏民有武藝及材力過人者。壬辰，宋湜卒。甲午，發大名府。益州軍變，害鈐轄符昭壽，逐知州牛冕等，推都虞候王均爲首作亂。詔戶部使雷有終爲瀘州觀察使〔六〕，帥師會李惠等討之，均閉城門固守。庚子，至自大名府。戊申，幸呂端第視疾。

二月庚申，宴含光殿。辛酉，詔：「近臣并知雜御史、尚書省五品及帶館閣三司職者，各舉升朝官有武幹堪邊任一人。」癸亥，以周瑩爲宣徽南院使，王繼英爲北院使，並知樞密院事；王旦爲給事中，同知樞密院事。乙丑，以王顯爲定州路行營都部署，王超爲鎭州路行營都部署。丁卯，益州王均開城僞遁，雷有終等入城爲所敗，退保漢州，李惠死之。戊辰，京畿旱，慮囚。癸酉，大雨。甲戌，置靜樂軍。丙子，賞花苑中，召從臣宴射。

三月戊寅朔，日有食之。甲午，御崇政殿試禮部貢舉人。

夏四月戊申朔，賜進士陳堯咨等袍笏。庚戌，呂端薨。甲寅，閱河北防城舉人康克勤等擊射。乙卯，葬元德皇太后。丁巳，以葛霸爲邠寧環慶都部署。壬申，前知益州牛冕、西川轉運使張適並削籍，冕流儋州，適爲連州參軍。

五月丁卯，詔天下死罪減一等，流以下釋之，十惡至死、謀故劫殺、坐贓枉法者論如律。幸玉津園觀刈麥。己丑，幸金明池觀水嬉，遂幸瓊林苑宴射。壬寅，御試河北舉人。

六月己未，太白晝見。丁卯，以向敏中爲河北、河東宣撫使，按巡郡國，存慰士民。河決鄆州，詔徙州城。

秋七月己亥，以翰林侍讀學士夏侯嶠、侍講邢昺爲江、浙巡撫使。

八月辛亥，京東水災，遣使安撫。

九月庚辰〔七〕，賜契丹降人蕭肯頭名懷忠，爲右領軍衞將軍、嚴州刺史；招鶻名從化，爲右監門衞將軍；虫哥名從順，爲千牛衞將軍。壬辰，幸大相國寺，遂宴射玉津園。壬寅，衞國公張永德薨。

冬十月甲辰，雷有終大敗賊黨，復益州，殺三千餘人。壬子，綿、漢都巡檢、澄州刺史張思鈞削籍流封州。乙卯，幸元份宮視疾。令諸州兼羣牧。己未，濱州防禦使王榮削籍流均州。己丑，雷有終追斬王均于富順監，禽其黨六千餘人。詔原川峽路繫囚雜犯死罪以下。雷有終等以功進秩有差。丙寅，以翰林學士王欽若、知制誥梁顥分爲川、峽安撫使。延州言破大盧、小盧等十族，獲人畜二十萬。

十一月甲戌，環慶副部署徐興削籍配郢州。乙亥，靈州副部署孫進責授復州團練副使。鄆州決河塞。戊寅，均畿內田稅。壬午，詔羣臣盡言無諱，常參官轉對如故事，未預次對者聽封事以聞。辛卯，日南至，御朝元殿受朝。丙申，張齊賢罷爲兵部尙書。

十二月戊申，狩近郊，以親獲禽獻太廟。甲寅，大宴含光殿。乙卯，幸元份宮視疾。丁巳，閱武藝，遂宴射苑中。庚申，罷京畿均田稅。育吾蕃部貢犛牛。甲子，契丹稅木監使黃顥等率屬內附，賜冠帶。丙寅，開封府奏獄空，詔嘉之。丁卯，詔河東、北緣邊吏民斬邊寇首一級支錢五千，禽者倍之，獲馬者給帛二十匹。

是歲，高麗、大食國、高州蠻來貢。畿內、江南、荆湖旱，果、閬州水，並振之。

四年春正月甲戌朔，詔天下繫囚死罪已下減一等，杖罪釋之。辛巳，幸范廷召第視疾。甲申，命樞密直學士馮拯、陳堯叟詳中外封事。詔應益州軍民因城亂殺傷劫盜，除官吏外皆釋不問。乙酉，命收瘞西川遺骸。丁亥，幸開寶寺，還御乾天門觀燈。庚子，謁啓聖院太宗神御殿。

二月丁未，祈雨。戊申，交州黎桓貢馴犀象。癸丑，決天下獄。丁巳，幸大相國寺、上清宮祈雨。戊午，雨，帝方臨軒決事，霑服不御蓋。壬戌，詔羣臣子弟奏補京官者試一經。甲子，釋逋負官物者二千六百餘人，蠲逋負物二百六十餘萬；已納而非理者以內府錢還之，沒者給其家。丙寅，詔學士、兩省御史臺五品、尚書省諸司四品以上，舉賢良方正直言敢諫一人。己巳，置永利監。

三月甲戌，撫水州蠻酋蒙瑛等來納兵器、毒藥箭，誓不復犯邊。乙亥，詔史館韓瑗等舉御史臺推勘官。丁丑，風雪，帝謂宰相曰：「霾曀頗甚，卿等思闕政，以佐予治。」李沆等乞免官，不許。辛巳，分川峽轉運使爲益、利、梓、夔四路。召終南隱士种放，辭疾不至。庚寅，左僕射呂蒙正、兵部侍郎向敏中並平章事，中書侍郎、平章事李沆加門下侍郎；高瓊爲殿前都指揮使，葛霸爲侍衞馬軍都指揮使，王漢忠爲殿前副都指揮使，並領節度。司天監進儀天曆。辛卯，以參知政事王化基爲工部尚書，同知樞密院事王旦爲工部侍郎、參知政事，樞密直學士馮拯、陳堯叟並爲右諫議大夫、同知樞密院事。

夏四月丙午，葛霸爲并代行營都部署。壬子，詔親老無兼侍者特與近任。回鶻可汗祿勝貢玉勒鞍、名馬、寶器，願以兵助討繼遷。丙辰，審官院引對京朝官，閱殿最而黜陟之。己未，以王欽若爲左諫議大夫、參知政事。庚申，幸元份宮視疾，遂幸諸王宮。辛未，御試制科舉人。

五月壬申朔，御乾元殿受朝。京畿繫囚罪流以下遞減一等，杖罪釋之。癸酉，以元儼爲平海軍節度使。甲申，工部侍郎致仕朱昂對便殿，賜器幣。戊子，亳州貢白兔，還之。乙未，大同軍留後桑贊爲侍衞步軍副都指揮使，領河西軍節度。

六月癸卯，有司言減天下冗吏凡十九萬五千餘人。丁巳，詔東川民田先爲江水所害者除其租。丁卯，詔州縣學校及聚徒講誦之所，並賜九經。戊申，出陣圖示宰相，命督將練士，以備北邊。

秋七月庚午，以河朔餽運勞民，詔轉運使減傜役存恤。己卯，邊臣言契丹謀入寇。以王顯爲鎭、定、高陽關三路都部署，王超爲副都部署，王漢忠爲都排陣使。

八月辛丑，張齊賢爲涇、原等州安撫經略使〔九〕。戊申，出環慶至靈州地圖險要示宰相，議戰守方略。己酉，御試制科舉人。壬子，幸開寶寺。又幸御龍營閱武藝，賜緡錢有差。

遂觀稼北郊，宴射於含芳園。丁卯，遣使巴蜀，廉察風俗、官吏能否。戊辰，社宴宰相於中書。

九月，慶州地震。李繼遷陷淸遠軍。

冬十月，曹璨以蕃兵邀李繼遷輜重於唐龍鎭。己未，張斌破契丹於長城口。

十一月壬申，知階州龐玭獻白鷹，還之。王顯奏破契丹，戮二萬人，獲統軍鐵林等。癸未，京城民獲金牌，有「趙爲君萬年」字。庚寅，畋近郊。甲午，龜茲國來貢。

十二月丁未，詔：蜀賊王均旣平，除追捕亡命，餘詿誤之民並釋不問。訛言動衆者有司斬以聞。丙寅，太白晝見南斗。丁卯，詔罷三路都部署兼河北轉運使。

閏月己巳，幸大相國寺。丁丑，邠寧副都部署楊瓊等七將流嶺南。戊寅，李繼遷蕃族訛遇等歸順。己卯，以兵部尚書張齊賢爲右僕射。壬午，靈州言河外砦主李瓊等以城降西夏。上念其力屈就禽，特釋其親屬。乙酉，李繼遷部族訛豬等率屬來附。庚寅，河北饑，蠲賦減役，發廩振之。

是歲，龜茲、丹眉流、宜高上溪撫水州蠻來貢。梓州水，遣使振恤。

五年春正月壬寅，李繼遷部將臥浪己等內附，給田宅。壬戌，環慶部署張凝襲諸蕃，焚族帳二百餘，斬首五千級，降九百餘人。

二月乙酉，詔邊士疾病戰沒者，冬春衣聽給其家。己丑，幸上清宮。以王漢忠爲邠寧環慶路都部署。

三月丁酉，李繼遷陷靈州，知州裴濟死之。庚戌，比部員外郎洪湛削籍流儋州，工部尚書趙昌言責授安遠軍司馬，知雜御史范正辭滁州團練副使。己未，御試禮部舉人。

夏四月壬申，詔陝西民輓送緣邊芻糧者，賜租之半。壬午，命三司歲較戶口。丙戌，賜深、霸九州民租有差。癸巳，復雄州榷場。

五月庚子，減河北冗官。壬寅，知榮州褚德臻坐盜取官銀棄市。癸卯，置憲州。代州進士李光輔善擊劍，詣闕，帝曰：「若獎用之，民悉好劍矣。」遣還。甲辰，詔申明內侍養一子制。乙巳，蠲天下逋負。丙午，以王顯爲河陽三城節度使。

六月癸酉，繼遷圍麟州，曹璨請濟師，詔發并、代、石、隰州兵援之。乙亥，以侍衞馬軍都虞候王超爲定州路駐泊行營都部署。己卯，以宣徽南院使、知樞密院事周瑩爲永淸軍節度使。己酉，詔益兵八千分屯環慶、涇原。知麟州衞居實言繼遷以衆二萬來攻，城兵出擊走之，殺傷過半。是月，都城大雨，壞廬舍，民有壓死者，振恤其家。

秋七月甲午朔，日有食之。戊戌，幸啓聖院、太平興國寺、上清宮致禱，雨霽，遂幸龍衞營視所壞垣室，勞賜有差。乙巳，召終南隱士种放。疏丁岡河。癸丑，詔許高州蠻田彥伊子承寶等入朝，賜器帛、冠帶。乙卯，募河北丁壯。壬戌，契丹大林砦使王昭敏等來降。戎人寇洪德砦，守將擊走之。癸亥，增川峽官奉錢。

八月，羣臣三表上尊號，不允。丙子，沙州曹宗壽遣使入貢，以宗壽爲歸義軍節度使。乙酉，石隰部署言河西蕃族拽浪南山等四百人來歸。

九月戊申，种放對于便殿，授左司諫、直昭文館。乙卯，賜种放第宅。

冬十月己巳，遣使齎藥賜鎮戎軍將士。戊寅，詔河西戎人歸順者，給內地閑田處之。又詔諸州長吏與佐職官同錄問大辟罪人。辛巳，涇原部署繫內屬蕃族數叛者九十一人，請誅之，詔釋其罪。丁亥，平章事向敏中罷爲戶部侍郎，右僕射張齊賢爲太常卿。庚寅，修豐州城。

十一月壬辰，詔麟州給復一年。甲午，六谷首領潘羅支等貢馬，第給其直。辛丑，享太廟。壬寅，祀天地于圜丘，大赦。丁未，白州民黃受百餘歲，賜粟帛。己酉，封子玄祐爲信國公。庚戌，呂蒙正加司空，李沆加右僕射，楚王元佐爲右羽林軍上將軍，雍王元份守太傅，兗王元傑守太保，曹國公元儼同平章事。

十二月壬午，賜京城百歲老人祝道嵓爵一級。癸未，遷麟州內屬人於樓煩。

是歲，河北、鄭曹滑州饑，振之。

校勘記

〔一〕樞密副使夏侯嶠罷爲戶部侍郎翰林侍讀學士　「翰林侍讀學士」六字疑衍。按翰林侍讀學士始置于咸平二年，見下文和本書卷一六二職官志、卷二九二本傳。

〔二〕張昭允爲都鈐轄　「都」字原脫，據下文三年正月乙酉條、本書卷二七九傅潛傳、長編卷四五補。

〔三〕大都督府　「督」字原脫，據長編卷四五補。

〔四〕以李沆爲東京留守　「東京」，原作「京東」，據長編卷四五改。

〔五〕五合川　原作「五合州」，據長編卷四五、契丹國志卷二改。

〔六〕瀘州觀察使　「瀘」，原作「盧」，據本書卷二七八雷有終傳、長編卷四六改。

〔七〕九月庚辰　「九月」二字原置下文「壬辰」前。按這年八月無庚辰，這裏的庚辰是九月六日；長編卷四七契丹諸降人授官事繫在九月庚辰，宋會要蕃夷一之二四繫在九月，「九月」二字應移在「庚辰」前。據改。

〔八〕涇原等州安撫經略使　「州」，原作「路」，據長編卷四九改。

宋史卷七

本紀第七

眞宗二

六年春二月戊寅，幸飛山雄武營，觀發機石、連弩，遂宴射潛龍園。己卯，以京東西、淮南水災，遣使振恤貧民，平決獄訟。幸北宅視德潤疾。庚辰，以西涼府六谷首領潘羅支爲朔方軍節度、靈州西面都巡檢使。甲申，封賢懿長公主爲鄭國長公主。蕃部葉市族囉埋等內附。己丑，德潤卒。庚寅，屯田員外郎盛梁坐受賕枉法，流崖州。

三月辛卯朔，欽州言交州八州使黃慶集等來歸。石、隰都巡檢使言綏州東山蕃部軍使拽臼等內屬。己酉，餞种放還山。乙卯，幸惟吉第視疾。戊午，幸元份宮視疾。

四月，李繼遷寇洪德砦，蕃官慶香、癿都慶等擊走之。以慶香等領刺史。契丹來侵，戰望都縣，副都部署王繼忠陷於敵，發河東廣銳兵赴援。辛巳，信國公玄祐薨。

五月甲午，太白晝見。辛亥，錄望都戰沒將士子孫。癸丑，鎮州副都部署李福坐望都之戰臨陣退衂，削籍流封州。京城疫，分遣內臣賜藥。

六月丁卯，詔命官流竄沒嶺南者，給緡錢歸葬。豐州瓦窰沒剺、如羅、昧克等族以兵濟河擊李繼遷，敗之。丁丑，隴山西首領禿逋等貢馬，願附大兵擊賊。丁亥，寇準爲三司使。復鹽鐵、度支、戶部副使。

秋七月癸丑，兗王元傑薨。

八月庚午，太白晝見。辛未，原、渭等州言西蕃八部二十五族納質來歸。丙子，詔環慶秋田經寇踐傷者，頃賜粟十五斛；民被掠者口賜米一斛。蠲棣州民租十之三。

九月己丑，蒲端國獻紅鸚鵡。丙申，出內府緡帛，市糓實邊。甲辰，以呂蒙正爲太子太師、萊國公。

十月丁丑，狐出皇城角樓，獲之。戊寅，給軍中傳信牌。

十一月癸巳，慮囚，雜犯死罪以下遞減一等，杖釋之。苦寒，令諸路休役兵。己亥，閱捧日軍士教三陣于崇政殿。壬寅，幸大相國寺。庚戌，雨木冰。甲寅，有星孛于井、鬼。

十二月庚申，遣使西北，勞賜將士。甲子，詔求直言。西面部署言李繼遷攻西涼，知府丁維淸沒焉。庚午，以李繼隆爲山南東道節度使。甲戌，萬安太后不豫，詔求良醫。戊寅，赦天下，死罪減一等，流以下釋之。

是歲，西涼府暨龍野馬族、三佛齊、大食國來貢。河北、興元府、遂鄆州大熟。

景德元年春正月丙戌朔，大赦，改元。丁亥，麟府路言契丹言涅族拔黃三百餘帳內屬。癸巳，幸天駟監，賜從官馬。丙申，京師地震。辛丑，詔：民間天象器物讖候禁書，並納所司焚之，匿不言者死。石、隰州言河西蕃部四十五族首領率屬內附。京師地再震。乙巳，廢高州。丁未，京師地復震。壬子，開定州河通漕。

二月，環慶部署言西涼府潘羅支集六谷蕃部合擊李繼遷敗之，繼遷中流矢死。羅支使來獻捷。戊寅，太常卿張齊賢爲兵部尚書。冀、益、黎、雅州地震。

三月，威虜軍守將破契丹於長城口，追北過陽山，斬獲甚衆。柳谷川蕃部入寇，麟府擊敗之，擒千餘人。己亥，皇太后崩。辛丑，羣臣三上表請聽政，不允。乙巳，李沆等詣宮門，見帝毀瘠過甚，退上五表求見，言西北軍事方殷，力請聽政，從之。麟府路言敗西人於神堆，破其砦栅。己酉，帝始於崇政殿西廡衰服慟哭見羣臣。

夏四月甲寅，上大行皇太后謚曰明德。羣臣三請御正殿，從之。丙辰，邢州地震不止。以溪蠻寧息，民多復業，蠲澧州石門縣租二年。丁卯，以隆暑，休北邊役兵。瀛州地震。

五月甲申，邢州地連震不止，賜民租之半。蒲端國遣使來貢。丁巳，詔：諸路轉運使代還日，在任興除利害、升黜能否，凡所經畫事悉條上以聞。

六月己未，幸北宅視德欽疾。洪德砦言繼遷部將都尾等率屬歸附。甲子，詔罷川峽、閩、廣州軍貢承天節，自今三千里外者罷之。鎮戎軍言敗戎人於石門川。庚午，德欽卒。洪德砦言蕃部羅泥天王本族諸首領各率屬歸附。趙保忠卒。壬午，暑甚，罷京城工役，遣使賜暍者藥。

秋七月癸未，班用兵誅賞格。丙戌，李沆薨。庚寅，以翰林侍讀學士畢士安爲吏部侍郎、參知政事〔一〕。庚子，益都民李仁美、國凝母皆百餘歲，詔賜粟帛。

八月，涇原部署言擊萬子軍主族帳，斬首二百餘級。己未，以畢士安、寇準並平章事，宣徽南院使王繼英爲樞密使，同知樞密院事馮拯、陳堯叟並簽署樞密院事。壬申，詔常參官二人共舉州縣官可任幕職者一人。丙子，以保平軍節度石保吉爲武寧軍節度、同平章事。庚辰，遣使廣南東、西路疏決繫囚，犒勞軍校父老，訪民間便宜。

九月癸未，罷北面齎御劍內臣，以劍屬主將。丙戌，令諸路轉運使考察官吏能否。己丑，詔翰林學士承旨宋白等舉文武官可任藩郡者各一人。丁酉，召宰相議親征。契丹耶律吳欲來降。宋州汴水決。乙巳，置祁州。河決澶州，遣使具舟濟民，給以糧餉。

閏月乙卯，詔河北吏民殺契丹者，所至援之，仍頒賞格。壬申，江南旱，遣使決獄，訪民疾苦，祠境內山川。癸酉，明德皇太后殯沙臺。北平砦、威虜軍合兵大破契丹。乙亥，參知政事王欽若判天雄軍府兼都部署。契丹統軍撻覽率衆攻威虜、順安軍，三路都部署擊敗之，斬偏將，獲其輜重。又攻北平砦及保州，復爲州、砦兵所敗。撻覽與契丹主及其母幷衆攻定州，宋兵拒於唐河，擊其游騎。契丹駐陽城淀，因王繼忠致書于莫州石普〔二〕以講和。丙子，以天雄軍都部署周瑩爲駕前貝冀路都部署，侍衞馬軍都指揮使葛霸爲駕前邢洺路都部署。己卯，高繼勳〔三〕率兵擊敗契丹數萬騎於岢嵐軍。

冬十月壬午，詔修葺歷代聖賢陵墓。癸未，麟府路率部兵入朔州，破大狼水砦。乙酉，令漕運所經州軍長吏兼蓋運事。戊子，祔明德皇后于太廟。庚寅，命張齊賢兼青、淄、濰安撫使，丁謂兼鄆、齊、濮安撫使。癸巳，幸故鄭國長公主第。乙未，詔王超等率兵赴行在。丁酉，詔魏能、張凝、田敏屯定州。癸卯，以厮鐸督爲朔方軍節度、靈州西面巡檢、西涼府六谷大首領。保莫州、威虜岢嵐軍及北平砦皆擊敗契丹。旣而王繼忠上言契丹請和，命閤門祇候曹利用往答之。丁未，以雍王元份爲東京留守。己酉，置龍圖閣待制。

十一月辛亥，太白晝見。乙卯，遣使撫河北。契丹攻瀛州，知州李延渥率兵敗之，殺傷十餘萬衆，遁去。官吏進秩、賜物有差。己未，遣使安撫河東諸州。契丹逼冀州，知州王嶼擊走之。甲子，校獵近郊。丙寅，遣使安集河北流民。戊辰，以山南東道節度、同平章事李繼隆〔四〕爲駕前東面排陣使，武寧軍節度、同平章事石保吉爲駕前西面排陣使。石州地震。庚午，車駕北巡。司天言：日抱珥，黃氣充塞，宜不戰而却。癸酉，駐蹕韋城縣。甲戌，寒甚，左右進貂帽毳裘，却之曰：「臣下皆苦寒，朕安用此。」王繼忠數馳奏請和，帝謂宰相曰：「繼忠言契丹請和，雖許之，然河冰已合，且其情多詐，不可不爲之備。」契丹兵至澶州北，直犯前軍西陣，其大帥撻覽耀兵出陣，俄中伏弩死。丙子，帝次澶州。渡河，幸北砦，御城北樓，召諸將撫慰。鄆州得契丹諜者，斬之。戊寅，曹利用使契丹還。

十二月庚辰朔，日有食之。契丹使韓杞來講和。辛巳，遣使安撫河北、京東。壬午，幸城南臨河亭，賜鑿凌軍綿襦。癸未，幸北砦，又幸李繼隆營，命從官將校飲，犒賜諸軍有差。詔諭兩京以將班師。甲申，契丹使姚東之來獻御衣食物。乙酉，御行營南樓觀河，遂宴從官及契丹使。丙戌，遣使撫諭懷、孟、澤、潞、鄭、滑等州，放強壯歸農。遣監西京左藏庫李繼昌使契丹定和，戒諸將勿出兵邀其歸路。丁亥，遣使安集河北流民，瘞暴骸。以閤門祗候曹利用爲東上閤門使、忠州刺史。戊子，幸北砦勞軍，召李繼隆、石保吉宴射行宮西亭。壬辰，赦河北諸州死罪以下，民經蹂踐者給復二年，死事官吏追錄子孫。癸巳，雍王元份疾，命參知政事王旦權東京留守。甲午，車駕發澶州，大寒，賜道傍貧民襦袴。乙未，契丹使丁振以誓書來。丁酉，契丹兵出塞。戊戌，至自澶州。己亥，幸雍王元份宮視疾。辛丑，錄契丹誓書頒河北、河東諸州。癸卯，遣使撫問河北東、西路官吏將卒，訪察功狀。甲辰，改威虜諸軍名。戊申，詔恤河北傷殘。

是歲，交州、西涼府、西高豐甘沙州、占城大食蒲端龜茲國來貢。江南東、西路饑，陝、濱、棣州蝗害稼，命使振之。

二年春正月庚戌朔，以契丹講和，大赦天下，非故鬬殺、放火、強盜、僞造符印、犯贓官典、十惡至死者，悉除之。壬子，放河北諸州強壯歸農，令有司市耕牛給之。癸丑，罷諸路行營，合鎭、定兩路都部署爲一。乙卯，罷北面部署、鈐轄、都監、使臣二百九十餘員。振河北饑。遣監察御史朱搏赴德清軍收瘞戰沒遺骸，致祭。罷江、淮、荆、浙增榷酤錢。丙辰，幸雍王元份宮視疾。甲子，詔淮南以上供軍儲振饑民。戊辰，以天平軍節度使王超爲崇信軍節度。省河北戍兵十之五，緣邊三之一。所在量軍儲饋給，勿調民飛輓。癸酉，幸李繼隆第視疾。京西民轉送軍儲者賜租十二。丁丑，詔河北轉運使察官屬不任職者以名聞。戊寅，取淮、楚間踏犂式頒之河朔。

二月嘉、邛州鑄大鐵錢。置霸州、安肅軍榷場。癸未，李繼隆卒。甲申，定入粟實邊授官等級。乙酉，遣使安撫交州。甲午，詔緣邊得契丹馬牛，悉縱還之；没蕃漢口歸業者，給資糧。弛邊民鐵禁。環州言戎人入寇，擊走之，俘其軍主。癸卯，遣太子中允孫僅等使契丹。丁未，呂蒙正對便殿。

三月甲寅，御試禮部貢舉人。戊午，鄭州防禦使魏能坐歸師不整，責授右羽林將軍。庚申，禁邊民入外境掠奪。

夏四月，賜進士李迪等瓊林宴。丁酉，樞密直學士劉師道責授忠武軍行軍司馬，右正言知制誥陳堯咨單州團練使，俱坐考試不公。己亥，葺河北城池。癸卯，置資政殿學士，以王欽若爲之。馮拯爲參知政事。甲辰，以寧國軍留後、駙馬都尉吳元扆爲武勝軍節度。戎人寇環州，擊敗之，執其酋慶𨝷，請戮之，詔釋其罪，配淮南。

五月戊申，幸國子監。丁巳，司天少監史序上乾坤寶典〔五〕。己未，幸元份宮視疾。庚申，御試河北舉人。丁卯，宴近臣于資政殿。餞种放游嵩山。癸酉，詔天下榷利勿增羨爲額。

六月丁丑，詔勸學。幸諸王宮。己卯，命法直官用士人。己丑，曹州民趙諫、趙諤以恐喝贓鉅萬伏誅。辛卯，以趙德明歸款，諭河西諸蕃各守疆界。高瓊求板本經史，詔給之。

秋七月庚戌，劉質進兵要論，召試中書。甲子，詔復賢良方正能直言極諫等六科。

八月戊寅，雍王元份薨。丙戌，有司上新定權衡法。遣內臣奉安太祖聖容於揚州建隆寺。丁亥，翰林學士晁迥先爲鄆王元份留守官屬，坐輔導無狀，責授右司郎中。辛丑，幸南宮及恭孝太子宮。有星孛于紫微。

九月丁未，以向敏中爲鄜延路都部署。庚戌，淮南旱，詔轉運使疏理繫囚。癸亥，三司上新編敕。羣臣三表上尊號，不允。庚午，幸興國寺傳法院觀新譯經。辛未，命近臣慮開封府繫囚。壬申，詔：荆湖溪峒民爲蠻人所掠而歸者，勿限年月，給還舊產。

冬十月庚辰，丁謂上景德農田編敕。乙酉，畢士安薨。丙戌，遣職方郎中韓國華等使契丹。

十一月戊申，詔翰林侍講學士邢昺等舉堪爲學官者十人。丙辰，享太廟。丁巳，祀天地于圜丘，大赦。庚申，大宴含光殿。癸亥，寇準加中書侍郎兼工部尚書，楚王元佐爲右衞上將軍，彭城郡王元偓進封寧王，安定郡王元偁進封舒王，曹國公元儼進封廣陵郡王，安定郡公惟吉加同平章事。癸酉，契丹使來賀承天節。

十二月辛巳，置資政殿大學士，以王欽若爲之。癸未，以高瓊爲忠武軍節度，葛霸爲昭德軍節度。對京畿父老於長春殿，賜帛有差。契丹遣使賀明年正旦。

是歲，夏州、西涼府、邛部川蠻來貢。淮南、兩浙、荆湖北路饑，京東蝻生，閩颶風不害稼，遣使分振。

三年春正月丁巳，親釋逋負繫囚。振畿縣貧民，收瘞遺骸。丁卯，詔緣邊歸業民給復三年。辛未，置常平倉。

二月甲戌，幸北宅省德恭疾。乙亥，詔京東西、淮南、河北振乏食客戶。己卯，謁明德皇后攢宮，賜守奉人緡帛。甲申，禁民開近陵域地。以宋州爲應天府。丁亥，王繼英卒。戊戌，以中書侍郎、兼工部尚書、平章事寇準爲刑部尚書，左丞、參知政事王旦爲工部尚書、平章事。己亥，王欽若、陳堯叟並知樞密院事。翰林學士趙安仁參知政事。樞密都承旨韓崇訓、馬知節並簽署樞密院事。

三月乙巳，客星出東南。辛亥，免隨州光化民貸糧。己未，詔儆諫臣悉心獻替。

夏四月癸酉，幸秦國長公主第。丙子，幸開寶寺，遂幸御龍直班院，觀教閱弓刀。又幸左騏驥院，賜從官馬、羣牧使等器幣。還幸崇文院觀圖籍，賜編修官金帛有差。己卯，置清平、宣化二軍。乙酉，置河北緣邊安撫使副、都監于雄州。壬辰，命使巡撫益、利、梓、夔、福建諸路，決獄及犒設將吏、父老。乙未，种放賜告歸終南山。己亥，遣使巡撫江、浙路。

五月壬寅，日當食不虧。周伯星見。辛亥，置京東五路巡檢。丁巳，幸北宅視德恭疾。

己未，德恭卒。西涼府厮鐸督部落多疾，賜以藥物。渭州妙娥族三千餘帳內附。復置高州。

六月丙子，羣臣固請聽樂，從之。詔三班考較使臣以七年爲限。知廣州凌策請發兵定交阯亂，帝以黎桓素修職貢，不欲伐喪，命遵前詔安撫。戊寅，罷兩川稅課金二分。乙未，汴水暴漲，賜役兵錢。丙申，遣使振應天府水災及瘞溺死者。

秋七月壬寅，減鄜延戍兵。乙巳，太白晝見。庚戌，詔渭州、鎭戎軍收獲蕃部牛送給內地耕民。壬子，賜廣南聖惠方，歲給錢五萬，市藥療病者。邵曄上邕州至交阯水陸路及控制宜州山川等圖，帝曰：「祖宗闢土廣大，唯當愼守，不必貪無用地，苦勞兵力。」甲子，大宴含光殿，始用樂。丙寅，大風，遣中使視稼。

八月甲戌，閱太常新集雅樂。丁丑，幸寶相院。戊寅，詔川峽戍兵二年者代之。庚辰，工部侍郎董儼坐躁競傾狡，責授山南東道行軍司馬。

九月甲寅，宴射含芳園。丙辰，御試賢良方正直言極諫科。壬戌，幸元偓宮視疾。甲子，置諸陵齋宮。乙丑，放西州納質人。夏州趙德明奉表歸款。

冬十月庚午，以趙德明爲定難軍節度兼侍中，封西平王。甲午，兩浙轉運使姚鉉坐不法除名，爲連州文學。丁酉，葬明德皇后。

十一月壬寅，周伯星再見。

十二月癸酉，太白晝見。戊寅，高瓊卒。乙酉，狩近郊，以親獲兔付有司薦廟。戊子，詔牛羊司畜有孳乳者放牧勿殺。辛卯，朝陵，緣路禁樂。壬辰，幸秦國長公主第，又幸北宅視德鈞疾。

是歲，西涼府龕谷十族、高溪州、風琶溪洞諸蠻酋來貢。京東西、河北、陝西饑，振之。博州蝝，不爲災。

四年春正月己亥朔，御朝元殿受朝。詔：京畿繫囚流以下減一等。甲辰，以陳堯叟爲東京留守。德鈞卒。乙巳，契丹使辭歸國。以丁謂爲隨駕三司使。己未，車駕發京師。庚申，次中牟縣，除逋負，釋繫囚，賜父老衣幣，所過如之。王顯卒。丙寅，次永安鎭。丁卯，帝素服詣諸陵。減西京及諸路繫囚罪，如己亥詔。置永安縣及三陵副使都監。

二月己巳，幸西京，經漢將軍紀信塚、司徒魯恭廟，贈信太尉、恭太師。命吏部尚書張齊賢祭周六廟。詔從官先塋在洛者賜告祭拜。癸酉，詔西京建太祖神御殿。置國子監、武成王廟。甲戌，幸上淸宮。詔賜酺三日。辛巳，錄唐白居易孫利用爲河南府助教。壬午，幸呂蒙正第。甲申，御五鳳樓觀酺，召父老五百人，賜飮樓下。丁亥，幸元偓宮。戊子，葺周六廟。加號列子。增封唐孝子潘良瑗及其子季通墓，仍禁樵採。庚寅，詔河南府置五代漢高祖廟。辛卯，車駕發西京。甲午，次鄭州，遣使祀中嶽及周嵩、懿二陵。丁酉，賜隱士楊璞繒帛。

三月己亥，至自西京。甲辰，謁啓聖院太宗神御殿。癸丑，趙德明遣使來謝廩給，因貢駝馬，優賜答之。丁巳，詔天下收瘞遺骸，致祭。庚申，蠲河南府倉庫吏逋負芻糧緡帛四十五萬。

夏四月癸酉，詔嶺南官除赴以時，以避炎瘴。辛巳，皇后郭氏崩。甲午，詔榷酤不得增課。

五月丙申朔，日有食之。辛亥，有司上大行皇后謚曰莊穆。減并、代戍兵屯河東，以省饋運。戊午，幸元偁宮視疾。兗州增二千戶守孔子墳。

閏月戊辰，減劍、隴等三十九州軍歲貢物，夔、賀等二十七州軍悉罷之。己巳，幸秦國長公主第省疾。壬申，御試制科舉人。丙戌，詔張齊賢等各舉供奉官、侍禁、殿直有謀略武幹知邊事者二人。癸巳，詔：開封府斷獄，雖被旨仍覆奏。

六月，盛暑，減京城役工日課之半。丁未，令翰林講讀、樞密直學士各舉常參官一人充御史。司天監言五星聚而伏於鶉火。乙卯，葬莊穆皇后。

秋七月丁卯，莊穆皇后祔別廟。庚午，置靈臺令〔六〕。壬申，增置開封府判官、推官各一員。甲戌，宜州兵亂，軍校陳進殺知州劉永規等，劫判官盧成均爲首。詔閤門使曹利用等討之。乙亥，交州來貢，賜黎龍廷九經及佛氏書。辛巳，以龍廷爲靜海軍節度、交阯郡王，賜名至忠。癸巳，復置諸路提點刑獄。

八月壬寅，幸大相國寺，遂幸崇文院觀書，賜修書官器幣。又幸內藏庫。丁未，中書門下言莊穆皇后祥除已久，秋宴請舉樂，不允。己酉，頒宜州立功將士賞格。益州地震。辛亥，賜文宣王四十六世孫聖佑同學究出身。壬子，邢昺加工部尚書。中書門下再表請秋宴聽樂，又不允。丙辰，涇原路言瓦亭砦地震。丁巳，詔王旦、楊億等修太祖、太宗史。置龍圖閣直學士，以右諫議大夫杜鎬爲之。丁謂上景德會計錄。

九月己巳，賜交阯郡王印及安南旌節。壬申，賜畿縣聖惠方。丁亥，幸舒王宮視疾。辛卯，賜監修國史王旦宴。壬辰，日上有五色雲。

冬十月甲午朔，日當食，雲陰不見。曹利用破賊於象州，擒盧成均，斬陳進。優賜將士，利用等進秩賜物有差。乙巳，頒考試進士新格。祠祭置監祭使二員，以御史充。詔翰林學士晁迥等舉常參官可知大藩者二人。丁未，升象州爲防禦。甲寅，詔：「宜柳象州、懷遠軍死罪以下，非十惡、謀故鬭殺、官吏犯枉法贓者，並原之。廣南東、西路雜犯死罪以下遞減一等，脅從受署者勿理。蠲宜柳象州、懷遠軍丁錢及夏秋租，桂、昭州秋租。」乙卯，毀諸道官司非法訊囚之具。

十一月戊辰，日南至，御朝元殿受朝。曹利用等言招安賊黨，其饋賊食物者，請追捕減死論，詔釋不問。

十二月己亥，賜近臣、契丹錦綺綾縠等物。癸卯，廢兗州鐵冶。己未，甘州僧翟大秦等獻馬，給其直。

是歲，河西六谷、夏州、沙州、大食、占城、蒲端國、西南蕃溪峒蠻來貢。雄州、安肅、廣信饑。宛丘、東阿、須城縣蝗，不爲災。諸路豐稔，淮、蔡間麥斗十錢，粳米斛二百。

大中祥符元年春正月乙丑，有黃帛曳左承天門南鴟尾上，守門卒塗榮告，有司以聞。上召羣臣拜迎于朝元殿啓封，號稱天書。丁卯，紫雲見，如龍鳳覆宮殿。戊辰，大赦，改元，羣臣加恩，賜京師酺。幽州旱，求市麥種；夏州饑，請易粟，並許之。己巳，詔：黎、雅、維、茂四州官以瘴地二年一代。甲戌，大雪，停汴口、蔡河夫役。戊寅，蠲畿內貸糧。己卯，詔以天書之應，申儆在位。乙酉，制加交阯郡王黎至忠功臣食邑。

二月壬辰，御乾元門觀酺，賜父老千五百人衣服、茶絲。丁酉，分遣中使六人錫邊臣晏。丙午，申明非命服勿服銷金，及不許以金銀爲箔之制。

三月甲戌，兗州父老千二百人詣闕請封禪；丁卯，兗州并諸路進士等八百四十人詣闕請封禪；壬午，文武官、將校、蠻夷、耆壽、僧道二萬四千三百七十餘人詣闕請封禪：不允。自是表凡五上。

夏四月甲午，詔以十月有事于泰山，遣官告天地、宗廟、嶽瀆諸祠。乙未，以知樞密院事王欽若、參知政事趙安仁爲泰山封禪經度制置使。丙申，以王旦爲封禪大禮使，馮拯、陳堯叟分掌禮儀使。庚子，幸元偁宮視疾。壬寅，御試禮部貢舉人。丙午，作昭應宮。戊申，幸秦國長公主第省疾。又幸晉國、魯國長公主第，並賜白金千兩，綵二千匹。曹濟州、廣濟軍耆老二千二百人詣闕請臨幸。

五月壬戌，王欽若言泰山醴泉出，錫山蒼龍見。丙子，詔瘞汴、蔡、廣濟河流尸暴骸，仍致祭。丁丑，幸南宮視惟能疾。壬午，詔緣路行宮舊屋止加塗塈，毋別創。癸未，置天書儀衞使副、扶侍使都監、夾侍，凡有大禮卽命之。詔離京至封禪以前不舉樂，所經州縣勿以聲伎來迓。甲申，放後宮一百二十人。戊子，詔：除乘輿供帳，存於禮文者如舊，自今宮禁中外進奉物，勿以銷金文繡爲飾。

六月乙未，天書再降于泰山醴泉北。丁酉，詔宮苑皇親臣庶第宅飾以五綵，及用羅製

孝皇帝。

庚戌，曲赦兗州繫囚流罪以下。辛亥，羣臣表上尊號曰崇文廣武儀天尊道寶應章感聖明仁

幡勝、繒帛爲假花者，並禁之。壬寅，迎泰山天書於含芳園，雲五色見，俄黃氣如鳳駐殿上。

秋七月庚申，太白晝見。丙寅，詔：諸州市上供物，非土地所宜者罷之。

八月己丑，上太祖尊謚曰啓運立極英武聖文神德玄功大孝皇帝，太宗曰至仁應道神功聖德文武大明廣孝皇帝。庚寅，詔東封道路軍馬毋犯民稼，開封府毋治道役民。庚子，置河東緣邊安撫司。乙巳，黔州言磨嵯、洛浦蠻首領龔行滿等率族二千三百人內附。己酉，王欽若獻芝草八千餘本。

九月戊午，令有司勿奏大辟案。岳州進三脊茅。庚申，以向敏中權東京留守。甲子，奉天書告太廟，悉陳諸州所上芝草、嘉禾、瑞木於仗內。戊辰，幸元偓宮視疾。壬申，知晉州齊化基坐貪暴削籍，流崖州。乙亥，幸潛龍園宴射。丁丑，幸惟吉宮視疾。戊寅，西京諸州民以車駕東巡貢獻，召對勞賜之。己卯，以馬知節爲行宮都部署〔七〕。庚辰，趙安仁獻五色金玉丹、紫芝八千七百餘本。乙酉，親習封禪儀于崇德殿。

冬十月戊子，上御蔬食。庚寅，以巡幸置考制度使、副，凡巡幸則命之。是夕，五星順行同色。辛卯，車駕發京師，扶侍使奉天書先道。丙申，次澶州，宴周瑩于行宮。戊戌，許、

鄆、齊等州長吏赴泰山陪位。辛丑，駐蹕鄆州，神光起昊天玉册上。甲辰，詔扈從人毋壞民舍、什器、樹木。丁未，法駕入乾封縣〔八〕奉高宮。戊申，王欽若等獻泰山芝草三萬八千餘本。己酉，五色雲起嶽頂。庚戌，法駕臨山門，黃雲覆輦，道經險峻，降輦步進。先夕大風，至是頓息。辛亥，享昊天上帝於圜臺，陳天書於左，以太祖、太宗配。帝衮冕奠獻，慶雲繞壇，月有黃光；命羣臣享五方帝諸神於山下封祀壇，上下傳呼萬歲，振動山谷。降谷口，日有冠戴，黃氣紛郁。壬子，禪社首，如封祀儀。紫氣下覆，黃光如星繞天書匣。縱四方所獻珍禽奇獸。還奉高宮，日重輪，五色雲見。作會眞宮。癸丑，御朝覲壇之壽昌殿，受羣臣朝賀。大赦天下，常赦所不原者咸赦除之。文武並進秩。賜致仕官本品全奉一季，京朝官衣緋綠十五年者改賜服色。令開封府及所過州軍考送服勤詞學、經明行修舉人，其懷材抱器淪於下位，及高年不仕德行可稱者，所在以聞。三班使臣經五年者與考課。兩浙錢氏、泉州陳氏近親，蜀孟氏、湖南馬氏、荆南高氏、廣南河東劉氏子孫未食祿者，聽敍用。賜天下酺三日。改乾封縣爲奉符縣。泰山七里內禁樵採。大宴穆淸殿。又宴近臣、泰山父老於殿門，賜父老時服、茶帛。甲寅，復常膳。次太平驛，賜從官辟寒丸、花茸袍。丙辰，次兗州，以州爲大都督府。

十一月戊午，幸曲阜縣，謁文宣王廟，鞾袍再拜。幸叔梁紇堂。近臣分奠七十二弟子。

遂幸孔林，加謚孔子曰玄聖文宣王，遣官祭以太牢，給近便十戶奉塋廟，賜其家錢三十萬，帛三百匹。以四十六世孫聖佑爲奉禮郎，近屬授官、賜出身者六人。追謚齊太公曰昭烈武成王，令靑州立廟；周文公曰文憲王，曲阜縣立廟。辛酉，賜諸蕃使袍笏。壬戌，次中都縣〔九〕，幸廣相寺。癸亥，次鄆州，幸開元寺。丁卯，賜曲阜孔子廟經史。辛未，幸河瀆廟，加封。癸酉，曲宴永淸軍節度使周瑩，賜兵士緡錢。丁丑，帝至自泰山，奉天書還宮。壬午，詔以正月三日爲天慶節。甲申，命王旦奉上太祖、太宗謚册，親享太廟。乙酉，大宴含光殿。

十二月辛卯，御乾元殿受尊號。庚子，葛霸卒。辛丑，王旦加中書侍郎兼刑部尚書；楚王元佐加太傅；寧王元偓爲護國軍節度〔一〇〕，舒王元偁爲平江、鎭江軍節度，並兼侍中；廣陵郡王元儼進封榮王；安定郡公惟吉爲威德軍節度，餘進秩有差。癸卯，幸上淸宮、景德開寶寺。王欽若加禮部尚書。甲辰，張齊賢爲右僕射，溫仲舒、寇準並爲戶部尚書，王化基、邢昺、郭贄並爲禮部尚書。詔：天下宮觀陵廟，名在地志，功及生民者，並加崇飾。戊申，以德雍、德文、德存、惟正、惟忠、惟敍、惟和、惟憲並領諸州刺史，允升、允言、允成、允寧、允中並爲各衞將軍。庚戌，幸元偁宮視疾。又幸元偓宮。辛亥，交阯郡王黎至忠加同平章事。壬子，幸元偁宮。契丹使上將軍蕭智可等來賀。

是歲，西涼府、甘州、三佛齊、大食國、西南蕃等來賀封禪。諸路言歲稔，米斗七八錢。

二年春正月癸亥，以封禪慶成，賜宗室、輔臣襲衣、金帶、器幣。乙丑，置內殿承制。戊辰，詔：「誘人子弟析家產，或潛舉息錢，輒壞墳域者，令所在擒捕流配。」庚午，詔：「讀非聖之書及屬辭浮靡者，皆嚴譴之。已鏤板文集，令轉運司擇官看詳，可者錄奏。」乙酉，以陝西民饑，遣使巡撫。

二月己丑，改定入內內侍省內侍名職。壬辰，詔立曲阜縣孔子廟學舍。乙未，賜撫州高年黃泰粟帛。甲辰，蠲同、華民租。乙巳，幸大相國等寺、上清宮祈雨。戊申，遣使祠太一，祀玄冥。己酉，雨。癸丑，禁毀金寶塑浮屠像。甲寅，以丁謂爲三司使。

三月丙辰，日當食，陰晦不見。辛未，賜京城酺。己卯，左屯衞將軍允言坐稱疾不朝，降太子左衞率。

夏四月戊子，昇州火，遣御史訪民疾苦，蠲被火屋稅。己丑，餞种放還山。乙未，河北旱，遣使祠北岳。己亥，以丁謂爲修昭應宮使。壬寅，詔禁中外羣臣非休暇無得羣飲廢職。詔醫官院處方幷藥賜河北避疫邊民。丙午，試服勤詞學、經明行修國監生。丁未，振陝西民饑。

五月乙卯，追封孔子弟子七十二人。罷韶州獻頻婆菓。丁卯，遣使陝西決獄，流罪以下減一等，死罪情可憫者上請。庚辰，陝西旱，遣使禱太平宮、后土、西嶽、河瀆諸祠。代州地震。

六月乙酉，頒幕職、州縣官招集戶口賞條。甲午，幸昭應宮，賜修宮使器幣。辛卯，保州增屯田務兵三百人。戊戌，麟府言社慶族依唐龍鎭爲援，數擾別部，請出兵襲之。帝曰：「均吾民也。」不許。壬寅，詔量留五坊鷹鶻，備諸王從時展禮，餘悉縱之。罷邕、宜州歲貢藥箭。庚戌，御試東封路服勤詞學、經明行修貢舉梁固等九十二人。

秋七月甲寅，詔張齊賢等各舉才堪御史者一人。丁巳，置糾察在京刑獄司。辛酉，復以萬安宮爲滋福殿。己巳，幸惟吉宮視疾。辛未，以昭應宮爲玉淸昭應宮。乙亥，蠲京東徐、濟七州水災田租。戊寅，詔孔子廟配享魯史左丘明等十九人加封爵。庚辰，蠲天下封禪赦前逋負千二百六十六萬緡。

八月丙戌，京東惠民河溢，居民避水所過津渡，戒有司勿算。甲辰，西南蕃龍漢璓來貢，賀東封，加漢璓寧德大將軍。

九月戊午，賜秦州被水民粟人一斛。壬戌，合鎭、定部署爲一。甲子，浚汴口。命工部侍郎馮起爲契丹國信使。乙丑，幸潛龍園宴射。甲戌，遣使賜戎、瀘軍民辟瘴藥。乙亥，無爲軍言大風拔木，壞城門、營壘、民舍，壓溺者千餘人。詔內臣恤視，蠲來年租，收瘞死者，家賜米一斛。丁丑，發官廩振鳳州水災。

冬十月癸未，優賞寧朔軍士。戊子，詔江、浙運糧兵卒經冬停役兩月。甲午，詔天下置天慶觀。甲辰，兗州霖雨害稼，振恤其民。

十一月丙辰，作文武七條戒官吏。甲子，詔：諸路官吏蠹政害民，轉運使、提點刑獄官不舉察者坐之。癸酉，蕃部阿黎等來朝貢，授阿黎懷化司戈。

十二月辛巳，詔：晉國大長公主喪，罷承天節上壽及明年元日朝會。交州黎至忠貢馴犀。乙未，幸惟吉宮視疾。辛丑，丁謂上封禪朝覲祥瑞圖，劉承珪上天書儀仗圖。甲辰，幸惟吉宮視疾。契丹國母蕭氏卒，輟視朝。

是歲，于闐、西涼府、西南蕃羅崮州蠻來貢。雄州蟲食苗即死，遣使振恤。

三年春正月丁巳，賜建安軍父老江禹錫粟帛。

二月乙酉，丁謂請承天節禁屠宰刑罰，從之。癸巳，交州黎至忠卒，大校李公蘊自稱留後。己亥，禁方春射獵，每歲春夏所在長吏申明之。辛丑，以張齊賢判河陽。

閏月辛亥，帝御文德殿，羣臣入閤。甲寅，冬官正韓顯符上新造銅候儀。乙卯，詔轉運司貸恤黎州夷人。丁卯，幸開封府射堂宴射，賜開封府將吏器幣。戊辰，詔：「東京畿內死罪以下遞減一等。將吏逮事太宗藩府者並賜予。赤縣父老本府宴犒，年九十者授攝官，賜粟帛終身；八十者爵一級。」甲戌，以射堂爲繼照堂。丁丑，召宰臣於宜聖殿，謁太宗聖容、玉皇像。戊寅，幸韓國長公主第視疾。

三月壬辰，以權靜海軍留後李公蘊爲靜海軍節度，封交阯郡王，賜衣帶器幣。丙申，幸石保吉第視疾。辛丑，詔戎、瀘州給復一年，艱食者振之。

夏四月辛亥，左屯衞將軍允言坐狂率責授太子左衞副率。壬子，石保吉卒。乙卯，陝西民疫，遣使齎藥賜之。丁巳，詔中書以五月一日進中外文武升朝官及奉使歲舉官名籍。辛酉，賜泰山隱士秦辨號貞素先生，放還山。甲子，契丹國母葬，廢朝，禁邊城樂。甲戌，加王旦兵部尚書，知樞密院事王欽若戶部尚書，陳堯叟工部尚書。

五月己卯，幸惟吉宮視疾。壬午，以西涼府覓諾族瘴疫，賜藥。丙戌，惟吉卒。辛丑，京師大雨，平地數尺，壞廬舍，民有壓死者，賜布帛。

六月庚戌，邊臣言契丹饑，來市糴，詔雄州糴粟二萬石振之。河中府父老千餘人請祀后土，不許。丙辰，頒天下釋奠先聖廟儀幷祭器圖。詔：前歲陝西民飢，有鬻子者，官爲購贖還其家。壬戌，幸邢昺第視疾，賜金帛。乙丑，幸元偁宮視疾。

秋七月丙申，温仲舒卒。己亥，以右丞向敏中爲工部尚書、資政殿大學士。置龍圖閣學士，以直學士杜鎬爲之。詔南宮北宅大將軍以下，各勤講肄，諸子十歲以上並受經學書，勿令廢惰。辛丑，文武官、將校等三上表請祠汾陰后土。

八月丁未朔，詔：明年春有事于汾陰，州府長吏勿以修貢助祭煩民。戊申，陳堯叟爲祀汾陰經度制置使。己酉，王旦爲祀汾陰大禮使，王欽若爲禮儀使。庚戌，詔汾陰路禁弋獵，不得侵占民田，如東封之制。辛亥，以江南旱，詔轉運使決獄。壬子，幸元偁宮視疾。昇、洪、潤州屢火，遣使存撫，祠境內山川。戊午，賜占城國主馬及器甲。庚申，幸天駟監，賜從官馬。解州池鹽不種自生。辛酉，給鄆州牧馬草地還民。甲子，罷江、淮和糴，所在繫囚遞減一等，盜穀食者量行論決。丁卯，羣臣五表上尊號，不許。戊辰，詔昇、洪、揚、廬州長吏兼安撫使。甲戌，以澄州團練使朱能爲左龍武軍大將軍。乙亥，河中府父老千七百人來迎，上勞問之，賜以緡帛。

九月癸未，賜錢三十萬給故盧多遜子葬其父母。丁亥，作宗室座右銘賜諸王。華州言父老二千餘人請幸西嶽。癸巳，杖殺入內高品江守恩於鄭州，知州俞獻卿坐論救削一任。乙未，幸崇眞資聖院視吳國長公主疾。甲辰，內出綏撫十六條頒江、淮南安撫使。

冬十月辛亥，契丹使耶律寧告征高麗。河中民獲靈寶眞文。庚申，丁謂等上大中祥符封禪記。十一月庚寅，遣內臣奉安宣祖、太祖聖容於二陵。乙未，甘州回鶻來貢。己亥，幸太一宮。陝州黃河清。

十二月，陝州黃河再清。庚戌，集賢校理晏殊獻河清頌。癸丑，詔天下貧民及漁採者過津渡勿算。乙卯，告太廟。詔自今謁廟入東偏門。以資政殿大學士向敏中權東京留守。丁巳，翰林學士李宗諤等上諸道圖經。辛酉，謁玉清昭應宮。丙寅，詔沙門島流人特給口糧。己巳，作奉天庇民述示宰相。禁扈從人燔道路草木。辛未，以太宗御書賜交州李公蘊。

是歲，龜茲、占城、交州來貢。陝西飢。江、淮南旱。

校勘記

〔一〕以翰林侍讀學士畢士安爲吏部侍郎參知政事　「侍讀」二字原脫，據本書卷二一〇宰輔表、卷二八一本傳補。

〔二〕莫州石普　「莫州」，原作「漠州」，據本書卷三二四石普傳、長編卷五七改。

〔三〕高繼勳　原作「高繼祖」，據本書卷二八九高繼勳傳、長編卷五七改。

〔四〕李繼隆　原作「李建隆」，據長編卷五八、宋會要兵七之一三改。下文皆作「李繼隆」。

〔五〕乾坤寶典　「坤」，原作「元」，據本書卷二〇六藝文志、長編卷六〇改。

〔六〕靈臺令　長編卷六六、宋會要禮三七之二九都作「陵臺令」。「陵臺令」又見宋會要禮三七之二七、三九之五，當以「陵臺令」爲是。

〔七〕行宮都部署　「行宮」，原作「行營」，據長編卷七〇及下文「宴周瑩于行宮」改。

〔八〕乾封縣　原作「乾符縣」，據本書卷一〇四禮志、長編卷七〇改。

〔九〕中都縣　原作「東都縣」，據本書卷八五地理志、長編卷七〇改。

〔一〇〕護國軍節度　長編卷七〇、宋會要帝系一之三一作「護國鎮國節度使」。

宋史卷八

本紀第八

眞宗三

四年春正月辛巳，詔執事汾陰懈怠者，罪勿原。乙酉，習祀后土儀。丁亥，將祀汾陰，謁啓聖院太宗神御殿、普安院元德皇后聖容。丙申，詔以六月六日天書再降日爲天貺節。丁酉，奉天書發京師。日上有黃氣如匹素，五色雲如蓋，紫氣翼仗。庚子，右僕射、判河陽張齊賢見于汜水頓。陳堯叟獻白鹿。辛丑，陳幄殿於訾村，望拜諸陵。甲辰，至慈澗頓，賜道傍耕民茶荈。

二月戊申，賜扈駕諸軍緡錢。華州獻芝草。東京獄空。壬子，出潼關，渡渭河，遣近臣祠西嶽。癸丑，次河中府。丁巳，黃雲隨天書輦。次寶鼎縣奉祇宮。戊午，登後圃延慶亭。己未，瀵泉〔一〕湧，有光如燭。辛酉，祀后土地祇。是夜，月重輪，還奉祇宮，紫氣四塞，幸開元寺，作大寧宮。壬戌，甘州回鶻、蒲端、三麻蘭、勿巡、蒲婆、大食國、吐蕃諸族來貢。大赦天下，常赦不原者咸赦除之。文武官並遷秩，該敍封欲回授祖父母者聽；四品以上，迨事太祖、太宗潛藩或嘗更邊任家無食祿者，錄其子孫。建寶鼎縣爲慶成軍。建隆佐命及公王將相丘冢，所在致祭。給西京分司官實奉三分之一。令法官愼刑名，有情輕法重者以聞。賜天下酺三日。大宴羣臣於穆清殿，賜父老酒食衣幣。作汾陰配饗銘、河瀆四海贊。召草澤李瀆、劉巽，瀆以疾辭，授巽大理評事。乙丑，觀酺。加號西嶽。詔葺夷、齊祠。丁卯，賜寧王元偓服帶鞍馬有加。乙巳，次華州，幸雲臺觀。庚午，宴宣澤亭，紫雲如龍，起嶽上。召見隱士鄭隱、李寧，賜茶果束帛。辛未，次閿鄉縣，召見道士柴又玄，問以無爲之要。壬申，宴虢州父老于湖城行宮。

三月甲戌，次陜州，召草澤魏野，辭疾不至。乙亥，賜運船卒時服。己卯，次西京。庚辰，罷河北緣邊工役。壬午，幸上淸宮。甲申，幸崇法院，移幸呂蒙正第，賜服御金幣。丙戌，大宴大明殿。丁亥，詔葺所經歷代帝王祠廟。己丑，御五鳳樓觀酺。壬辰，詔朝陵自西京至鞏縣不舉樂。癸巳，禁扈從人踐田稼。甲午，發西京。丙申，謁安陵、永昌諸陵。壬寅，幸列子廟，表潘孝子墓。

夏四月甲辰朔，上至自汾陰。壬子，幸元偁宮視疾。駙馬都尉李遵勗責授均州團練副使。峽路鈐轄執爲亂夷人王羣體等，帝憫其異俗，免死配隸。丙辰，大宴含光殿。己未，餞种放歸終南。甲子，王旦加右僕射，元佐爲太尉，元偓進封相王。乙丑，幸元偓宮視疾。葺尙書省。加王欽若吏部尙書，陳堯叟戶部尙書，馮拯工部尙書。丙寅，以張齊賢爲左僕射。丁卯，許國公呂蒙正薨。

五月丙子，加交阯郡王李公蘊同平章事。癸未，廬、宿、泗等州麥自生。辛卯，幸北宅視德存疾。京兆旱，詔振之。癸巳，詔州城置孔子廟。乙未，加上五嶽帝號，作奉神述。丁酉，慮囚，死罪流徙降等，杖以下釋之。辛丑，視德存疾。

六月丙午，太白晝見。亳州二龍見禹祠。德存卒。丙寅，遣使安撫江、淮南水災，許便宜從事。詔授交甘等州、大食、蒲端、三麻蘭、勿巡國奉使官。

秋七月壬申朔，除閩、浙、荆湖、廣南歲丁錢四十五萬。壬午，韓國、吳國、隋國長公主進封衞國、楚國、越國長公主。鎭、眉、昌等州地震。己丑，詔先蠲濱、棣州水災田租十之三，今所輸七分更除其半。丙申，江、洪、筠、袁江漲，沒民田。

八月乙巳，太白晝見。丙午，幸南宮視惟敍疾。詔除畬田租。庚戌，曲宴諸王、宰相。癸丑，賜靑州孤老惸獨民帛。惟敍卒。丙辰，錄唐長孫無忌、段秀實等孫，授官。丁巳，詔文武官有言刑政得失、邊防機事者並賜對。癸亥，甘州回紇可汗夜落紇奉表詣闕。乙丑，刻御製大中祥符頌於左承天祥符門〔二〕。河決通利軍〔三〕，合御河，壞州城及傷田廬，遣使發粟振之。

九月丁丑，涇原鈐轄曹瑋言籠竿川熟戶蕃部以閑田輸官，請於要害地募兵以居，從之。戊子，幸太乙宮祈晴。辛卯，向敏中等爲五嶽奉册使。癸巳，御乾元樓〔四〕觀酺。

冬十月戊申，御朝元殿發五嶽册。丁巳，定江、淮鹽酒價，有司慮失歲課，帝曰：「苟便於民，何顧歲入也。」

十一月庚午，占城國貢獅子。丙子，御試服勤詞學、經明行修貢舉人。

十二月乙巳，詔：楚、泰州潮害稼，復租；沒溺人賜千錢、粟一斛。

是歲，西涼府、夏豐交州、甘州、諸溪峒蠻來貢。畿內蝗。河北、陝西、劍南饑。吉州、臨江軍江水溢，害民田舍。兗州蚜蚄蟲不爲災。

五年正月乙亥，賜處州進士周啓明粟帛。戊寅，雨木冰。壬午，幸元偁宮視疾。河決棣州。

二月庚戌，詔貢舉人公罪聽贖。丙寅，詔官吏安撫濱、棣被水農民。

三月己丑，御試禮部舉人。丁未，峒酋田仕瓊等貢溪布。庚戌，王旦等並加特進、功臣。丁巳，免濱、棣民物入城市者税一年。

夏四月戊申，以向敏中爲平章事。有司請違法販茶者許同居首告，帝謂以利敗俗非國體，不許。壬子，除通、泰、楚州鹽亭戶積負丁額課鹽。乙丑，樞密直學士邊肅責授岳州團練副使。

五月辛未，江、淮、兩浙旱，給占城稻種，教民種之。戊寅，修儀劉氏進封德妃。丁亥，免棣州租十之三。戊子，賜近臣金華殿所種麥。

六月庚申，賜杭州草澤林逋粟帛。壬戌，詔常參官舉幕職、州縣官充京官。癸亥，賜邵武軍被水者錢粟。

秋七月戊辰，作保康門。

八月丙申朔，日有食之。丁酉，禁周太祖葬冠劍地樵採。戊戌，張齊賢爲司空致仕。甲辰，詔樞密直學士限置六員。庚戌，淮南旱，減運河水灌民田，仍寬租限；州縣不能存恤致民流亡者罪之。己未，作五嶽觀。

九月辛未，張齊賢入對。壬申，觀新作延安橋。幸大相國寺、上淸宮。射于宜春苑。癸酉，徙澄海三指揮屯嶺北州郡。戊子，王欽若、陳堯叟並爲樞密使、同平章事，丁謂爲戶部侍郎、參知政事。庚寅，幸故鄆王、兗王宮。

冬十月戊午，延恩殿道場，帝瞻九天司命天尊降。己未，大赦天下，賜致仕官全奉。辛酉，作崇儒術論，刻石國學。

閏月己巳，上聖祖尊號。辛未，謝太廟。壬申，立先天、降聖節，五日休沐，輟刑。乙亥，詔上聖祖母懿號，加太廟六室尊謚。丙子，羣臣上尊號曰崇文廣武感天尊道應眞佑德上聖欽明仁孝皇帝。丁丑，出舒州所獲瑞石，文曰「誌公記」。戊寅，建景靈宮、太極觀於壽丘。辛巳，建安軍鑄聖像。龍見雲中。戊子，御製配享樂章并二舞名，文曰發祥流慶，武曰降眞觀德。

十一月丙申，親祀玉皇於朝元殿。甲辰，加王旦門下侍郎，向敏中中書侍郎，楚王元佐太師，相王元偓太傅，舒王元偁太保。內外官加恩。置玉清昭應宮使，以王旦爲之。丁未，作汴水發願文。庚戌，詔允言朝參。乙卯，罷獻珍禽異獸。

十二月甲子，置景福殿使。戊辰，作景靈宮。京師大寒，鬻官炭四十萬，減市直之半以濟貧民。壬申，改謚玄聖文宣王曰至聖文宣王。戊寅，溪峒張文喬等八百人來朝。己卯，知天雄軍寇準言獄空〔五〕，詔獎之。乙酉，振泗州饑。丙戌，詔：天慶等節日，民犯罪情輕者釋之。丁亥，立德妃劉氏爲皇后。

是歲，交州、甘州、西涼府、溪峒蠻來貢。京城、河北、淮南饑，減直鬻穀以濟流民。

六年春正月癸巳朔，上御朝元殿受朝。司天監言五星同色。庚子，詔減配隸法十二條。戊申，禁內臣出使預民政。己酉，賜京師酺五日。辛亥，進封衞國、楚國、越國長公主三人爲徐國、邠國、宿國。庚申，置淑儀、淑容、順儀、順容、婉儀、婉容，在昭儀上。置司宮令，在尙宮上〔六〕。以婕妤楊氏爲婉儀，貴人戴氏爲修儀，美人曹氏爲婕妤。辛酉，詔宗正寺以帝籍爲玉牒。

二月戊辰，觀酺。己亥，泰州言海陵草中生聖米，可濟飢。

三月丁未，詔沙門島流人罪輕者徙近地。乙卯，建安軍鑄玉皇、聖祖、太祖、太宗尊像成，以丁謂爲迎奉使。

夏四月庚辰，詔淮南給飢民粥，麥登乃止。壬午，太白晝見。癸未，幸元偁宮視疾。丙戌，詔諸州死罪可疑者詳審以聞。

五月壬辰，詔伎術官未升朝特賜緋紫者勿佩魚。甲辰，聖像至。丙午，詔：聖像所經郡邑減繫囚死罪，流以下釋之。升建安軍爲眞州。乙卯，謁聖像，奉安於玉淸宮。丁巳，遣使奏告諸陵。

六月壬戌，惟和卒。趙州黑龍見。丁卯，壽丘獻紫莖金芝。癸酉，保安軍雨，河溢，兵民溺死，遣使振之。丙子，詔翰林學士陳彭年等删定三司編敕。丁丑，崇飾諸州黃帝祠廟。

秋七月癸巳，上清宮道場獲龍於香合中。己亥，中書門下表請元德皇后祔廟。庚子，行配祔禮。癸卯，詔天下勿稅農器。己酉，亳州官吏父老三千三百人詣闕請謁太清宮。

八月庚申，詔來春親謁亳州太清宮。辛酉，以丁謂爲奉祀經度制置使。丙寅，禁太清宮五里內樵採。庚午，加號太上老君混元上德皇帝。置禮儀院。

九月庚寅，幸元偁宮視疾。丁酉，出玉宸殿種占城稻示百官。

冬十月辛酉，元德皇后祔廟。甲子，亳州太清宮枯檜再生。眞源縣菽麥再實。癸酉，謁玉清昭應宮。己卯，作步虛詞付道門。壬午，降聖節賜會如先天節儀。

十一月辛亥，幸元偁宮視疾。癸丑，賜御史臺九經、諸史。甲寅，判亳州丁謂獻芝草三萬七千本。乙卯，龜茲遣使來貢。

十二月戊午朔，日有食之。庚申，涇原鈐轄曹瑋言發兵討原州界撥藏族違命者，捕獲甚衆。回鶻遣使來貢。己巳，天書扶侍使趙安仁等上奉天書車輅、鼓吹、儀仗。壬申，獻天書於朝元殿，遂告玉清昭應宮及太廟。乙亥，幸開寶寺、上清宮。己卯，幸太一宮。戎、瀘蠻寇平。

是歲，西蕃、高州蠻、龜茲來貢。

七年春正月辛丑，慮囚。壬寅，車駕奉天書發京師。丙午，次奉元宮。判亳州丁謂獻白鹿一，芝九萬五千本。戊申，王旦上混元上德皇帝册寶。己酉，朝謁太淸宮。天書升輅雨雪倏霽，法駕繼進，佳氣彌望。是夜，月重輪，幸先天觀、廣靈洞霄宮。曲赦亳州及車駕所經流以下罪。升亳州爲集慶軍節度，減歲賦十之二。改奉元宮爲明道宮。太史言含譽星見。庚戌，御均慶樓，賜酺三日。壬子，詔所過頓、遞侵民田者，給復二年。丙辰，建南京歸德殿，赦境內及京畿車駕所過流以下罪。追贈太祖幕府元勛僚舊，錄常參官逮事者並進秩，欲授子孫者聽。作鴻慶宮。

二月戊午，次襄邑縣，皇子來朝。庚申，夏州趙德明遣使詣行闕朝貢。辛酉，至自亳州。丙寅，詔天地壇非執事輒臨者斬。辛未，饗太廟。壬申，恭謝天地，大赦天下。乙亥，益州鑄大鐵錢。

三月，城淯井監。癸巳，雄州甲仗庫火。甲午，制加宰相王旦、向敏中、楚王元佐、相王元偓、舒王元偁、榮王元儼樞密使、同平章事。乙未，宴翔鸞閣。辛丑，發粟振儀州飢。復諸州觀察使兼刺史。甲辰，幸元偁宮視疾。丁未，封皇子慶國公。青州民趙嵩百一十歲，詔存問之。

夏四月丁巳，西涼府廝鐸督遣使來貢。己未，賜淮南諸州民租十之二。癸亥，河南府獄空，有鳩巢其戶，生二雛。甲子，以歸義軍留後曹賢順爲歸義軍節度使。丙子，舒王元偁薨。

五月壬辰，王旦爲兗州景靈宮朝修使，乙未，又爲天書刻玉使。涇原言葉施族大首領艷般率族歸順。

六月乙卯，禁文字斥用黃帝名號故事。丙辰，眉州通判董縈受賕鬻獄，長安知縣王文龜酗酒濫刑，並投荒裔。戊午，戒州縣官吏決罪逾法。壬申，封婉儀楊氏爲淑妃。乙亥，樞密使王欽若罷爲吏部尙書，陳堯叟爲戶部尙書。以寇準爲樞密使、同平章事。丙子，詔：棣州經水，流民歸業者給復三年。

秋七月辛丑，交州李公蘊敗鶴柘蠻，獻捷。癸卯，太白晝見。甲辰，以同州觀察使王嗣宗、內客省使曹利用並爲樞密副使。

八月甲寅，置景靈宮使，以向敏中爲之。乙卯，除江、淮、兩浙被災民租。丁巳，楊光習坐擅領兵出砦，又誣軍中謀殺司馬張從吉，配隸鄧州。乙丑，給河東沿邊將士皮裘氈襪。甲戌，河決澶州。丁丑，命內臣奉安太祖、太宗聖像于鴻慶宮。辛巳，詔嶺南戍兵代還日人給裝錢五百。

九月丙戌，含譽星再見。辛卯，尊上玉皇聖號曰太上開天執符御歷含眞體道玉皇大天帝。戊戌，御試服勤詞學、經明行修舉人。辛丑，幸五嶽觀。

冬十一月乙酉，濱州河溢。玉淸昭應宮成，詔減諸路繫囚罪流以下一等。己丑，加王旦司空，修宮使〔七〕。壬辰，御乾元門觀酺。

十二月癸丑朔，日當食不虧。丙辰，詔王欽若等五人各舉京朝、幕職、州縣官詳練刑典、曉時務、任邊寄者二人。丁巳，詔川峽閩廣轉運、提點刑獄官察屬吏貪墨慘刻者。己未，作元符觀。庚申，契丹使蕭延寧等辭歸國。辛酉，加楚王元佐尙書令，相王元偓太尉，榮王元儼兼中書令，忠武軍節度使魏咸信同平章事，餘並進秩。涇原路請築籠竿城。

是歲，夏州、西涼府、高麗、女眞來貢。淮南、江、浙饑，除其租。天下戶九百五萬五千七百二十九，口二千一百九十七萬六千九百六十五。

八年春正月壬午朔，謁玉淸昭應宮，奉表告尊上玉皇大天帝聖號，奉安刻玉天書于寶符閣，還御崇德殿受賀，赦天下，非十惡、枉法贓及已殺人者咸除之。文武官滿三歲者有司考課以聞。乙酉，詔環州緣邊卒人賜薪水錢。庚寅，置淸衞二指揮奉宮觀。乙未，皇女入道。戊戌，徙棣州城。庚戌，詔王欽若等舉供奉官至殿直有武幹者一人。

二月，泗州周憲百五歲，詔賜束帛。甲寅，宗正寺火。丙辰，嗢廝囉、立遵貢名馬。丙寅，以元佐爲天策上將軍、興元牧，賜劍履上殿，詔書不名。丁卯，遣使巡撫淮、浙路。癸酉，祈雨。丙子，詔進士六舉、諸科九舉者，許奏名。庚辰，大雨。

三月乙酉，幸元偓宮視疾。戊戌，宴宗室，射于苑中。壬寅，御試禮部貢舉人。

夏四月辛酉，賜宰相五臣論。壬戌，以寇準爲武勝軍節度使、同平章事，王欽若、陳堯叟並爲樞密使、同平章事。戊辰，德彝卒。壬申，榮王元儼宮火，延及殿閣內庫。癸酉，詔求直言。命丁謂爲大內修葺使。戊寅，王曙坐準詔言事乖繆貶。

五月壬午，榮王元儼罷武信軍節度使，降封端王。庚寅，熒惑犯軒轅。壬辰，廢內侍省黃門。禁金飾服器。庚子，放宮人一百八十四人。

六月己酉朔，日有食之。辛未，詔諸州以御製七條刻石。乙亥，惟忠卒。

閏月己卯，赦天下。庚辰，王欽若上彤管懿範。

七月丙辰，以諸州牛疫免牛稅一年。戊午，王嗣宗爲大同軍節度使。丙寅，幸相王元偓新宮。以宮城火，詔諸王徙宮于外。丙子，幸瑞聖園觀稼，宴射于水心殿。

八月己卯，大理少卿閻允恭、開封判官韓允坐枉獄除名。戊戌，詔京兆河中府、陝同華虢等州貸貧民麥種。

九月，注輦國貢土物、珍珠衫帽。甲寅，喎廝囉聚衆數十萬，請討平夏人以自效。丁卯，宴宗室，射于後苑。己巳，賜注輦使袍服、牲酒。

冬十月乙巳，王欽若上聖祖先天紀。戊申，回鶻可羅等來貢。

十一月辛酉，相王元偓加兼中書令，端王元儼進封彭王。癸亥，高麗使同東女眞來貢。

十二月戊寅，皇子冠。丁亥，侍禁楊承吉使西蕃還，以地理圖進。辛卯，皇子〔八〕慶國公封壽春郡王。

是歲，占城、宗哥族及西蕃首領來貢。坊州大雨，河溢。陝西饑。

九年春正月丙辰，置會靈觀使，以丁謂爲之，加刑部尙書。壬申，以張士遜、崔遵度爲壽春郡王友。

二月丁亥，王旦等上兩朝國史。戊子，加旦守司徒，修史官以下進秩賜物有差。甲午，詔以皇子就學之所名資善堂。延州蕃部饑，貸以邊穀。

三月丙午，除雷州無名商稅錢。秦州曹瑋撫捍蕃境得宜，詔嘉之。己酉，王欽若上寶文統錄。辛酉，以西蕃宗哥族李立遵爲保順軍節度使。壬戌，詔舉官必擇廉能。癸亥，置修玉牒官。乙丑，著作佐郎高清以贓賄杖脊，配沙門島。

夏四月庚辰，周伯星見。丙申，賜天下酺。振延州蕃族飢。庚子，幸陳堯叟第視疾。壬寅，以唐相元稹七世孫爲台州司馬。

五月乙巳，邠寧環慶部署王守斌言夏州蕃騎千五百來寇慶州，內屬蕃部擊走之。癸丑，幸南宮視惟憲疾。甲寅，惟憲卒。乙卯，毛尸等三族蕃官馮移埋率屬來歸，詔撫之。丙辰，詔天下繫囚死罪減等，流以下釋之。丁巳，向敏中爲宮觀慶成使。甲子，左天廄草場火。庚午，太白晝見。

六月戊寅，幸會靈觀，宴祝禧殿。癸未，京畿蝗。

秋七月，撫水蠻寇宜州，廣南西路請便宜掩擊，許之。丁未，增築京師新城。丙辰，開封府祥符縣蝗附草死者數里。戊午，停京城工役。癸亥，以畿內蝗下詔戒郡縣。甲子，詔京城禁樂一月。丁卯，幸太乙宮、天清寺。

八月壬申，知秦州曹瑋言伏羌砦蕃部厮鷄波與宗哥族連結爲亂，以兵夷其族帳。丙子，令江、淮發運司留上供米五十萬以備飢年。磁、華、瀛、博等州蝗不爲災。丙戌，製玉皇聖號册文。以陳堯叟爲右僕射。戊子，以旱罷秋宴。壬辰，羣臣請受尊號册寶，表五上，從之。

九月癸卯，雄、霸河溢。甲辰，以丁謂爲平江軍節度使。丙午，陳彭年、王曾、張知白並參知政事。丁未，曹瑋言宗哥唃厮囉、蕃部馬波叱臘魚角蟬等寇伏羌砦〔九〕，擊敗之，斬首千餘級。庚戌，以不雨罷重陽宴。利州水漂棧閣。甲寅，雨。督諸路捕蝗。丁巳，詔以旱蝗得雨，宜務稼省事及罷諸營造。戊午，禁諸路貢瑞物。戊辰，青州飛蝗赴海死，積海岸百餘里。己巳，詔：民有出私廩振貧乏者，三千石至八千石第授助教、文學、上佐之秩。

冬十月己卯，王欽若表上翊聖保德眞君傳。壬申，詔馮拯等各舉殿直以上武幹者一人。壬辰，置直龍圖閣。

十一月，會靈觀甘露降。乙巳，詔河、陝諸路州簡禁軍五百人。丁未，河西節度使石普坐妄言災異，除名流賀州。丁卯，以唐裴度孫坦爲鄭州助教。

是歲，西蕃宗哥族、邛部山後蠻、夏州、甘州來貢。諸州有隕霜害稼及水災者，遣使振卹，除其租。

天禧元年春正月辛丑朔，改元。詣玉淸昭應宮薦獻，上玉皇大天帝寶冊、袞服。壬寅，上聖祖寶冊。己酉，上太廟謚冊。庚戌，享六室。辛亥，謝天地于南郊，大赦，御天安殿受冊號。乙卯，宰相讀天書於天安殿，遂幸玉淸昭應宮，作欽承寶訓述示羣臣。壬戌，詔以四月旦日爲天祥節〔一〇〕。丙寅，命王旦爲兗州太極觀奉上冊寶使。

二月庚午，詔振災，發州郡常平倉。壬申，御正陽門觀酺。丁丑，置諫官、御史各六員，每月一員奏事，有急務聽非時入對。戊寅，王旦加太保，中書侍郎、平章事，向敏中加吏部尚書。楚王元佐領雍州牧；相王元偓加尚書令兼中書令，進封徐王；彭王元偁加太保；壽春郡王禎兼中書令。王欽若加右僕射，趙德明加太傅，中外官並加恩。辛巳，考課京朝官改秩及考者。壬午，定宗室子授官之制。庚寅，進封李公蘊爲南平王〔二〕。秦州神武軍破宗哥族、馬波叱臘等於野吳谷，多獲人馬。己亥，陳彭年卒。

三月辛丑，以不雨禱于四海。壬寅，不雨，罷上巳宴。庚申，免潮州逋鹽三百七十萬有奇。辛酉，令作淖糜濟懷、衞流民。

夏四月庚辰，陳堯叟卒。戊子，邵州野竹生實，以食飢。

五月戊戌，詔所在安䘏流民。戊申，以王旦爲太尉、侍中，五日一入中書，旦懇辭不拜。己酉，熒惑犯太微。乙卯，縱歲獻鷹犬。己未，奉太祖聖容於西京應天院，向敏中爲禮儀使。諸路蝗食苗，詔遣內臣分捕，仍命使安撫。

六月壬申，赦西京繫囚，死罪減一等，流以下釋之。父老年八十者賜茶帛，除其課役。戊寅，除昇州後湖租錢五十餘萬，聽民溉田。陜西、江淮南蝗，並言自死。庚辰，盜發後漢高祖陵，論如律，幷劾守土官吏，遣內侍王克讓以禮治葬，知制誥劉筠祭告。因詔州縣，中前代帝王陵寢樵採之禁。乙酉，免大食國蕃客稅之半。龜茲國使張復延等貢玉勒鞍馬，令給其直。己丑，王旦對于崇政殿。

秋七月丁未，霖雨，放朝。己未，幸魏咸信第視疾。甲子，魏咸信卒。

八月庚午，以王欽若爲左僕射兼中書侍郎、平章事。壬申，向敏中加右僕射兼門下侍郎。王旦對于便殿。丙子，詔京城禁圍草地聽民耕牧。丁丑，禁採狨。戊寅，免牛稅一年。

九月癸卯，以參知政事王曾爲禮部侍郎，李迪爲參知政事，馬知節知樞密院事，曹利用、任中正、周起並同知樞密院事。丙午，幸王旦第視疾。戊申，以蝗罷秋宴。己酉，王旦薨。甲寅，詔能拯救汴渠覆溺者給賞，或溺者貧者以官錢給之。丁未，教衞士騎射。

冬十月辛未，詔閤門，自今審官、三班院、流內銓，後殿日引公事，勿過兩司。壬申，諭諸州非時災沴不以聞者論罪。己卯，罷京東上貢物。辛卯，賜壽春郡王及王友張士遜等詩。

十一月己亥，詔曲宴日輟後殿視事。辛丑，曹瑋平鬼留家族。壬寅，詔淮、浙、荆湖治放生池，禁漁採。乙卯，幸太一宮，大雪，帝謂宰相曰：「雪固豐稔之兆，第民力未充，慮失播種。卿等其務振勸，毋遺地利。」壬戌，契丹使耶律準來賀承天節。高麗使徐訥率女眞首領入對崇政殿，獻方物。

十二月丙寅，京城雪寒，給貧民粥，并瘞死者。乙亥，罷京城工役。丙子，嚴寒，放朝。丁丑，放逋負，釋繫囚。己卯，女眞國人歸，給裝錢。高麗使徐訥賜射瑞聖園。辛卯，詔陝西緣邊鬻穀者勿算。壬辰，遣使緣汴河收瘞流尸。

是歲，三佛齊、龜茲國來貢。諸路蝗，民飢。鎭戎軍風雹害稼，詔發廩振之，蠲租賦，貸其種糧。

二年春正月乙未，眞遊殿芝草生。壬寅，振河北、京東飢。辛亥，賜壽春郡王卹民歌。戊午，王欽若等上天禧大禮記四十卷。己未，遣使諭京東官吏安撫飢民，又命諸路振以淖糜。

二月丙寅，甘州來貢。丁卯，壽春郡王加太保，進封昇王。詔近臣舉常參官堪任御史者。庚午，右正言劉燁請自今言事許升殿，從之。庚辰，振京西饑。乙酉，幸徐王元偓宮視疾。

三月辛丑，修京城。丙辰，先貸貧民糧種止勿收。

夏四月戊子，幸飛山雄武教場，宴賜從臣將士。庚寅，赦天下，死罪減一等，流以下釋之。

閏月，辰州討下溪州蠻，斬首六十餘級，降千餘人。己亥，詔戶部尙書馮拯等舉幕職、令錄堪充京官者各二人。癸卯，馬知節爲彰德軍留後。丁未，靈泉出京師，飲者愈疾。作祥源觀。壬子，幸徐王元偓宮視疾。

五月壬戌，詔長吏卹孝弟力田者。甲子，徐王元偓薨。丁卯，釋下溪州蠻彭儒猛罪。

六月壬辰，詔三班使臣經七年者考課遷秩。己亥，詔諸州上佐、文學、參軍譴降十年者，聽還鄉。乙巳，訛言帽妖至京師，民夜叫譟達曙，詔捕嘗爲邪法人耿槩等棄市。辛亥，丙戌，西京訛言妖如帽，夜蜚，民甚恐。彗出北斗魁。

秋七月壬申，以星變赦天下，流以下罪減等，左降官羈管十年以上者放還京師，京朝官丁憂七年未改秩者以聞。丁亥，彗沒。

八月庚寅，羣臣請立皇太子，從之。壬寅，下溪州彭儒猛納所掠漢生口、器甲等，詔賜袍帶。甲辰，立皇子昇王爲皇太子。大赦天下，宗室加恩，羣臣賜勛一轉。戊申，黎州山後兩林百蠻都王李阿善遣使來貢。壬子，彭王元偁進封通王。以李迪兼太子賓客。癸丑，作元良箴賜皇太子。甲寅，楚王元佐加興元牧，徐國長公主進封福國，邠國長公主進封建國，宿國長公主進封鄂國。乙卯，詔畎索河水入金水河。丙辰，以德雍、德文、惟政並爲諸州防禦使，允成、允升、允寧並爲諸州團練使。

九月丁卯，册皇太子。庚午，詔全給外戍諸軍物。庚辰，御乾元門觀酺。

冬十月庚子，御玉宸殿，召近臣觀刈占城稻，遂宴安福殿。

十二月辛丑，以張旻爲武寧軍節度使、同平章事。

是歲，占城國、甘州、溪峒、黎州山後蠻來貢。陝西旱，振之。江陰軍蝻不爲災。

三年春正月癸亥，貢舉人郭稹等見崇政殿。稹冒喪赴舉，命典謁詰之，即引咎，殿三舉。

二月乙未，河南府地震。

三月戊午朔，日有食之。遣呂夷簡體訪陝、亳民訛言。丙寅，御試禮部貢舉人。癸未，翰林學士、工部尚書錢惟演等坐知舉失實，降一官。甲申，穎州石隄出泉，飲之愈疾。

夏四月甲午，西上閤門使高繼勛坐市馬虧直削官。

五月丁巳，大食國來貢。乙丑，左諫議大夫戚綸坐訕上，貶岳州副使。辛未，慮囚。

六月癸未，浚淮南漕渠，廢三堰。甲午，王欽若爲太子太保。河決滑州。戊戌，以寇準爲中書侍郎兼吏部尚書、平章事，丁謂爲吏部尚書、參知政事。滑州決河，泛澶、濮、鄆、齊、徐境，遣使救被溺者，卹其家。

秋七月壬申，曹璨卒。羣臣表上尊號曰體元御極感天尊道應眞寶運文德武功上聖欽明仁孝皇帝。

八月丁亥，大赦天下。普度道釋童行。滑州龍見，河決。辛卯，太白晝見。己亥，慶州亡去熟戶委乞等來歸。

九月乙丑，慶州骨咩、大門等族歸附。庚戌，遣使撫卹京東西、河北水災。

冬十一月己巳，謁景靈宮。辛巳，遣中官存問高麗貢使之被溺者。庚午，饗太廟。辛未，祀天地于圜丘，大赦天下。選兩任五考無責罰者試身、言、書、判。丁丑，御天安殿受尊號册。

十二月丙戌，富州蠻酋向光澤表納土，詔卻之。辛卯，向敏中加左僕射、中書侍郎兼禮部尚書、平章事，寇準加右僕射，通王元儼進封涇王，曹利用、丁謂並爲樞密使，百官加恩。癸巳，以任中正、周起並爲樞密副使。

是歲，高麗、女眞來貢。江、浙及利州路飢，詔振之。

四年春正月乙丑，以華州觀察使曹瑋爲鎭國軍留後、僉署樞密院事〔三〕。丙寅，開揚州運河。己巳，幸元符觀。庚午，贈處士魏野著作郎，賜其家粟帛。

二月，帝不豫。癸未，遣使安撫淮南、江、浙、利州飢民。滑州決河塞。辛丑，發唐、鄧八州常平倉振貧民。

三月戊午，以淄州民飢貸牛糧。甲子，振蕃部粟。庚午，詔：川峽致仕官聽還本貫。癸酉，川、廣舉人勿拘定額。己亥，振益、梓民飢。己卯，向敏中薨。

夏四月丁亥，大風，晝晦。庚寅，分江南轉運使爲東西路。丙申，杖殺前定陶縣尉麻士瑤於青州。

五月丁巳，發粟振秦、隴。

六月丙申，以寇準爲太子太傅、萊國公。河決滑州。壬寅，御試禮部奏名舉人九十三人。

秋七月丁巳，太白晝見。辛酉，京城大雨，水壞廬舍大半。丙寅，以李迪爲吏部侍郎兼太子少傅、平章事，馮拯爲樞密使、吏部尚書、同平章事。以霖雨壞營舍，賜諸軍緡錢。庚午，以丁謂爲平章事，曹利用同平章事。癸酉，入內副都知周懷政伏誅。丁丑，太子太傅寇準降授太常卿，翰林學士盛度、樞密直學士王曙並罷職。

八月，永興軍都巡檢使朱能殺中使叛。乙酉，以任中正、王曾並參知政事。詔利、夔路置常平倉。丙戌，朱能自殺。壬寅，寇準貶道州司馬。甲辰，賜諸軍器幣。入內押班鄭志誠坐交朱能削兩任，配隸房州。

九月己酉，分遣近臣張知白、晁迥、樂黃目等各舉常參官，諸路轉運及勸農使各舉堪京官、知縣者二人，知制誥、知雜御史、直龍圖閣各舉堪御史者一人。丙辰，始御崇德殿視事，治朱能黨，死、流者數十人。己未，久雨，放朝。壬戌，給事中朱巽、工部郎中梅詢坐不察朱能姦譎官。丁卯，赦天下。己巳，遣使安撫永興軍。壬申，賜京城酺。

冬十月戊寅，命依唐制雙日不視事。壬午，幸正陽門觀酺。帝自不豫，浸少臨行，至是人情大悅。壬辰，以王欽若爲資政殿大學士。甲辰，减水災州縣秋租。丙午，召皇子、宗室、近臣玉宸殿觀稻，賜宴。

十一月戊午，召近臣於龍圖閣觀御製文詞，帝曰：「朕聽覽之暇，以翰墨自娛，雖不足垂範，亦平生游心於此。」宰臣丁謂請鏤板宣布。庚申，內出御製七百二十二卷付宰臣。丙寅，丁謂加門下侍郎兼太子太傅，李迪加中書侍郎兼尚書左丞，依前少傅。迪、謂忿爭於帝前。戊辰，罷謂爲戶部尚書，迪爲戶部侍郎。任中正、王曾、錢惟演並兼太子賓客，張士遜、林特並兼太子詹事，晏殊爲太子左庶子。己巳，詔謂赴中書視事如故。庚午，詔自今除軍國大事仍舊親決，餘皆委皇太子同宰相、樞密使等參議行之。太子上表陳讓，不允。以丁謂兼太子少師，馮拯兼少傅，曹利用兼少保。辛未，詔自今羣臣五日於長春殿起居，餘隻日視朝於承明殿。甲戌，丁謂等請作天章閣奉安御集。

十二月乙酉，皇太子親政，詔內臣傳旨須覆奏。丁亥，龜茲、甘州回鶻遣使來貢。己丑，王欽若加司空。庚寅，議事資善堂，命張景宗侍皇太子。丁酉，以王欽若爲山南東道節度使、同平章事。

閏月丁卯，以唃廝囉爲邊患，詔陳堯咨〔三〕等巡撫。庚午，京城穀貴，減直發常平倉。乙亥，帝不豫，力疾御承明殿，賜手書宰相，諭以輔導儲貳之意。

是歲，京西、陝西、江、淮、荆湖諸州稔。

五年春正月己丑，帝疾愈，出幸啓聖院。癸巳，詔天下死罪降，流以下釋之。乙未，遣使撫京東水災。丁酉，以張士遜爲樞密副使。己亥，宴近臣承明殿。

二月甲寅，審刑院言天下無斷獄。丙寅，賜天下酺。庚午，以孔子四十七世孫聖祐襲封文宣公。

三月辛巳，御正陽門觀酺。辛丑，京東、西水災，賜民租十之五。壬寅，丁謂加司空，馮拯加左僕射，曹利用加右僕射，任中正工部尚書。

夏四月丙辰，客星出軒轅。
五月乙亥，慮囚，降天下死罪。
六月丙午，太白晝見。
秋七月甲戌朔，日有食之。戊寅，新作景靈宮萬壽殿。
八月壬戌，熒惑犯南斗。
九月戊寅，嗚廝囉請降。
冬十月癸卯，蠲京東西、淮、浙被災民租。壬子，依漢、唐故事，五日一受朝，遇慶會，皇太子押班。
十一月戊子，王欽若以山南東道節度使坐擅赴闕，降司農卿，分司南京。
是歲，高麗遣使來貢。京東、河北、兩川、荆湖稔。
乾興元年春正月辛未朔，改元。丁亥，御東華門觀燈。戊戌，蠲秀州水災民租。
二月庚子，大赦天下。癸卯，上尊號曰應天尊道欽明仁孝皇帝。詔蘇、湖、秀州民飢，貸以廩粟。甲辰，制封丁謂爲晉國公，馮拯爲魏國公，曹利用爲韓國公。庚戌，詔徐州振貧民。甲寅，對宰相于寢殿。帝不豫增劇，禱于山川神祇。戊午，帝大漸，遺詔皇太子於柩前卽皇帝位。尊皇后爲皇太后，權處分軍國事，淑妃爲皇太妃。

帝是日崩于延慶殿，年五十五，在位二十六年。十月己酉，葬永定陵。己未，祔太廟。天聖二年十一月，上尊謚曰文明武定章聖元孝皇帝，廟號眞宗。慶曆七年，加謚膺符稽古神功讓德文明武定章聖元孝皇帝。

贊曰：眞宗英晤之主。其初踐位，相臣李沆慮其聰明必多作爲，數奏災異以杜其侈心，蓋有所見也。及澶淵既盟，封禪事作，祥瑞沓臻，天書屢降，導迎奠安，一國君臣如病狂然，吁，可怪也。他日修遼史，見契丹故俗而後推求宋史之微言焉。宋自太宗幽州之敗〔四〕，惡言兵矣。契丹其主稱天，其后稱地，一歲祭天不知其幾，獵而手接飛鴈，鴇自投地，皆稱爲天賜，祭告而誇耀之。意者宋之諸臣，因知契丹之習，又見其君有厭兵之意，遂進神道設教之言，欲假是以動敵人之聽聞，庶幾足以潛消其窺覦之志歟？然不思修本以制敵，又效尤焉，計亦末矣。仁宗以天書殉葬山陵，嗚呼賢哉。

校勘記

〔一〕濼泉　原作「潘泉」，據長編卷七五改。水經河水注也說：濼水「平地開源，濆泉上湧」。

〔二〕左承天祥符門　「左」，原作「大」，據本書卷八五地理志、長編卷七六改。
〔三〕河決通利軍　「河」字原脫，據長編卷七六、編年綱目卷七補。
〔四〕乾元樓　「樓」，原作「殿」，據長編卷七六、宋會要禮六〇之四改。
〔五〕寇準言獄空　「言」字原脫，據長編卷七九補。
〔六〕置司宮令在尙宮上　「尙宮」，原作「尙書」，據長編卷八〇、宋會要后妃四之一改。
〔七〕加王旦司空修宮使　此句有脫誤。長編卷八三作「加玉淸昭應宮使王旦司空，修宮使丁謂工部尙書」。
〔八〕皇子　原作「太子」，據長編卷八五、王稱東都事略卷四改。
〔九〕伏羌砦　原作「羌伏砦」，據上文八月壬申條、長編卷八八改。
〔一〇〕天祥節　據長編卷八九應爲「天禎節」，當是仁宗朝後避宋仁宗名而改。
〔一一〕南平王　原作「南平郡王」，據本書卷四八八交阯傳、長編卷八九改。
〔一二〕僉署樞密院事　「署」字原脫，據長編卷九五、編年綱目卷八補。
〔一三〕陳堯咨　原作「陳堯叟」，據本書卷二八四陳堯咨傳、長編卷九六改。
〔一四〕宋自太宗幽州之敗　「太宗」，原作「太祖」。按幽州之敗，乃太宗時事，今改正。

宋史卷九

本紀第九

仁宗一

仁宗體天法道極功全德神文聖武睿哲明孝皇帝，諱禎，初名受益，眞宗第六子，母李宸妃也。大中祥符三年四月十四日生。章獻皇后無子，取爲己子養之。天性仁孝寬裕，喜愠不形於色。七年封慶國公。八年封壽春郡王，講學于資善堂。天禧元年兼中書令，明年進封昇王，九月丁卯，册爲皇太子，以參知政事李迪兼太子賓客。癸酉，謁太廟。四年，詔五日一開資善堂，太子秉笏南鄉立，聽輔臣參決諸司事。

乾興元年二月戊午，眞宗崩，遺詔太子卽皇帝位，尊皇后爲皇太后，權處分軍國事。遣使告哀契丹。己未，大赦，除常赦所不原者。百官進官一等，優賞諸軍。山陵諸費，毋賦於民。庚申，命丁謂爲山陵使。出遺留物賜近臣、宗室、主兵官。甲子，聽政于崇政殿西廡。乙丑，以生日爲乾元節。丙寅，遣使以先帝遺留物遺契丹。進封涇王元儼爲定王，賜贊拜不名。以丁謂爲司徒兼侍中、尚書左僕射，馮拯爲司空兼侍中、樞密使、尚書右僕射，曹利用爲尚書左僕射兼侍中。戊辰，貶道州司馬寇準爲雷州司戶參軍，尚書戶部侍郎李迪爲衡州團練副使，宣徽南院使曹瑋爲左衞大將軍。

三月乙酉，作受命寶。庚寅，初御崇德殿，太后設幄次于承明殿，垂簾以見輔臣。

夏四月壬子，遣使以即位告契丹。丙寅，交州來貢。

五月乙亥，錄繫囚，雜犯死罪遞降一等，杖以下釋之。

六月己酉，命參知政事王曾按視山陵皇堂。丁巳，契丹使來祭奠弔慰。庚申，入內內侍省押班雷允恭坐擅移皇堂伏誅。丁謂罷爲太子少保，分司西京。甲子，改命馮拯爲山陵使。丙寅，降參知政事任中正爲太子賓客。

秋七月辛未，馮拯加昭文館大學士，王曾爲中書侍郎、同中書門下平章事、集賢殿大學士，呂夷簡、魯宗道參知政事。乙亥，遣使報謝契丹。丙子，樞密副使錢惟演爲樞密使。戊寅，改翼祖定陵爲靖陵。辛卯，貶丁謂爲崖州司戶參軍。

八月壬寅，遣使賀契丹主及其妻生日、正旦。乙巳，皇太后同御承明殿垂簾決事。

九月壬申，告大行皇帝謚于天地、宗廟、社稷。癸酉，上謚册于延慶殿。己卯，命以天書從葬。

冬十月壬寅，契丹使來賀卽位。己酉，葬眞宗皇帝于永定陵。詔中外避皇太后父諱。己未，祔眞宗神主于太廟，廟樂曰大明之舞，以莊穆皇后配。辛酉，降東、西京囚罪一等，杖以下釋之。蠲山陵役戶及靈駕所過民田租。

十一月丁卯朔，錢惟演罷。甲戌，唃廝囉、立遵求內附。乙亥，以皇太后生日爲長寧節。辛巳，初御崇政殿西閣講筵，命侍講孫奭、馮元講論語。壬午，以張知白爲樞密副使。

十二月壬戌，契丹使來賀明年正旦。

是歲，蘇州水，滄州海潮溢，詔振卹被水及溺死之家。南平王李公蘊遣使進貢。

天聖元年春正月丙寅朔，改元。庚午，契丹使初來賀長寧節。癸未，命三司節浮費，遂立計置司。戊子，以京東、淮南水災，遣使安撫。辛卯，發卒增築京城。

二月戊戌，許唃廝囉歲一入貢。丁巳，奉安太祖、太宗御容于南京鴻慶宮。壬戌，減諸節齋醮道場。

三月甲戌，奉安眞宗御容于西京應天院。丙子，詔減西京囚罪一等，徒以下釋之。賜城中民八十以上者茶帛，仍復其家。甲申，詔自今營造，三司度實給用。辛卯，司天監上崇天曆。行淮南十三山場貼射茶法。

夏四月辛丑，罷禮儀院。丁未，乾元節，百官及契丹使初上壽于崇德殿。癸丑，詔文武官奏蔭親屬從本資。丁巳，詔近臣舉諫官、御史各一人。

五月甲子，行陝西、河北入中芻糧見錢法。庚午，詔禮部貢舉。辛未，錄繫囚。甲戌，命魯宗道按視滑州決河。庚寅，議皇太后儀衞制同乘輿。

六月甲辰，罷江寧府溧水縣采丹砂。乙卯，禁毀錢鑄鐘。

秋七月壬申，除戎、瀘州虛估稅錢。詔：職田遇水旱蠲租如例。辛巳，蠲天下逋負。

八月乙未，募民輸芟塞滑州決河。丙申，下德音，減天下囚罪一等，杖以下釋之。廢鄆州東平馬監，以牧地賦民。甲寅，芝生天安殿柱。

九月丙寅，馮拯罷，以王欽若爲門下侍郎、同中書門下平章事、昭文館大學士。辛巳，詔凡舉官未改轉而坐贓者，舉主免劾。庚寅，宴崇德殿。

閏月甲午，詔裁造院女工及營婦配南北作坊者，並釋之。戊戌，寇準卒於雷州。己亥，馮拯卒。丁未，禁彭州九隴縣采金。丁巳，禁伎術官求輔臣、宗室薦舉。

冬十月辛酉朔，徙陝西緣邊軍馬屯內地。

十一月丁酉，詔諸州配四，錄具獄與地里，上尙書刑部詳覆。禁兩浙、江南、荆湖、福建、廣南路巫覡挾邪術害人者。戊午，置益州交子務。

是歲，甘、沙州來貢，涇原咩迷卞杏家族納質內附。

二年春二月庚午，遣內臣收瘞汴口流屍，仍祭奠之。

三月丁酉，奉安眞宗御容于景靈宮奉眞殿。癸卯，王欽若上眞宗實錄。是月，賜禮部奏名進士、諸科及第出身四百八十五人。

夏四月辛酉，詔三司歲市紬、絹非土產者罷之。乙酉，錄晉石氏後。

五月乙未，錄繫囚。

六月壬申，罷天慶、天祺、天貺、先天、降聖節宮觀然燈。

秋七月癸丑，奉安眞宗御容于玉淸昭應宮安聖殿。

八月丙辰朔，宴崇德殿，初用樂之半。詔舉官已遷改而貪汙者，舉主以狀聞；聞而不以實者，坐之。己卯，幸國子監，謁孔子，遂幸武成王廟。甲申，太白入太微垣。

九月辛卯，祠太一宮，賜道左耕者茶帛。

冬十月丙辰，奉安眞宗御容于洪福院。

十一月甲午，加上眞宗謚。乙未，朝饗玉淸昭應、景靈宮。丙申，饗太廟。丁酉，祀天地于圜丘，大赦。百官上尊號曰聖文睿武仁明孝德皇帝，上皇太后尊號曰應元崇德仁壽慈聖皇太后。賜百官諸軍加等。乙巳，立皇后郭氏。辛亥，加恩百官。

十二月庚午，詔開封府每歲正旦、冬至禁刑三日。

是歲，龜茲、甘肅來貢〔一〕。

三年春正月辛卯，長寧節，近臣及契丹使初上皇太后壽于崇政殿。

二月戊寅，詔陝西災傷州軍，盜廩穀非傷主者，刺配隣州牢城〔三〕，徒減一等。

夏四月丁丑，詔三館繕書藏太淸樓。

五月庚寅，錄繫囚。癸巳，幸御莊觀刈麥，聞民舍機杼聲，賜織婦茶帛。己亥，賜隱士林逋粟帛。己酉，禁臣僚奏薦無服子弟。

六月壬戌，太白晝見。癸酉，環、原州屬羌叛寇邊，環慶都監趙士隆等死之，遣使者安撫陝西。

秋七月戊子，詔諸路轉運使察舉知州、通判不任事者。丙午，詔邊戶爲羌所擾者蠲租，復役二年。

八月戊午，以忠州鹽井歲增課、夔州奉節巫山縣舊籍民爲營田、萬州戶有稅者歲糴其穀，皆爲民害，詔悉除之。辛未，蠲陝西州軍旱災租賦。

九月乙巳，詔司天監奏災異據占書以聞。

冬十月乙卯，太白犯南斗。辛酉，晏殊爲樞密副使。

十一月己卯朔，罷貼射茶法。辛卯，以襄州水蠲民租。晉、絳、陝、解州飢，發粟振之。戊申，王欽若卒。

十二月癸丑，王曾爲門下侍郎、昭文館大學士，張知白同中書門下平章事、集賢殿大學士。乙丑，張旻爲樞密使。戊寅，太白晝見。

是歲，龜茲、甘州、于闐來貢。環慶蕃部鬼逋等內附。補涇原降羌首領潘征爲本族軍主。

四年春正月己亥，命章得象〔三〕與流內銓同試百司人。庚子，涇原兵破康奴族。

二月甲寅，詔吏犯贓至流，按察官失舉者，併劾之。庚午，置西界和市場。

三月甲申，詔轉運使、提點刑獄罷勸農司。己亥，鄜延蕃部首領曹守貴等內附。

夏四月壬子，詔京東西、河北、淮南平穀價。

五月己卯，詔禮部貢舉〔四〕。壬午，詔大辟疑者奏讞，有司毋輒舉駮。戊子，錄繫囚。己亥，詔士有文而行不副者，州郡毋得薦送。

閏月戊申，減江、淮歲漕米五十萬石。除舒州太湖等九茶場民逋錢十三萬緡。己酉，詔補太廟室長、齋郎〔五〕。辛亥，復陝西永豐渠以通解鹽。

六月丁亥，建、劍、邵武等州軍大水，詔賜被災家米二石，溺死者官瘞之。庚寅，大雨震電，京師平地水數尺。辛卯，避正殿，減常膳。丁酉，降天下囚罪一等，徒以下釋之。畿內、京東西、淮南、河北被水民田蠲其租。癸卯，詔官物漂失，主典免償。流徙者，所在撫存之。

秋七月戊申，御長春殿復常膳。辛未，減兩川歲輸錦綺，易綾紗爲絹，以給邊費。壬申，詔諸路轉運使舉所部官通經術者。

八月丁亥，築泰州捍海堰。己丑，詔施州溪峒首領三年一至京師。

九月乙卯，詔孫奭、馮元舉京朝官通經術者。庚申，詔禮部貢院，諸科通三經者薦擢之。錄周世宗從孫柴元亨爲三班奉職。辛未，廢襄、唐州營田務，以田賦民。

冬十月甲戌朔，日有食之。壬辰，詔：郎中以上致仕，賜一子官。甲午，昏霧四塞。丙申，奉安眞宗御容于鴻慶宮。

十二月丁丑，發米六十萬斛貸畿內飢。丁亥，帝白太后，欲元日先上太后壽乃受朝，太后不可。王曾奏曰：「陛下以孝奉母儀，太后以謙全國體，請如太后令。」

五年春正月壬寅朔，初率百官上皇太后壽于會慶殿，遂御天安殿受朝。己未，晏殊罷。戊辰，以夏竦爲樞密副使。

二月癸酉，命呂夷簡、夏竦修先朝國史，王曾提舉。丙子，詔振京東流民。丁丑，西域僧法吉祥等來獻梵書。

三月戊申，賜禮部奏名進士、諸科及第出身一千七十六人。秦州地震。罷瓊州歲貢瑇瑁、鼊皮、紫貝。

夏四月壬辰，壽寧觀火。

五月庚子朔，詔武臣子孫習文藝者，聽奏文資。壬寅，太白晝見。丙午，閱諸班騎射。辛亥，錄繫囚。辛酉，命呂夷簡等詳定編敕。癸亥，楚王元佐薨。是月，京畿旱，磁州蟲食桑。

六月甲戌，祈雨于玉清昭應宮、開寶寺。丙子，詔決畿內繫囚。丁丑，雨。癸未，罷諸營造之不急者。

秋七月己亥朔，振秦州水災，賜被溺家錢米。丙辰，發丁夫三萬八千、卒二萬一千、緡錢五十萬塞滑州決河。詔察京東被災縣吏不職者以聞。

九月庚戌，閱龍衞神勇軍習戰。

冬十月辛未，罷陝西青苗錢。癸酉，奉安眞宗御容于慈孝寺崇眞殿。己丑，頒新定五服敕。甲午，同皇太后幸御書院，觀太宗、眞宗御書。乙未，詔西川、廣南在官物故者，遣人護送其家屬還鄉，官爲給食。丙申，滑州言河平。

十一月丁酉朔，以陝西旱蝗，減其民租賦。庚子，遣使河北體量安撫。壬寅，復作指南車。辛亥，朝饗景靈宮。壬子，饗太廟。癸丑，祀天地于圜丘，大赦。賀皇太后于會慶殿。丁巳，恭謝玉淸昭應宮。

十二月辛未，加恩百官。甲戌，詔輔臣南郊恩例外，更改一子官。丁亥，詔百官宗室受賂，冒爲親屬奏官者，毋赦。

是歲，甘州及南平國王〔六〕李公蘊遣人來貢。京兆府、邢洺州蝗。華州旱，蚄蟲食苗。

六年春正月己酉，罷兩川乾元節歲貢織佛。戊午，罷提點刑獄。

二月庚辰，大風晝晦。壬午，張知白薨。

三月丙申朔，日有食之。壬子，以張士遜同中書門下平章事、集賢殿大學士。癸丑，以姜遵爲樞密副使。己未，以范雍爲樞密副使。壬戌，作西太一宮。

夏四月戊辰，詔審官、三班院、吏部流內銓、軍頭司各引對所理公事。自帝爲皇太子，輔臣參決諸司事于資善堂，至是始還有司。丁丑，貸河北流民復業者種食，復是年租賦。癸未，命官減三司歲調上供物。甲申旦，有星大如斗，自北流至西南，光燭地，有聲如雷。庚寅，下德音，以星變齋居，不視事五日；降畿內囚死罪，流以下釋之；罷諸土木工；振河北流民過京師者。

五月乙未朔，交阯寇邊。

六月丙寅，罷戎、瀘諸州穀稅錢。

秋七月壬子，江寧府、揚眞潤州江水溢，壞官民廬舍，遣使安撫振卹。

八月乙丑，詔免河北水災州軍秋稅。乙亥，河決澶州王楚埽。丙戌，錄唐張九齡後。

九月己亥，詔：京朝官任內，五人同罪奏舉者，減一任〔七〕。癸卯，祠西太一宮。甲辰，詔：河北災傷，民質桑土與人者悉歸之，候歲豐償所貸。乙巳，遣使修諸路兵械。

冬十月甲申，除福州民逋官莊錢十二萬八千緡。

十一月戊午，京西言穀斗十錢。

十二月癸亥，祠西太一宮。

是歲，甘州、三佛齊來貢。

七年春正月癸卯，曹利用罷。丙辰，降利用爲左千牛衞上將軍。

二月庚申朔，魯宗道卒。甲子，詔：文臣歷邊有材勇、武臣之子有節義者，與換官，三路任使。丙寅，張士遜罷，以呂夷簡同中書門下平章事、集賢殿大學士。丁卯，以夏竦、薛奎參知政事，陳堯佐爲樞密副使。癸酉，貶曹利用爲崇信軍節度副使，房州安置，未至自殺。乙酉，以河北水災，委轉運使察官吏，不任職者易之。

閏月癸巳，募民入粟以振河北〔八〕。戊申，禁京城創造寺觀。壬子，復制舉六科，增高蹈丘園、沉淪草澤、茂才異等科，置書判拔萃科及試武舉。癸酉，置理檢使，以御史中丞爲之。

三月乙丑，詔吏胥受賕毋用蔭。辛巳，詔：契丹飢民，所過給米，分送唐、鄧等州，以閒田處之。癸未，詔百官轉對，極言時政闕失，在外者實封以聞。

夏四月庚寅，赦天下，免河北被水民租賦。辛卯，南平王李公蘊卒，其子德政遣人來告，以爲交阯郡王。

五月乙未朔，詔禮部貢舉。庚申，詔戒文弊。己巳，頒新令。庚午，詔先朝文武官日刺史、少卿監以上，並錄其後。癸酉，錄繫囚。庚辰，御承明殿，臣僚請對者十九人，日昃乃罷。

六月壬辰，置益、梓、廣南路轉運判官。丁未，大雷雨，玉清昭應宮災。甲寅，王曾罷。秋七月癸亥，以玉清昭應宮災，遣官告諸陵，詔天下不復繕修。乙亥，詔殿直以上毋得換文資。乙酉，罷諸宮觀使。

八月丁亥朔，日有食之。詔罷天下職田，官收其入，以所直均給之。己丑，以呂夷簡爲昭文館大學士。辛卯，夏竦復爲樞密副使，陳堯佐、王曙並參知政事。己亥，詔命官犯正入贓，毋使親民。

冬十月壬寅，閱虎翼武騎卒習戰。丙午，京師地震。詔知州軍歲舉判、司、簿、尉可縣令者一人。

十一月癸亥，冬至，率百官上皇太后壽于會慶殿，遂御天安殿受朝。庚午，詔天下孤獨疾病者，致醫藥存視。詔：周世宗後，凡經郊祀，錄其子孫一人。

是歲，河北水。遣使決囚，振貧，瘞溺死者，給其家緡錢，察官吏貪暴不恤民者。龜茲、下溪州黔州蠻來貢。

八年春正月甲戌，曹瑋卒。辛巳，作會聖宮于西京永安縣。二月戊子，詔：五代時官三品以上告身存者，子孫聽用蔭。三月壬申，幸後苑，遂宴太清樓。乙亥，禁以財冒士族娶宗室女者。詔河北被水州縣毋稅牛。是月，賜禮部奏名進士、諸科及第出身八百二十二人。五月甲寅，賜信州龍虎山張乾曜號澄素先生。丙辰，大雨雹。辛酉，錄繫囚。六月癸巳，呂夷簡上新修國史。己亥，詔御史臺獄勿關糾察司。乙巳，親試書判拔萃科及武舉人。

秋七月丙子，策制舉人。八月丙戌，詔詳定鹽法。丁亥，詔近臣宗室觀祖宗御書于龍圖、天章閣，又觀瑞穀于元眞殿，遂宴蘂珠殿。戊子，詔流配人道死者，其妻子給食送還鄉里。九月癸丑，復置諸路提點刑獄官。丙辰，罷轉對。乙丑，姜遵卒。己巳，以趙稹爲樞密副使。

冬十月壬辰，奉安太祖御容于太平興國寺開先殿。丙申，弛三京、河中府、潁許汝鄭鄆濟衞晉絳虢亳宿等二十八州軍鹽禁。壬寅，置天章閣待制。

十一月丙寅，朝饗景靈宮。丁卯，饗太廟。戊辰，祀天地于圜丘，大赦。賀皇太后于會慶殿。

十二月癸未，加恩百官。辛丑，西平王趙德明、交阯王李德政並加賜功臣。

是歲，高麗、占城、邛部川蠻〔九〕來貢。

九年春正月辛亥，詔諸路轉運判官、員外郎以上遇郊聽任子弟。丙辰，長寧節，百官初上皇太后壽于會慶殿。辛未，減畿內民租。

二月癸巳，詔復郡縣職田。

三月甲寅，奉安太祖、太宗、眞宗御容于會聖宮。

夏四月戊寅，詔以隴州論平民五人爲劫盜抵死，主者雖更赦，並從重罰。乙巳，閱大樂。

五月乙丑，錄繫囚。

六月庚辰，宋綬上皇太后儀制。

秋七月丙午朔，契丹使來告其主隆緒殂，遣使祭奠弔慰，及賀宗眞立。

九月癸亥，祠西太一宮，賜道左耕者茶帛。

冬十月丙戌，詔公卿大夫勵名節。乙未，詔常參官已授外任，毋得奏舉選人。辛丑，罷劍、梓、廣南路轉運判官。

閏月戊辰，翰林侍讀學士孫奭請老，命知兗州，曲宴太清樓送之。

十一月丁亥，弛兩川礬禁。己丑，祈雪于會靈觀。丁酉，出知雜御史曹修古，御史郭勸、楊偕，推直官段少連。

十二月甲寅，詔吏部銓：選人父母年八十以上者，權注近官。辛酉，大風三日。

是歲，契丹主及其國母遣使來致遺留物及謝弔祭。南平王李德政〔一〇〕遣人謝加恩。龜茲、沙州來貢。女眞晏端等百八十四人內附。

校勘記

〔一〕是歲龜茲甘肅來貢　據宋會要蕃夷七之二二、長編卷一〇二所載，是年來貢者只有甘州，沒有肅州。疑當作「甘州」。

〔二〕盜屢毄非傷主者刺配隣州牢城　「非」字原脫，據本書卷二〇〇刑法志、長編卷一〇三補。

〔三〕章得象　原作「張得象」，據長編卷一〇四改。

〔四〕詔禮部貢舉　按長編卷一〇四記此事說：「詔禮部貢舉，進士實應三舉，諸科五舉，幷免取解。」

〔五〕詔補太廟室長齋郎　按長編卷一〇四記此事說：「詔初補太廟齋郎自今並赴宗正寺公參」，宋會要職官二二之二〇作「詔自今所補室長齋郎並依例赴宗正寺公參」。

〔六〕南平國王　「國」字疑衍。按本書卷四八八交阯傳及下文七年四月辛卯條，都作「南平王」。

〔七〕詔京朝官任內五人同罪奏舉者減一任　按長編卷一〇六記此事說：「詔近制京朝官三任知縣入同判，又三任入知州。自今任內嘗有五人同罪奏舉者，減一任。」

〔八〕閏月癸巳募民入粟以振河北　上文云「二月庚申朔」，則二月無癸巳，癸巳當在閏二月。「閏月」二字原錯置在「河北」下，據長編卷一〇七移上。

〔九〕邛部川蠻　「蠻」上原衍「都」字。按本書卷四九六邛部川蠻傳、宋會要蕃夷七之二四都說這年邛部川都蠻王黎在遣使來貢。邛部川蠻的首領稱爲「都蠻王」，但「都」非部族名，今刪。

〔一〇〕南平王李德政　按李德政由交阯郡王進封南平王在寶元元年十二月，並見本書卷四八八交阯傳、長編卷一二二、編年綱目卷一〇。此處「南平王」當爲「交阯郡王」之誤。

宋史卷十

本紀第十

仁宗二

明道元年春二月癸卯，呂夷簡上三朝寶訓。丙午，詔仕廣南者毋過兩任，以防貪黷。庚戌，以張士遜同中書門下平章事、集賢殿大學士。戊午，錄故宰臣孫並試將作監主簿。甲子，詔員外郎以上致仕者，錄其子校書郎，三丞以上齋郎。丁卯，以眞宗順容李氏爲宸妃，是日妃薨。

三月戊子，頒天聖編敕。戊戌，以江、淮旱，遣使與長吏錄繫囚，流以下減一等，杖笞釋之。己亥，除婺、秀州丁身錢。

夏四月丙午，錄繫囚。戊午，知棣州王涉坐冒請官地爲職田，配廣南牢城。

五月癸酉，遣使點檢河北城池器甲，密訪官吏能否。壬午，廢杭、秀二州鹽場。

秋七月丙申，詔諸路轉運使舉國子監講官。丁酉，王曙罷。太白晝見，彌月乃滅。八月辛丑，以晏殊爲樞密副使。丙午，晏殊參知政事。甲寅，以楊崇勳爲樞密副使。辛酉，授嗢廝囉爲寧遠大將軍、愛州團練使。壬戌，大內火，延八殿。癸亥，移御延福宮。甲子，以呂夷簡爲修內使。乙丑，詔羣臣直言闕失。丁卯，大赦。

九月庚寅，重作受命寶。丙申，皇太后出金銀器易左藏緡錢二十萬，以助修內。

冬十月庚子，黃白氣五貫紫微垣。丁巳，詔漢陽軍發廩粟以振飢民。

十一月甲戌，以修內成，恭謝天地于天安殿〔一〕，謁太廟，大赦，改元，百官進秩，優賞諸軍。是日還宮。己卯，冬至，率百官賀皇太后于文德殿，御天安殿受朝。壬辰，延州言夏王趙德明卒。癸巳，以德明子元昊爲定難軍節度使、西平王。

十二月壬寅，以楊崇勳爲樞密使。戊午，詔獲劫盜者奏裁，毋擅殺。壬戌，西北有蒼白氣亙天。

是歲，京東、淮南、江東饑。

二年春正月己卯，詔發運使以上供米百萬斛振江、淮飢民，遣使督視。

二月戊戌，含譽星見東北方。庚子，詔江、淮民飢死者，官爲之葬祭。乙巳，皇太后服袞衣、儀天冠饗太廟，皇太妃亞獻，皇后終獻。是日，上皇太后尊號曰應元齊聖顯功崇德慈仁保壽皇太后。丁未，祀先農于東郊，躬耕籍田，大赦。百官上尊號曰睿聖文武體天法道仁明孝德皇帝。

三月庚午，加恩百官。丁亥，祈雨于會靈觀、上清宮、景德開寶寺。庚寅，以皇太后不豫，大赦，除常赦所不原者；乾興以來貶死者復官，謫者內徙。甲午，皇太后崩，遺詔尊皇太妃爲皇太后。呂夷簡爲山陵使。

夏四月丙申朔，出大行皇太后遺留物賜近臣。壬寅，追尊宸妃李氏爲皇太后，至是帝始知爲宸妃所生。甲辰，以大行皇太后山陵五使〔三〕並兼追尊皇太后園陵使。戊申，聽政于崇政殿西廂。己酉，罷乾元節上壽。壬子，詔臣僚、宗戚、命婦毋得以進獻祈恩澤，及緣親戚通表章。罷創修寺觀。帝始親政，裁抑僥倖，中外大悅。癸丑，召還宋綬、范仲淹。丙辰，內侍江德明等並坐交通請謁黜。己未，呂夷簡、張耆、夏竦、陳堯佐、范雍、趙稹、晏殊皆罷。以張士遜爲昭文館大學士，李迪同中書門下平章事，王隨參知政事，李諮爲樞密副使，王德用簽書樞密院事。壬戌，御紫宸殿，以張士遜爲山陵使兼園陵使。癸亥，上大行太后謚曰莊獻明肅，追尊宸妃李氏爲皇太后謚曰莊懿。

五月戊辰，詔禮部貢舉。癸酉，詔中外勿輒言皇太后垂簾日事。乙亥，罷羣牧制置使。

丙子，命宰臣張士遜撰謝太廟及躬耕籍田記。檢討宋祁言，皇太后謁廟非後世法，乃止撰籍田記。戊寅，錄繫囚。

六月甲午朔，日有食之。壬寅，錄周世宗及高季興、李煜、孟昶、劉繼元、劉鋹後。癸卯，命審刑、大理詳定配隸刑名。戊午，減天下歲貢物。

秋七月丁丑，詔知耀州富平縣事張龜年增秩再任，以其治行風告天下。戊子，詔以蝗旱去尊號「睿聖文武」四字，以告天地宗廟，仍令中外直言闕政。

八月甲午朔，契丹使來弔慰祭奠。壬寅，作奉慈廟。甲辰，詔中外毋避莊獻明肅太后父諱。丁巳，置端明殿學士。

九月甲戌，幸洪福院〔三〕，臨莊懿太后梓宮。丙子、壬午，臨如之。

冬十月癸巳朔，太白犯南斗。甲午，禁登州民采金。丁酉，祔葬莊獻明肅皇太后、莊懿皇太后于永定陵。甲辰，詔以兩川歲貢綾錦羅綺紗，以三之二易爲紬絹，供軍須。己酉，祔莊獻明肅太后、莊懿太后神主于奉慈廟。癸丑，下德音，降東、西京囚罪一等，徒以下釋之；緣二太后陵應奉民戶，免租賦科役有差。丙辰，贈周王祐爲皇太子。戊午，張士遜、楊崇勛罷，以呂夷簡爲門下侍郎、同中書門下平章事、昭文館大學士，王曙爲樞密使，王德用爲樞密副使，宋綬參知政事，蔡齊爲樞密副使。

十一月癸亥朔，薛奎罷。詔增宗室奉。太白犯南斗。乙丑，追册美人張氏爲皇后。甲戌，贈寇準爲中書令。

十二月丙申，復置提點刑獄。丁酉，詔諸路轉運使、副，歲徧歷所部，仍令州軍具所至月日以聞。甲辰，以京東飢，出內藏絹二十萬代其民歲輸。乙巳，詔修周廟。丁未，詔臺官非中丞、知雜保薦者勿任。戊申，出宮人二百。乙卯，廢皇后郭氏爲淨妃、玉京沖妙仙師，居長寧宮。御史中丞孔道輔率諫官、御史，大呼殿門請對，詔宰相告以皇后當廢狀。丙辰，出道輔及諫官范仲淹，仍詔臺諫自今毋相率請對。丁巳，詔明年改元。禁邊臣增置堡砦。

是歲，畿內、京東西、河北、河東、陝西蝗，淮南、江東、兩川飢，遣使安撫，除民租。注輦國來貢。

景祐元年春正月甲子，發江、淮漕米振京東飢民。丙寅，詔開封府界諸縣作糜粥以濟飢民，諸災傷州軍亦如之。戊辰，詔三司鑄景祐元寶錢。甲戌，詔執政大臣議兵農可更制者以聞。詔募民掘蝗種，給菽米。癸未，詔：禮部所試舉人十取其二；進士三舉、諸科五舉嘗經殿試，進士五舉年五十、諸科六舉年六十，及曾經先朝御試者，皆以名聞。甲申，淮南飢，出內藏絹二十萬代其民歲輸。丁亥，置崇政殿說書。庚寅，詔停淮南上供一年。

二月乙未，罷書判拔萃科。辛丑，詔禮部貢院，諸科舉人七舉者，不限年，並許特奏名。甲辰，權減江、淮漕米二百萬石。戊申，詔麟、府州振蕃漢飢民。

三月壬午，免諸路災傷州軍今年夏稅。癸未，詔解州畦戶逋鹽蠲其半。是月，賜禮部奏名進士、諸科及第出身七百八十三人。

夏四月丁酉，開封府判官龐籍言，尚美人遣內侍稱教旨免工人市租。帝爲杖內侍，仍詔有司，自今宮中傳命，毋得輒受。癸丑，詔置殿中侍御史、監察御史裏行。

五月辛酉，出布十萬端易錢糴河北軍儲。丁卯，禁民間織錦刺繡爲服飾。西川歲織錦上供亦罷之。癸酉，詔：臺諫未曾歷郡守者，與郡。壬午，錄繫囚。是月，契丹主宗眞之母還政於子，出居慶陵。

六月壬辰，交州民六百餘人內附。庚子，免畿內被災民稅之半。己酉，策制舉、武舉人。乙卯，詔州縣官非理科決罪人至死者，並奏聽裁。

閏月甲子，泗州淮、汴溢。己巳，常州無錫縣大風發屋。乙亥，毀天下無額寺院。壬午，罷造玳瑁、龜筒器。

秋七月丙申，賜壽州下蔡縣被溺之家錢有差。己亥，樞密使王曙加同平章事。辛丑，詔文武提刑毋得互相薦論。壬子，詔轉運使與長吏，舉所部官專領常平倉粟。甲寅，河決澶州橫隴埽。

八月庚申，薛奎卒。壬戌，有星孛于張、翼。癸亥，王曙卒。甲子，月犯南斗。戊辰，帝不豫。庚午，以王曾爲樞密使。辛未，以星變大赦，避正殿，減常膳，輔臣奏事延和殿閤。壬申，詔淨妃郭氏出居于外，美人尚氏入道，楊氏安置別宅。

九月壬辰，百官請隻日御前殿，如先帝故事，詔可。丁酉，帝康復，御正殿，復常膳。甲辰，詔立皇后曹氏。丙午，熒惑犯南斗。

冬十月庚申，罷淮南、江、浙、荆湖制置發運使，詔淮南轉運兼發運事。乙亥，作郊廟景安、興安、祐安之曲。

十一月己丑，册曹氏爲皇后。癸丑，作大安之曲以饗聖祖。

十二月癸酉，賜西平王趙元昊佛經。

是歲，南平王李德政獻馴象二，詔還之。開封府、淄州蝗。

二年春正月癸丑，置邇英、延義二閣，寫尚書無逸篇于屏。

二月戊午，御延福宮觀大樂。癸亥，舊給事資善堂者皆推恩。戊辰，李迪罷，以王曾爲門下侍郎、同中書門下平章事，集賢殿大學士，王隨、李諮知樞密院事，蔡齊、盛度參知政事，王德用、韓億同知樞密院事。

三月戊申，出內庫珠賜三司，以助經費。

夏四月庚午，詔天下有知樂者，所在薦聞。

五月甲午，傜、獠寇雷、化州，詔桂、廣會兵討之。丙申，錄繫囚。庚子，議太祖、太宗、眞宗廟並萬世不遷；南郊升侑上帝，以太祖定配，二宗迭配。丙午，降天下繫囚罪一等，杖以下釋之。丁未，廣西言鎭寧州蠻入寇。

六月丁巳，詔幕職官初任未成考，毋薦。乙亥，頒一司一務及在京敕。鎭寧蠻請降。

秋七月戊申，廢西京採柴務，以山林賦民，官取十之一。

八月壬子朔，詔輕強盜法。甲寅，宴紫宸殿，初用樂。甲戌，幸安肅門砲場閱習戰。己卯，置提點銀銅坑冶鑄錢官〔四〕。

九月壬寅，按新樂。己酉，作睦親宅。命中丞杜衍等汰三司胥吏。宋綬上中書總例。

冬十月辛亥朔，復置朝集院。癸亥，復羣牧制置使。丁卯，詔諸路歲輸緡錢福建、二廣易以銀，江東以帛。庚午，熒惑犯左執法。

十一月戊子，廢后郭氏薨。癸巳，朝饗景靈宮。甲午，饗太廟、奉慈廟。乙未，祀天地于圜丘，大赦。錄五代及諸國後。宗室任諸司使以下至殿直者，換西班官。百官上尊號曰景祐體天法道欽文聰武聖神孝德皇帝。丁未，加恩百官。

十二月壬子，加喃斯囉爲保順軍留後。丙子，詔長吏能導民修水利闢荒田者賞之。是歲，以鎭戎軍荐飢，貸弓箭手粟麥六萬石。

三年春正月壬辰，追復郭氏爲皇后。丁酉，葬皇后郭氏。

二月丙辰，命官較太常鐘律。壬戌，詔兩制、禮官詳定京師士民服用、居室之制。甲子，以廣南兵民苦瘴毒，爲置醫藥。丁卯，修陝西三白渠。

三月癸巳，復商賈以見錢算請官茶法。乙未，觀新定鐘律。戊戌，詔兩省、卿監、刺史、閤門以上致仕，給奉如分司官，長吏歲時勞賜之。改維州爲威州。

夏五月庚辰，購求館閣逸書。丙申，錄繫囚。丙戌，天章閣待制范仲淹坐譏刺大臣，落職知饒州。集賢校理余靖、館閣校勘尹洙、歐陽修並落職補外。詔戒百官越職言事。

六月壬申，虔、吉州水溢，壞城郭廬舍，賜被溺家錢有差。

秋七月丁亥，禁民間私寫編敕、刑書。乙未，置大宗正司。庚子，大雨震電。太平興國寺災。辛丑，降三京罪囚一等，徒以下釋之。

八月己酉，班民間冠服、居室、車馬、器用犯制之禁。乙卯，月犯南斗。

九月庚辰，幸睦親宅宴宗室。癸巳，熒惑犯南斗。是月，定申心喪解官法。
冬十月丁未，命章得象等考課諸路提刑。甲寅，作朝集院〔五〕。
十一月戊寅，保慶皇太后楊氏崩。辛卯，上保慶太后謚曰莊惠。
十二月丙寅，李諮卒。丁卯，王德用知樞密院事，章得象同知樞密院事。
是歲，南平王李德政、西南蕃來貢。南丹州莫淮戟內附。

四年春正月壬午，詔均諸州解額。
二月己酉，葬莊惠皇太后〔六〕于永定陵。己未，祔神主于奉慈廟。庚申，德音：降東、西京及靈駕所過州縣囚罪一等，徒以下釋之。乙丑，置赤帝像于宮中祈嗣。
三月甲戌，置天章閣侍講。戊寅，詔禮部貢舉。
夏四月乙巳，呂夷簡上景祐法寶新錄。甲子，呂夷簡、王曾、宋綬、蔡齊罷，以王隨爲門下侍郎、同中書門下平章事、昭文館大學士，陳堯佐同中書門下平章事、集賢殿大學士，盛度知樞密院事，韓億、程琳、石中立參知政事，王鬷同知樞密院事。
五月庚戌，皇子生，錄繫囚，降死罪一等，流以下釋之。是日皇子薨。乙卯，以旱遣使決三京繫囚。丙寅，芝生化成殿楹。

六月乙亥，杭州江潮壞隄，遣使致祭。戊子，出神武祕略賜邊臣。己丑，奉安太祖御容于揚州建隆寺。

秋七月丁未，詔河東、河北州郡密嚴邊備。戊申，有星數百西南流至壁東，大者其光燭地，黑氣長丈餘，出畢宿下。

八月甲戌，越州水，賜被溺民家錢有差。甲午，詔三司、轉運司毋借常平錢穀。

冬十一月癸亥，罷登、萊買金場。

十二月甲申，幷、代、忻州並言地震，吏民壓死者三萬二千三百六人，傷五千六百人，畜擾死者五萬餘。遣使撫存其民，賜死傷之家錢有差。

是歲，滑州民蠶成被，長二丈五尺。唃厮囉、龜茲、沙州來貢。

寶元元年春正月甲辰，雷。丙辰，以地震及雷發不時，詔轉運使、提點刑獄〔七〕按所部官吏，除幷、代、忻州壓死民家去年秋糧。

二月壬申，詔復日御前殿。甲午，安化蠻寇宜、融州。

三月戊戌朔，王隨、陳堯佐、韓億、石中立罷，以張士遜爲門下侍郎、同中書門下平章事、昭文館大學士，章得象同中書門下平章事、集賢殿大學士，王鬷、李若谷並參知政事，王博文、陳執中同知樞密院事。己亥，發邵、澧、潭三州駐泊兵討安化州蠻。是月，賜禮部奏名進士、諸科及第出身七百二十四人。

夏四月癸酉，王博文卒。乙亥，以張觀同知樞密院事。壬辰，除宜、融州夏稅。

五月乙巳，錄繫囚。

六月戊寅，罷舉童子。己卯，建州大水，壞民廬舍，賜死傷家錢有差，其無主者官葬祭之。甲申，詔天下諸州月上雨雪狀。

秋七月壬戌，策制舉人。癸亥，策武舉人。

八月丁卯，復淮南、江、浙、荆湖制置發運使。庚辰，熒惑犯南斗。

九月戊申，詔應祀事，已受誓戒而失虔恭者，毋以赦原。賜宜、融州討蠻兵緡錢。

冬十月丙寅，詔戒百官朋黨。

十一月甲辰，詔廣西鈐轄進兵討安化蠻。乙巳，詔宜、融州民嘗從軍役者，免今夏稅，運糧者免其半。戊申，朝饗景靈宮。己酉，饗太廟及奉慈廟。庚戌，祀天地于圜丘，大赦，改元。百官上尊號曰寶元體天法道欽文聰武聖神孝德皇帝。乙卯，復奏舉縣令法。王曾薨。

十二月癸亥朔，加恩百官。甲子，京師地震。丙寅，鄜延路言趙元昊反。甲戌，禁邊人與元昊互市。己卯，奉寧軍節度使、知永興軍夏竦兼涇原秦鳳路安撫使，振武軍節度使、知延州范雍兼鄜延環慶路安撫使。

是歲，達州大水，黎州蠻來貢。

二年春正月己酉，王隨卒。辛亥，安化蠻平。癸丑，趙元昊表請稱帝改元。

三月丁未，鑄皇宋通寶錢。乙卯，閱試衞士。戊午，賜陝西緣邊軍士緡錢。

夏四月癸亥，授唃厮囉二子瞎氊、磨氊角〔八〕團練使。乙丑，放宮女二百七十人。壬申，免昭州運糧死蠻寇者家傜二年、賦租一年。

五月癸巳，詔近臣舉方略材武之士各二人。己亥，禁皇族及諸命婦、女冠、尼等非時入內。癸卯，命近臣同三司議節省浮費。丙午，遣使體量安撫陝西、河東。己酉，錄繫囚。壬子，王德用罷，以夏守贇知樞密院事。

六月壬戌，詔省浮費，自乘輿服御及宮掖所須，宜從簡約，若吏兵祿賜，毋概行裁減。戊辰，詔諸致仕官嘗犯贓者，毋推恩子孫。丁丑，益州火，焚廬舍三千餘區。壬午，削趙元昊官爵，除屬籍。

秋七月丁巳，詔宗室遇南郊及乾元節恩，許官一子，餘五歲授官。戊午，以夏竦知涇州兼涇原秦鳳路沿邊經略安撫使、涇原路馬步軍都總管，范雍兼鄜延環慶路沿邊經略安撫使、鄜延路馬步軍都總管。

八月丁卯，以箄篥城嗢厮波補本族軍主。甲戌，皇子生。丙子，降三京囚罪一等，徒以下釋之。辛巳，命輔臣報祠高禖。

九月壬寅，詔河北轉運使兼都大制置營田屯田事。乙卯，出內庫銀四萬兩，易粟振益、梓、利、夔路飢民。

十月庚午，賜麟、府州及川、陝軍士緡錢。甲申，詔兩川飢民出劍門關者勿禁。

十一月戊子朔，出內庫珠，易緡錢三十萬糴邊儲。丁酉，盛度、程琳罷，出御史中丞孔道輔。壬寅，以王隨知樞密院事，宋庠參知政事。

十二月庚申，詔審刑院、大理寺、刑部毋通賓客。壬申，詔御史闕員朕自擇舉。是歲，曹、濮、單州蝗。

康定元年春正月丙辰朔，日有食之。壬戌，賜國子監學田五十頃。是月，元昊寇延州，執鄜延、環慶兩路副都總管劉平，鄜延副都總管石元孫。詔陝西運使明鎬募強壯備邊。

二月丁亥，以夏守贇爲宣徽南院使，陝西馬步軍都總管、經略安撫使。詔潼關設備。

辛卯，月、太白俱犯昴。壬辰，夏守贇兼沿邊招討使。出內藏緡錢十萬賜戍邊禁兵之家。知制誥韓琦安撫陝西。白氣如繩貫日。甲午，括畿內、京東西、淮南、陝西馬。丙申，詔諸路轉運使、提刑，訪知邊事者以聞。丁酉，詔樞密院同宰臣議邊事。辛丑，出內藏緡錢八十萬付陝西市糴軍儲〔九〕。丙午，德音：釋延州保安軍流以下罪，寇所攻掠地除今夏稅，戍兵及戰死者賜其家緡錢。是日改元，去尊號「寶元」字，許中外臣庶上封章言事。丁未，詔陝西量民力，蠲所科芻糧。癸丑，降范雍爲尚書吏部侍郎、知安州。甲寅，出內庫珠償民馬直。

三月丙辰，詔大臣條陝西攻守策。癸亥，命韓琦治陝西城池。乙丑，閱虎翼軍習戰。辛未，詔延州錄戰沒軍士子孫，月給糧。丙子，大風，晝暝，是夜有黑氣長數丈，見東南。丁丑，罷大宴。詔中外言闕政。戊寅，王鬷、陳執中、張觀罷，以晏殊、宋綬知樞密院事，王貽永同知樞密院事。詔按察官舉才堪將帥者。庚辰，詔參知政事同議邊事。辛巳，德音：降天下四罪一等，徒以下釋之。賜京師、河北、陝西、河東諸軍緡錢，蠲陝西夏稅十之二，減河東所科粟。

夏四月丙戌，省陝西沿邊堡砦。癸巳，詔諸戍邊軍月遣內侍存問其家，病致醫藥，死爲斂葬之。甲午，遣使籍陝西強壯軍。乙未，契丹國母復遣使來賀乾元節。乙巳，增補河北強壯軍。丙午，鄜延路兵馬都監黃德和坐棄軍要斬。丁未，贈劉平、石元孫官，錄其子孫。辛亥，築延州金明栲栳砦。

五月甲寅朔，詔前殿奏事毋過五班，餘對後殿。命大官賜食。壬戌，張士遜致事，呂夷簡爲門下侍郎、同中書門下平章事、昭文館大學士。癸酉，詔夏守贇進屯鄜州。戊寅，以夏竦爲陝西馬步軍都總管兼招討使。是月，元昊陷塞門砦，兵馬監押王繼元死之，又陷安遠砦。

六月丙戌，詔假日御崇政殿視事如前殿。丁亥，以夏守贇同知樞密院事。甲午，降三京囚罪一等，徒以下釋之。乙未，南京鴻慶宮神御殿火。壬寅，遣使體量安撫京東、西。甲辰，增置陝西、河北、河東、京東西弓手。

秋七月乙丑，遣使以討元昊告契丹。庚午，閱諸軍習戰。戊寅，皇子昕爲忠正軍節度使，封壽國公。

八月戊戌，禁以金箔飾佛像。癸卯，遣尚書屯田員外郎劉渙使邈川。戊申，夏守贇罷，以杜衍同知樞密院事。辛亥，詔范仲淹、葛懷敏領兵驅逐塞門等砦蕃騎出境，仍募弓箭手，給地居之。

九月甲寅，滑州河溢。戊午，李若谷罷，以宋綬、晁宗慤參知政事，鄭戩同知樞密院事。

戊辰，以晏殊爲樞密使，王貽永、杜衍、鄭戩並樞密副使。甲戌，詔使臣、諸班、諸軍有武藝者自陳。辛巳，閱諸軍習戰。是月，元昊寇三川砦，都巡檢楊保吉死之；又圍師子、定川堡，戰士死者五千餘人，遂陷乾溝、乾河、趙福三堡。環慶路兵馬副都總管任福破白豹城。

冬十月乙未，製銅符、木契〔一〇〕、傳信牌。甲辰，錄方略士六十一人，授官有差。

十一月壬戌，有大星流西南，聲如雷者三。

十二月癸未，出內藏庫絹一百萬助羅軍儲。詔南京祠大火。丙戌，詔以常平緡錢助羅軍儲。癸卯，宋綬卒。戊申，鑄「當十」錢權助邊費。

校勘記

〔一〕天安殿　原作「大安殿」，據本書卷八五地理志、長編卷一一一、玉海卷一六〇改。下文同。

〔二〕大行皇太后山陵五使　「山陵」二字原脫，據長編卷一一二、宋會要禮三七之五七補。

〔三〕洪福院　原作「法福院」，據本書卷二四二李宸妃傳、長編卷一一三和宋會要禮三二之一七、一八改。

〔四〕置提點銀銅坑冶鑄錢官　「銀銅坑冶」，原作「刑獄」，據長編卷一一七、宋史全文卷七改。

〔五〕作朝集院　長編卷一一九作「新作朝集院成」。按上文及編年綱目卷一〇置朝集院條注，當以長編爲是。

〔六〕莊惠皇太后　「太」字原脫，據長編卷一二〇、宋會要后妃一之二補。

〔七〕提點刑獄　「點」，原作「舉」，據長編卷一二一改。

〔八〕磨氈角　原作「磨角氈」，按本書卷一一、四九二和宋會要蕃夷六之三都作「磨氈角」，長編卷一二三作「默戩覺」，因改。

〔九〕出內藏緡錢八十萬付陝西市糴軍儲　「付」字原脫，據長編卷一二六補。

〔一〇〕製銅符木契　「符」字原脫，據長編卷一二九及本書下卷慶曆元年十月己亥「罷銅符木契」補。

宋史卷十一

本紀第十一

仁宗三

慶曆元年春正月辛亥朔，御大慶殿受朝。己未，加唃廝囉河西節度使。壬申，詔歲以春分祠高禖。是月，元昊請和。

二月己亥，壽國公昕薨。辛亥，罷大宴。京東西、淮、浙、江南、荆湖置宣毅軍。甲辰，詔：臣僚受外任者，毋得因臨遣祈恩。丙午，京師雨藥。是月，元昊寇渭州，環慶路馬步軍副總管任福敗于好水川，福及將佐軍士死者六千餘人。

三月庚戌朔，修金隄。乙卯，詔止郡國舉人，勿以邊機爲名希求恩澤。

夏四月甲申，以資政殿學士陳執中同陝西馬步軍都總管兼經略安撫沿邊招討等使，知永興軍。詔夏竦仍判永興軍。乙巳，下德音：降陝西囚死罪一等，流以下釋之；特支軍士緡錢；振撫邊民被鈔略者親屬。

五月丁巳，錄繫囚。甲子，出內藏緡錢一百萬助軍費。乙丑，追封皇長子爲褒王，賜名昉。丁卯，罷陝西經略安撫沿邊招討都監。辛未，宋庠、鄭戩罷，以王舉正參知政事，任中師、任布爲樞密副使。詔夏竦屯軍鄜州，陳執中屯軍涇州。癸酉，閱試衞士。

六月壬辰，詔陝西諸路總管司嚴邊備，毋輒入賊界，賊至則禦之。乙巳，詔近臣舉河北陝西河東知州、通判、縣令。

秋七月丙辰，月掩心後星。戊午，月掩南斗。壬戌，置萬勝軍凡二十指揮。是月，元昊寇麟、府州。

八月戊寅，詔鄜延部署以兵援麟、府。甲申，河北置場括市戰馬，緣邊七州軍免括。乙未，毁潼關新置樓櫓。庚子，月掩歲星。乙巳，募民間材勇者補神捷指揮。是月，元昊寇金明砦，破寧遠砦，砦主王世亶、兵馬監押王顯死之；陷豐州，知州王餘慶、兵馬監押孫吉死之。

九月壬子，命河東鑄大鐵錢。乙亥，復置義倉。

冬十月甲午，詔罷陝西都部署，分四路置使〔一〕。置陝西營田務。己亥，罷銅符、木契。是月，修河北城池。

十一月壬子，置涇原路強壯弓箭手。丙辰，發廩粟，減價以濟京城民。甲子，朝饗景靈宮。乙丑，饗太廟、奉慈廟。丙寅，祀天地于圜丘，大赦，改元。蠲陝西來年夏稅十之二，及麟、府民二年賦租。臣僚許立家廟，功臣不限品數賜戟。增天下解額。弛京東八州鹽禁。是月，令江、饒、池三州鑄鐵錢。

十二月丙子，加恩百官。丁丑，司天監上崇天萬年曆。戊寅，詔陝西四路總管及轉運使兼營田。甲午，置陝西護塞軍。

是歲，湖南洞蠻知徽州楊通漢貢方物。

二年春正月丁巳，復京師榷鹽法。壬戌，詔以京西閑田處內附蕃族無親屬者。遣使河北募兵，及萬人者賞之。癸亥，詔磨勘院考提點刑獄功罪爲三等，以待黜陟。

二月乙未，詔：河北強壯刺手背爲義勇軍。

三月甲辰朔，詔殿前指揮使、兩省都知舉武臣才堪爲將者。丁巳，杜衍宣撫河東。辛酉，晁宗慤罷。己巳，契丹遣蕭英、劉六符來致書求割地。是月，賜禮部奏名進士、諸科及第出身八百三十九人。

夏四月戊寅，命御史中丞、諫官同較三司用度，罷其不急者。庚辰，知制誥富弼報使契丹。

五月辛亥，錄繫囚。壬子，減皇后及宗室婦郊賜之半。甲寅，詔三館臣僚上封事及聽請對。丙辰，詔醫官毋得換右職。戊午，建大名府爲北京。降河北州軍繫囚罪一等，杖、笞以下釋之。乙丑，罷左藏庫月進錢。戊辰，禁銷金爲服飾。是月，契丹集兵幽州，聲言來侵，河北、京東皆爲邊備。

六月甲戌，出內藏銀、紬、絹三百萬助邊費。癸未，以特奏名武藝人補三班。丙戌，置北平軍。丙申，閱蕃落將士騎射。戊戌，詔減省南郊臣僚賜與。

秋七月丙午，任布罷。丁未，詔：軍校戰沒無子孫者，賜其家緡錢。戊午，大雨雹。以呂夷簡兼判樞密院事，章得象兼樞密使，晏殊加平章事。癸亥，富弼再使契丹。詔：京官告病者，一年方聽朝參。

八月丁丑，策制舉人。戊寅，策武舉人試騎射。甲申，白氣貫北斗。戊子，出內藏庫緡錢十萬修北京行宮。己亥，遣使安撫京東，督捕盜賊。

九月丙午，呂夷簡改兼樞密使。乙丑，契丹遣耶律仁先〔二〕、劉六符持誓書來。

閏月戊戌，罷河北民間科徭。是月，元昊寇定川砦，涇原路馬步軍副都總管葛懷敏戰沒，諸將死者十四人，元昊大掠渭州而去。

冬十月庚戌，刺陝西保捷軍〔三〕。甲寅，遣使安撫涇原路。丙辰，知制誥梁適報使契丹。戊午，發定州禁軍二萬二千人屯涇原。庚申，詔恤將校陣亡，其妻女無依者養之宮中。丙寅，契丹遣使來再致誓書，報徹兵。

十一月壬申，黑氣貫北斗柄。辛巳，復都部署兼招討等使，命韓琦、范仲淹、龐籍分領之。甲申，以泰山處士孫復爲國子監直講。

是歲，占城獻馴象三。

三年春正月庚午朔，封皇子曦爲鄂王。辛未，曦薨。丙子，減陝西歲市木三之一。辛巳，詔輔臣議蠲減天下賦役。戊子，詔錄將校死王事而無子孫者親屬。辛卯，置德順軍。壬辰，錄唐狄仁傑後。

二月丙午，賜陝西招討韓琦、范仲淹、龐籍錢各百萬。癸巳，元昊自名曩霄，遣人來納款，稱夏國。

三月壬申，閱衞士武技。戊子，呂夷簡罷爲司徒、監修國史，與議軍國大事。辛酉，立四門學。以章得象爲昭文館大學士，晏殊爲集賢殿大學士並兼樞密使，夏竦爲樞密使，賈昌朝參知政事。

夏四月戊戌朔，幸瓊林苑閱騎士。癸卯，遣保安軍判官邵良佐使元昊，許封册爲夏國主，歲賜絹十萬匹、茶三萬斤。甲辰，以韓琦、范仲淹爲樞密副使。乙巳，詔夏竦還本鎮，以杜衍爲樞密使。丙辰，以春夏不雨，遣使祠禱于嶽瀆。甲子，呂夷簡罷議軍國大事。

五月丁卯朔，日有食之。庚午，錄繫囚。戊寅，詔諸路轉運使並兼按察使，歲具官吏能否以聞。庚辰，祈雨于相國寺、會靈觀。癸未，置御史六員，罷推直官。丁亥，置武學。戊子，雨。己丑，謝雨。辛卯，築欽天壇于禁中。乙未，近臣薦試方略者六人，授官有差。是月，忻州地大震。虎翼卒王倫叛于沂州〔四〕。

六月甲辰，詔諸路漕臣令所部官吏條茶、鹽、礬及坑冶利害以聞。

秋七月辛未，詔許二府不限奏事常制，得數陳留對。丙子，王舉正罷。壬午，罷陝西管內營田。甲申，命任中師宣撫河東，范仲淹宣撫陝西。乙酉，獲王倫。

八月乙未朔，命官詳定編敕。戊戌，詔諫官日赴內朝。丁未，以范仲淹參知政事，富弼爲樞密副使。壬子，白氣貫北斗魁。癸丑，韓琦代范仲淹宣撫陝西。甲寅，太白晝見。戊午，罷武學。

九月丁卯，詔輔臣對天章閣。戊辰，呂夷簡以太尉致仕。乙亥，任中師罷。丁丑，詔執政大臣非假休不許私第受謁。是月，桂陽洞蠻寇邊，湖南提刑募兵討平之。

冬十月丙午，詔中書、樞密同選諸路轉運使。丁未，詔縣令佐能根括編戶隱僞以增賦入者，量其數賞之。戊申，詔二府同選諸路提刑。甲寅，復諸路轉運判官。乙卯，詔修兵書。壬戌，詔二府頒新定磨勘式。甲子，築水洛城。是月，光化軍亂，討平之。

十一月丙寅，上清宮火。癸未，詔館職有闕，以兩府、兩省保舉，然後召試補用。丁亥，更蔭補法。壬辰，限職田。是月，五星皆在東方。

十二月乙巳，桂陽監徭賊復寇邊。丁巳，大雨雪，木冰。河北雨赤雪。交阯獻馴象五。安化州蠻來貢。

四年春正月庚午，京城雪寒，詔三司減價出薪米以濟之。壬申，西蕃磨氊角入貢。乙亥，荆王元儼薨。辛卯，太常禮儀院上新修禮書及慶曆祀儀。

二月丙申，出奉宸庫銀三萬兩振陝西饑民。己酉，白虹貫日。甲寅，罷陝西四路馬步軍都總管、經略安撫招討使，復置隨路都總管、經略安撫招討使。

三月癸亥朔，以旱遣內侍祈雨。辛未，省廣濟河歲漕軍儲二十萬石。乙亥，詔天下州縣立學，更定科舉法，語在選舉志。己卯，出御書治道三十五事賜講讀官。庚辰，錄唐郭子儀後。甲申，免衡道州、桂陽監民經徭賊劫略者賦役一年。

夏四月丙申，詔湖南民誤爲征徭軍所殺者，賜帛存撫其家。丁酉，宜州蠻區希範〔五〕叛，詔廣西轉運鈐轄司發兵討捕。壬子，以錫慶院爲太學。

五月庚午，錄繫囚。壬申，幸國子監謁孔子，有司言舊儀止肅揖，帝特再拜。賜直講孫復五品服。遂幸武成王廟，又幸玉津園觀種稻。乙亥，撫州獻生金山。丙子，詔西川知州軍監，罷任未出界而卒者，錄其子孫一人。戊寅，詔募人納粟振淮南饑。乙酉，忻州言地震有聲如雷。丙戌，曩霄遣人來，復稱臣。

六月壬子，降天下繫囚流、徒罪一等，杖、笞釋之。范仲淹宣撫陝西、河東。癸丑，詔諸軍因戰傷廢停不能自存及死事之家孤老，月給米人三斗。

秋七月戊寅，封宗室德文等十人爲郡王、國公。壬午，月犯熒惑。癸未，契丹遣使來告伐夏國。甲申，夷人寇三江砦，淯井監官兵擊走之。丙戌，詔諸路轉運、提刑察舉守令有治狀者。

八月辛卯，命賈昌朝領天下農田，范仲淹領刑法事。甲午，富弼宣撫河北。戊戌，命右正言余靖報使契丹。保州雲翼軍殺官吏據城叛。庚子，命右正言田況度視保州，仍聽便宜行事。丙午，進宗室官有差。戊午，詔輔臣所薦官，毋以爲諫官、御史。

九月辛酉，保州平。壬戌，詔：「保州官吏死亂兵而無親屬者，官爲殯斂，兵官被害及戰沒，並優賜其家。民田遭蹂踐者，蠲其租。」癸亥，以眞宗賢妃沈氏爲德妃，婉儀杜氏爲賢妃。戊辰，呂夷簡薨。庚午，晏殊罷。乙亥，遣使安撫湖南。甲申，以杜衍同中書門下平章事兼樞密使、集賢殿大學士，賈昌朝爲樞密使，陳執中參知政事。丁亥，宴宗室太清樓，射于苑中。

冬十月庚寅，賜曩霄誓詔，歲賜銀、絹、茶、綵凡二十五萬五千。陳堯佐罷。丙申，命范仲淹提舉三館秘閣繕校書籍。癸丑，桂陽蠻降，授蠻酋三人奉職。

十一月壬戌，以西界內附香布爲團練使〔六〕。己巳，詔戒朋黨相訐，及按察恣爲苛刻、文人肆言行怪者。己卯，改上莊穆皇后謚曰章穆，莊獻明肅皇太后曰章獻明肅，莊懿皇太后曰章懿，莊懷皇后曰章懷，莊惠皇太后曰章惠。庚辰，朝饗景靈宮。辛巳，饗太廟、奉慈廟。壬午，冬至，祀天地于圜丘，大赦。

十二月壬辰，加恩百官。乙未，封曩霄爲夏國主。丁酉，詔州縣以先帝所賜七條相誨敕。辛亥，置保安、鎮戎軍榷場。

是歲，黎州邛部川山前、山後百蠻都鬼主牟黑來貢。

五年春正月甲戌，罷河東、陝西諸路招討使。乙亥，復置言事御史。丙子，契丹遣使來告伐夏國還。庚辰，命知制誥余靖報使契丹。癸未，詔：京朝官因被彈奏，雖不曾責罰，但有改移差遣，並四周年磨勘。乙酉，范仲淹、富弼罷。丙戌，杜衍罷，以賈昌朝同中書門下平章事兼樞密使、集賢殿大學士，王貽永爲樞密使，宋庠參知政事，吳育、龐籍並爲樞密副使。

二月辛卯，詔罷京朝官用保任敍遷法，又罷蔭補限年法。壬辰，曩霄初遣人來賀正旦。癸卯，以久旱，詔州縣毋得淹繫刑獄。辛亥，祈雨于相國天淸寺、會靈祥源觀。癸丑，桂陽監言唐和等復內寇。乙卯，謝雨。

三月己未，詔大宗正勵諸宗子授經務學。辛酉，韓琦罷。癸亥，詔禮部貢舉。甲子，宜州蠻賊區希範平。庚午，東方有黃氣如虹貫月。甲戌，詔監司按察屬吏，毋得差官體量。甲申，詔陝西以曩霄稱臣，降繫囚罪一等，笞釋之；邊兵第賜緡錢；民去年逋負皆勿責，蠲其租稅之半，麟、府州嘗爲羌所掠，除逋負租稅如之。丙戌，罷入粟補官。

夏四月丁亥朔，司天言日當食，陰晦不見。錄繫囚，遣官錄三京囚。辛卯，曩霄初遣人來賀乾元節。戊申，章得象罷，以賈昌朝爲昭文館大學士，陳執中同中書門下平章事、集賢殿大學士兼樞密使。庚戌，以吳育參知政事，丁度爲樞密副使。

五月己巳，罷諸路轉運判官。

閏月丙午，曩霄遣人來謝册命。

六月丁卯，減益、梓州上供絹歲三之一，紅錦、鹿胎半之。

秋七月戊申，廣州地震。

八月庚午，荊南府、岳州地震。

九月庚寅，詔：文武官已致仕而舉官犯罪當連坐者，除之。辛卯，以重陽曲宴近臣、宗室于太清樓，遂射苑中。

冬十月乙卯，契丹遣使來獻九龍車及所獲夏國羊馬。辛酉，祔章獻明肅皇后、章懿皇后神主于太廟，大赦。罷轉運使兼按察。庚午，幸瓊林苑，遂畋楊村，遣使以所獲馳薦太廟，召父老賜以飲食、茶帛。辛未，頒曆于夏國。庚辰，罷宰臣兼樞密使。

十一月丁亥，冬至，宴宗室于崇政殿。己酉，詔河北長吏舉殿直、供奉官有武才者。

是歲，施州溪洞蠻、西南夷龍以特來貢。

六年春正月戊申，徙廣南戍兵善地，以避瘴毒。

二月戊寅，青州地震。詔陝西經略安撫及轉運司，議裁節諸費及所置官員無用者以聞。

三月辛巳朔，日有食之。錄繫囚。庚寅，登州地震，岠嵎山摧，自是屢震，輒海底有聲如雷。甲午，月犯歲星。是月，賜禮部奏名進士、諸科及第出身八百五十三人。

夏四月甲寅，遣使賜湖南戍兵方藥。

五月甲申，京師雨雹，地震。丙戌，錄繫囚。戊子，減邛州鹽井歲課緡錢一百萬。丙申，詔陝西市蕃部馬。丁酉，京東人劉﨑、劉沔、胡信謀反伏誅。

六月庚戌朔，詔夏竦與河北監司察帥臣、長吏之不職者。丁巳，有流星出營室南，其光燭地，隱然有聲。丙寅，以久旱，民多暍死，命京城增鑿井三百九十。丁丑，詔制科隨禮部貢舉。

秋七月丁亥，月犯南斗。庚寅，河東經略司言雨壞忻、代等州城壁。

八月癸亥，策試賢良方正能直言極諫，幷試武舉人。癸酉，以吳育爲樞密副使，丁度參知政事。

九月甲辰，登州言有巨木三千餘浮海而出。

冬十月辛未，詔發兵討湖南徭賊。

十一月己卯，遣官議夏國公封界〔七〕。癸未，湖南徭賊寇英、韶州界。辛丑，畋東韓村，乘輿所過及圍內田，蠲其租一年。

是歲，邈川首領唃厮囉、西蕃瞎氈磨氈角、安化州蠻蒙光速等來貢。交阯獻馴象十。道州部瀧酋李石壁等降。

七年春正月丙子朔，御大慶殿受朝。丁亥，詔：河北所括馬死者，限二年償之。己亥，頒慶曆編敕。壬寅，詔減連州民被徭害者來年夏租。

二月己酉，詔取益州交子三十萬，於秦州募人入中糧。丙辰，令內侍二人提舉月給軍糧。

三月壬午，錄繫囚。癸未，詔：「天下有能言寬恤民力之事者，有司驛置以聞，以其副上之轉運司，詳其可行者輒行之。」毀後苑龍船。丁亥，以旱罷大宴。癸巳，詔：避正殿，減常膳；許中外臣僚實封條上三事〔八〕。乙未，賈昌朝罷，以陳執中爲昭文館大學士，夏竦同中書門下平章事、集賢殿大學士，吳育爲給事中歸班，文彥博爲樞密副使。罷出獵。丁酉，以夏竦爲樞密使，文彥博參知政事，高若訥爲樞密副使。辛丑，祈雨于西太一宮，及還遂雨。壬寅，陳執中、宋庠、丁度以旱降官一等。

夏四月丁未，謝雨。己酉，詔：「前京東轉運使薛紳專任文吏伺察郡縣細過，江東轉運使楊紘、判官王綽、提點刑獄王鼎苛刻相尙，並削職知州，自今毋復用爲部使者。」壬子，御正殿，復常膳。乙卯，復執中、庠、度官。己巳，詔諫官非公事毋得私謁。

五月戊寅，詔：武臣非歷知州軍無過者，毋授同提點刑獄。己丑，補降傜唐和等爲峒主。己亥，命翰林學士楊察鐫放天下逋負。辛丑，詔西北二邊有大事，二府與兩制以上雜議之。

六月乙巳，詔禁畜猛獸害人者。辛酉，詔天下知縣非鞫獄毋得差遣。壬戌，詔：臣僚朝見者，留京毋過十日。

秋七月癸未，奉安太祖、太宗、眞宗御容于南京鴻慶宮。甲申，德音：降南京畿內囚罪一等，徒以下釋之；賜民夏稅之半；除災傷倚閣稅及欠折官物非侵盜者。辛丑，禁貢餘物饋近臣。

八月乙丑，析河北爲四路，各置都總管。

九月丁酉，詔删定一州一縣敕。

冬十月壬子，李迪薨。甲子，幸廣親宅，謁太祖、太宗神御殿，宴宗室，賜器幣有差。乙丑，河陽、許州地震。

十一月乙未，加上眞宗謚。丙申，朝饗景靈宫。丁酉，饗太廟、奉慈廟。戊戌，冬至，祀天地于圜丘，大赦。貝州宣毅卒王則據城反。

十二月戊申，加恩百官。庚戌，樞密直學士明鎬體量安撫河北。癸丑，詔貝州有能引致官兵獲賊者，授諸衞上將軍。甲寅，遣內侍以敕榜招安貝賊。

是歲，西蕃磨氈角來貢。

八年春正月丁丑，文彥博宣撫河北，明鎬副之。壬午，江寧府火。乙未，日赤無光。

閏月辛丑，貝州平。甲辰，曲赦河北，賜平貝州將士緡錢，戰沒者官爲葬祭，兵所踐民田蠲其稅，改貝州爲恩州。戊申，文彥博同中書門下平章事、集賢殿大學士，官吏將士有功者遷擢有差。辛酉，親從官顏秀等四人夜入禁中謀爲變，宿衞兵捕殺之。丙寅，磔王則于都市。丁卯，知貝州張得一坐降賊伏誅。

二月癸酉，頒慶曆善救方。夏國來告曩霄卒。己卯，賜瀛、莫、恩、冀州緡錢二萬，贖還饑民鬻子。丁酉，奉安宣祖、太祖、太宗御容于睦親宅。

三月甲辰，詔禮部貢舉。辛亥，遣使體量安撫陝西。甲寅，幸龍圖、天章閣，詔輔臣曰：「西陲備禦，兵冗賞濫，罔知所從，卿等各以所見條奏。」又詔翰林學士、三司使、知開封府、御史中丞曰：「朕躬闕失，左右朋邪，中外險詐，州郡暴虐，法令有不便於民者，朕欲聞之，其悉以陳。」壬戌，以霖雨，錄繫囚。癸亥，以朝政得失、兵農要務、邊防備豫、將帥能否、財賦利害、錢法是非與夫讒人害政、姦盜亂俗及防微杜漸之策，召知制誥、諫官、御史等諭之，使悉對于篇。

夏四月己巳朔，封曩霄子諒祚爲夏國主。壬申，丁度罷，明鎬參知政事。

五月辛酉，夏竦罷，宋庠爲樞密使，龐籍參知政事。

六月戊辰朔，詔近臣舉文武官材堪將帥者。丙子，河決澶州商胡埽。壬辰，以久雨齋禱。甲午，明鎬卒。乙未，詔館閣官須親民一任，方許入省、府及轉運、提點刑獄差遣。丙申，章得象薨。

秋七月戊戌，以河北水，令州縣募饑民爲軍。辛丑，罷鑄鐵錢。

八月己丑，以河北、京東西水災，罷秋宴。

九月戊午，詔三司以今年江、淮漕米轉給河北州軍。

冬十一月己亥，作「皇帝欽崇國祀之寶」。壬戌，出廩米減價以濟畿內貧民。

十二月乙丑朔，以霖雨爲災，頒德音，改明年元，減天下囚罪一等，徒以下釋之。出內藏錢帛賜三司，貿粟以濟河北，流民所過，官爲舍止之，所齎物毋收算。丁卯，册美人張氏爲貴妃。戊子，遣使體量安撫利州路。

是歲，廬州合肥縣稻再實。交州來貢。

皇祐元年春正月甲戌朔，日有食之。以河北水災，罷上元張燈，停作樂。庚戌，張士遜薨。己未，詔以緡錢二十萬市穀種分給河北貧民。辛酉，詔臺諫非朝廷得失、民間利病，毋風聞彈奏。

二月戊辰，以河北疫，遣使頒藥。辛未，發禁軍十指揮赴京東、西路備盜。

三月丁巳，錄繫囚。己未，契丹遣使來告伐夏國。庚申，翰林院學士錢明逸報使契丹。

是月，賜禮部奏名進士、諸科及第出身千三百九人。

四月癸未，梓州轉運司言淯井監夷人平。

六月甲子，蠲河北復業民租賦二年。甲戌，始置觀文殿大學士。戊寅，詔中書、樞密非聚議毋通賓客。戊子，詔轉運使、提點刑獄，所部官吏受贓失覺察者，降黜。

秋七月丁酉，詔臣僚毋得保薦要近內臣。己未，詔諸州歲市藥以療民疾。

八月壬戌，陳執中罷。以文彥博爲昭文館大學士，宋庠同中書門下平章事、集賢殿大學士，龐籍爲樞密使，高若訥參知政事，梁適爲樞密副使。甲申，策制舉、武舉人。

九月乙巳，廣源州蠻儂智高寇邕州，詔江南、福建等路發兵以備。戊午，太白犯南斗。己未，罷武舉。

冬十一月丙申，詔：河北被災民八十以上及篤疾不能自存者，人賜米一石、酒一斗。辛丑，詔民有冤、貧不能詣闕者，聽訴於監司以聞。

十二月甲子，遣入內供奉高懷政督捕邕州盜賊。

是歲，大留國來貢。

校勘記

〔一〕詔罷陝西都部署分四路置使　「陝西」二字原缺。按長編卷一三四，這時罷陝西馬步軍都部署兼經略安撫沿邊招討使，始分陝西爲四路；十朝綱要卷五並說：這時「分緣邊爲秦鳳、涇原、環慶、鄜延四路，命知秦、渭、慶、延州者領之。」據補。

〔二〕耶律仁先　原作「耶律仁起」，據遼史卷一九興宗紀、長編卷一三七改。

〔三〕刺陝西保捷軍　「刺」，原作「敕」，據本書卷一九〇兵志、長編卷一三八改。

〔四〕虎翼卒王倫叛于沂州　「沂州」，原作「忻州」，據長編卷一四一、宋會要兵一〇之一四改。

〔五〕區希範　原作「歐希範」，據本書卷四九五環州蠻傳、卷三〇〇杜杞傳、長編卷一四八、宋會要蕃夷五之八二至八三改。下文五年三月甲子條同。

〔六〕十一月壬戌以西界內附香布爲團練使　此句有誤。據長編卷一五二，這年十月庚戌「西界努瑪族太尉香布以其族十八人內附，詔以香布爲右千牛衞將軍、本族巡檢。香布子團練使瑪爾布爲右班殿直。」注說：「瑪爾布授官乃十一月壬戌，今并書。」

〔七〕遣官議夏國公封界　長編卷一五九載此事云：「遣著作佐郎楚建中往延州同議夏國封界事。」

〔八〕許中外臣僚實封條上三事　此語有誤。長編卷一六〇引詔說：「中外臣僚指當世切務實封條上，三事大夫其協心交儆。」此詔見宋大詔令集卷一五三，作「應中外文武臣僚並許實封言當世切務，三事大夫其協心交儆。」

宋史卷十二

本紀第十二

仁宗四

二年春正月癸卯，以歲饑罷上元觀燈。壬子，命近臣同三司較天下財賦出入之數。

二月甲申，出內庫絹五十萬，下河北、陝西、河東路，以備軍賞。

三月戊子朔，詔：季秋有事于明堂。己丑，以大慶殿爲明堂。甲午，遣官祈雨。丁酉，月犯軒轅大星。戊戌，詔：明堂禮成，羣臣毋上尊號。庚子，契丹遣使以伐夏師還來告。丙午，雨。己酉，詔：兩浙流民聽人收養。翰林學士趙槩報使契丹。

夏五月丁亥朔，新作明堂禮神玉。己亥，旌定州義民李能。

六月己未，出新製明堂樂八曲。丁卯，以自製黃鐘五音五曲，並肄于太常。庚午，定選舉縣令法。壬申，月犯塡星。癸未，錄繫囚。

八月庚申〔二〕，熒惑入輿鬼，犯積尸。癸亥，出內藏絹百萬市糴軍儲。壬申，深州大雨，壞廬舍。

九月丁亥，閱雅樂。己酉，朝饗景靈宮。庚戌，饗太廟。辛亥，大饗天地于明堂，以太祖、太宗、眞宗配，如圜丘。大赦，百官進秩一等。詔：「自今內降指揮，百司執奏毋輒行。敢因緣干請者，諫官、御史察舉之。」

冬十月庚午，熒惑犯太微上將。乙亥，宴京畿父老于錫慶院。

閏十一月己未，詔后妃之家毋得除二府職任。丙寅，秀州地震，有聲如雷。丁卯，詔中書門下省、兩制及太常官詳定太樂。河北水，詔蠲民租，出內藏錢四十萬緡、絹四十萬匹付本路，使措置是歲芻糧。

十二月甲申，定三品以上家廟制。唃廝囉、西蕃瞎氊、西南蕃龍光瀧、占城、沙州來貢，涇原路生戶都首領那龍男阿日丁內附。

三年春正月乙丑，幸魏國大長公主第視疾。

二月丙戌，宰臣文彥博等進皇祐大饗明堂記。己亥，復行河北沿邊州軍入中糧草見錢法。

三月庚申，宋庠罷，以劉沆參知政事。癸酉，儂智高表獻馴象及金銀，卻之。

夏四月癸未，詔：「河北流民相屬，吏不加恤，而乃飾廚傳，交賂使客，以取名譽。自今非犒設兵校，其一切禁之。」丙申，太白晝見。

五月庚戌，以恩、冀州旱，詔長吏決繫囚。壬申，置河渠司。乙亥，頒簡要濟衆方，命州縣長吏按方劑以救民疾。

六月丁亥，無爲軍獻芝草，帝命姑免知軍茹孝標罪，戒州郡自今勿復獻。丁丑，錄繫囚。

秋七月癸丑，詔：「少卿、監以下，年七十不任釐務者，御史臺、審官院以聞。嘗任館閣、臺諫及提刑者，中書裁處。待制以上能自引年，則優加恩禮。」丙辰，以孔氏子孫復知仙源縣事。丁巳，兩制、禮官上大樂，名曰大安。辛酉，河決大名府郭固口。乙丑，罷、徙州縣長吏不任事者十有六人。丙子，減郴永州、桂陽監丁身米歲十萬餘石。

八月丙戌，遣使安撫京東、淮南、兩浙、荆湖、江南饑民。辛卯，詔諸路監司具所部長吏治狀能否以聞。是月，汴河絕流。

冬十月庚子，文彥博罷，以龐籍同中書門下平章事、昭文館大學士，高若訥爲樞密使，梁適參知政事，王堯臣爲樞密副使。

十一月辛亥，減漳州、泉州、興化軍丁米。

十二月庚辰，新作渾儀。庚子，詔文武官七十以上未致仕者，更不考課遷官。甲辰，罷災傷州軍貢物。

是歲，涇原樊家族密厮歌內附。

四年春正月己巳，詔諸路貸民種。乙亥，塞大名府決河。

二月庚子，蠲湖州民所貸官米。

三月己酉，詔禮部貢舉。丙辰，蠲江南路民所貸種數十萬斛。辛酉，錄繫囚。辛未，詔宮禁市物給實直，非所闕者毋市。

夏四月庚辰，詔：修河兵夫逃亡死傷，會其數，以議官吏之罰。廣源州蠻儂智高反。

五月乙巳朔，智高陷邕州，遂陷橫、貴等八州，圍廣州。壬申，命知桂州陳曙率兵討智高。

六月乙亥，起前衞尉卿余靖爲祕書監、湖南安撫使、知潭州，前尚書屯田員外郎、直史館楊畋體量安撫廣南、提舉經制盜賊事。庚辰，改余靖爲廣西安撫使、知桂州，命同提點廣東刑獄李樞與陳曙討智高，廣東轉運鈐轄司發兵援之。丁亥，以狄青爲樞密副使。

秋七月乙巳，出內藏錢絹助河北軍儲。丙午，命余靖經制廣南盜賊事。丁巳，大風拔木。壬戌，智高引衆去廣州，廣東兵馬鈐轄張忠、知英州蘇緘邀擊于白田，忠戰歿。甲子，廣東兵馬鈐轄蔣偕又敗于路田。

八月癸未，詔開封府，比大風雨，民廬摧圮壓死者，官爲祭斂之。辛卯，命樞密直學士孫沔安撫湖南、江西，內侍押班石全斌〔二〕副之。

九月丁巳，命余靖提舉廣南兵甲經制賊盜事。庚申，廣西兵馬鈐轄王正倫討智高于昭州館門驛，戰歿。智高入昭州。庚午，以狄青爲宣徽南院使、宣撫荊湖路、提舉廣南經制賊盜事。是月，智高襲殺蔣偕于太平場。

冬十月丙子，太白犯南斗。詔鄜延、環慶、涇原路擇蕃落廣銳軍各五千人〔三〕赴廣南行營。丁丑，智高入賓州。甲申，復入邕州。丁亥，以諸路飢疫幷征徭科調之煩，令轉運使、提點刑獄、親民官條陳救恤之術以聞。

十一月壬寅朔，日有食之。戊午，詔免江西、湖南、廣南民供軍須者今年秋租十之三。

十二月壬申朔，廣西兵馬鈐轄陳曙討智高兵，戰于金城驛。壬辰，觀新樂。乙未，錄唐顏眞卿後。

是歲，河北路及鄜州水，蠲河北民積年逋負、鄜州民稅役。

五年春正月壬寅朔，御大慶殿受朝。庚戌，以廣南用兵，罷上元張燈。白虹貫日。丁巳，會靈觀火。戊午，狄青敗智高于邕州，斬首五千餘級，智高遁去。甲子，遣使撫問廣南將校，賜軍士緡錢。

二月癸未，狄青復爲樞密副使。甲申，赦廣南。凡戰歿者，給櫝護送還家，無主者葬祭之。賊所過郡縣，免其田租一年，死事家科徭二年。貢舉人免解至禮部，不預奏名者亦以名聞。丙戌，詔廣西都監蕭注等追捕智高。丁亥，下德音：減江西、湖南繫囚罪一等，徒以下釋之。丁壯饋運廣南軍須者，減夏稅之半，仍免差徭一年。戊子，詔：百官遇南郊奏薦，無子孫者聽奏期親一人。乙未，詔：宗室通經者，大宗正司以聞。

三月癸亥，遣使奉安太祖御容于滁州，太宗御容于并州，眞宗御容于澶州。是月，賜禮部奏名進士、諸科及第出身千四十二人。

夏四月甲午，命劉沆、梁適監議大樂。

五月乙巳，詔輔臣凡有大政，許復對後殿。高若訥罷，以狄青爲樞密使。丁未，孫沔爲樞密副使。戊申，詔轉運使毋取羨餘以助三司。庚戌，詔：智高所至州，無城壘，若兵力不敵而棄城者，奏裁。壬子，錄繫囚。丁巳，詔轉運司振邕州貧民，戶貸米一石。甲子，詔諫官、御史毋挾私以中善良，及臣僚言機密事毋得漏泄。

六月乙亥，御紫宸殿按大安樂，觀宗廟祭器。丙戌，作集禧觀成。乙未，詔：「河北荐饑，轉運使察州縣長吏能招輯勞來者，上其狀；不稱職者，舉劾之。」

秋七月乙巳，詔：荊湖北路民因災傷所貸常平倉米免償。己酉，詔：薦舉非其人者，令御史臺彈奏，見任監司以上弗許薦論。戊午，詔太常定謚，毋爲溢美。

閏月戊辰，詔：廣南民逃未還者，限一年歸業，其復三歲。壬申，龐籍罷，以陳執中同中書門下平章事、昭文館大學士，梁適同中書門下平章事、集賢殿大學士。乙亥，詔武臣知州軍，須與僚屬參議公事，毋專決。庚辰，秦鳳路言總管劉煥等破蕃部，斬首二千餘級。

八月丁酉朔，詔：民訴災傷而監司不受者，聽州軍以狀聞。辛酉，策制舉、武舉人。壬戌，詔：南郊以太祖、太宗、眞宗並配。

九月乙酉，觀新樂。

冬十月丙申朔，日有食之。壬子，作「鎭國神寶」。丁巳，詔：以蝗旱，令監司諭親民官上民間利害。

十一月丁卯，朝饗景靈宮。戊辰，饗太廟、奉慈廟。己巳，祀天地于圜丘，大赦。丁丑，加恩百官。戊子，放天下逋負。

十二月戊午，詔轉運官毋得進羨餘。壬戌，以曹、陳、許、鄭、滑州爲輔郡，隸畿內，置京畿轉運使。

是歲，占城國來貢。

至和元年春正月辛未，詔：「京師大寒，民多凍餒死者，有司其瘞埋之。」壬申，碎通天犀和藥以療民疫。癸酉，貴妃張氏薨，輟視朝七日，禁京城樂一月。丁丑，追册爲皇后，賜謚溫成。辛卯，錄繫囚，減三京、輔郡雜犯死罪一等，徒以下釋之。

二月庚子，詔：「治河堤民有疫死者，蠲戶稅一年；無戶稅者，給其家錢三千。」壬戌，孫沔罷，以田況爲樞密副使。

三月己巳，王貽永罷，以王德用爲樞密使。辛未，命曾公亮等同試入內醫官。壬申，賜邊臣攻守圖。置京畿提點刑獄。乙亥，太史言日當食四月朔。庚辰，下德音，改元，減死罪一等，流以下釋之。癸未，易服，避正殿，減常膳。乙酉，詔：京西民飢，宜令所在勸富人納粟以振之。

夏四月甲午朔，日有食之，用牲于社。辛丑，御正殿，復常膳。祥源觀火。

五月戊寅，以河北流民稍復，遣使安撫。壬辰，太白晝見。

秋七月丁卯，以程戡參知政事。立溫成園。戊辰，梁適罷。己巳，出御史馬遵、呂景初、吳中復。

八月丁酉，詔：「前代帝王後嘗仕本朝，官八品以下，其祖父母、父母、妻子犯流以下罪〔四〕，聽贖；未仕而嘗受朝廷賜者，所犯非兇惡，亦聽贖。」丙午，以劉沆同中書門下平章事、集賢殿大學士。命修起居注官侍經筵。

九月乙亥，契丹遣使來告夏國平。辛巳，遣三司使王拱辰報使契丹。己丑，太白晝見。

冬十月辛卯朔，太白晝見。壬辰，詔：「士庶家毋得以嘗傭顧之人爲姻，違者離之。」丁酉，葬温成皇后。丙午，温成皇后神主入廟。戊午，幸城北砲場觀發砲，宴從臣，賜衞士緡錢。

十一月甲子，出太廟禘、祫、時饗及温成皇后廟祭饗樂章〔五〕，肄于太常。

十二月丙午，詔司天監天文算術官毋得出入臣僚家。癸丑，詔：內侍傳宣，令都知司箚報，被旨者覆奏。

是歲，融州大丘洞楊光朝內附。

二年春正月丁卯，奉安眞宗御容于萬壽觀。減畿內、輔郡囚罪一等，徒以下釋之。賜諸軍緡錢。戊辰，邕州言蘇茂州蠻內寇，詔廣西發兵討之。丁亥，晏殊薨。

二月壬辰，汾州團練推官郭固上車戰法，既試之，授衞尉丞。

三月丁卯，詔修起居注立於講讀官之次。丙子，封孔子後爲衍聖公。是月，以旱除畿內民逋負及去年秋逋稅，罷營繕諸役。

夏四月己亥，契丹遣使賀乾元節，以其主之命持本國三世畫像來求御容。辛亥，定差衙前法。乙卯，出米京城門，下其價以濟流民。

五月己未，錄繫囚。辛酉，詔中書公事並用祖宗故事。戊寅，詔戒百官務飭官守。

六月戊戌，陳執中罷。以文彥博同中書門下平章事、昭文館大學士，劉沆監修國史，富弼同中書門下平章事、集賢殿大學士。乙巳，儂智高母儂氏、弟智光、子繼宗繼封伏誅。

秋八月戊子，減畿內、輔郡四罪一等，徒以下釋之。乙未，置臺諫章奏簿。壬子，詔中書、樞密院第宗姓服屬，自明堂覃恩後及十年者，咸與進官。

九月戊午，契丹使來告其國主宗眞殂，帝爲發哀，成服于內東門幕次，遣使祭奠、弔慰及賀其子洪基立。戊辰，詔：試醫官須引醫經、本草以對，每試十道，以六通爲合格。辛巳，罷輔臣、宣徽、節度使乾元節任子恩。

冬十月丙戌，錄唐長孫無忌後。己丑，詔京畿毋領輔郡，罷京畿轉運使、提點刑獄。癸丑，下溪州蠻彭仕義內寇，詔湖北路發兵捕之。

十一月乙卯，交趾來告李德政卒，其子日尊上德政遺留物〔六〕及馴象。己未，行並邊見錢和糴法。

十二月丁亥，修六塔河。丁酉，詔：武臣有贓濫者毋得轉橫行，其立戰功者許之。庚子，契丹遣使致其主宗眞遺留物及謝弔祭。庚戌，太白晝見。壬子，作醴泉觀成。

是歲，西界阿訛等內附，詔遣還。龍賜州彭師黨以其族來歸，大食國、西蕃、安化州蠻來貢。

嘉祐元年春正月甲寅朔，御大慶殿受朝。是日，不豫。辛酉，輔臣禱祠于大慶殿，齋宿殿廡。近臣禱于寺觀，及遣諸州長吏禱于嶽瀆諸祠。壬戌，御崇政殿。癸亥，賜在京諸軍緡錢。甲子，赦天下，蠲被災田租及倚閣稅。戊辰，罷上元張燈。辛未，命輔臣禱天地、宗廟、社稷。是月，大雨雪，木冰。

二月甲辰，帝疾愈，御延和殿。

三月丁巳，詔禮部貢舉。辛未，司天監言：自至和元年五月，客星晨出東方守天關，至是沒。壬申，遣官謝天地、宗廟、社稷、寺觀、諸祠。癸酉，契丹遣使來謝。

閏月癸未朔，以王堯臣參知政事，程戡爲樞密副使。詔前後殿間日視事。

夏四月壬子朔，六塔河復決。丙辰，裁定補蔭選舉法。甲戌，錄繫囚。是月，大雨，水注安上門，門關折，壞官私廬舍數萬區。諸路言江、河決溢，河北尤甚。

六月辛亥朔，詔：雙日不御殿，伏終如舊。辛未，免畿內、京東西、河北被水民賦租。乙亥，雨壞太社、太稷壇。戊寅，遣使安撫河北。己卯，詔羣臣實封言時政闕失。

秋七月乙酉，命京東西、湖北監司分行水災州軍振飢蠲租。丙戌，賜河北流民米，壓溺死者賜其家錢有差。己丑，出內藏銀絹三十萬振貸河北。月入南斗。乙巳，貸被水災民麥種。是月，彗出紫微垣，長丈餘。環州小遇族叛，知州張揆破降之。

八月庚戌朔，日有食之。癸亥，狄青罷，以韓琦爲樞密使。是夕彗滅。甲子，出恭謝樂章，肄于太常。乙亥，朝謁景靈宮，減京城繫囚徒罪一等，杖笞釋之。戊寅，詔湖北招安彭仕義。

九月庚寅，命宰臣攝事于太廟。辛卯，恭謝天地于大慶殿，大赦，改元。丁酉，加恩百官。庚子，賜致仕卿、監以上及曾任近侍之臣粟帛酒饌。癸卯，舉行御史遷次格。自京至泗州置汴河木岸。

十一月辛巳，王德用罷，賈昌朝爲樞密使。

十二月壬子，劉沆罷，以曾公亮參知政事。甲子，白虹貫日。

是歲，西蕃磨氊角、占城、大食國來貢。融、桂州蠻楊克端等內附。

二年春二月己酉，梓夔路三里村夷人寇淯井監。庚戌，錄繫囚，降罪一等，徒以下釋之。遣使錄三京、輔郡繫囚。壬戌，杜衍薨。澧州羅城洞蠻內寇，發兵擊走之。癸酉，王德用卒。是月，雄、霸州地震。

三月戊寅，振河北被災民。乙未，契丹使耶律防、陳覬來求御容。戊戌，淮水溢。遣張昪報使契丹。癸卯，狄青卒。是月，賜禮部奏名進士、諸科及第出身八百七十七人。親試舉人免黜落始此。

夏四月丁未，以河北地數震，遣使安撫。丙寅，幽州地大震，壞城郭，覆壓死者數萬人。

五月庚辰，管勾麟府軍馬公事郭恩爲夏人所襲，歿于斷道塢。己亥，詔舉行磨勘法。己巳，邕州火峒蠻儂宗旦入寇。癸酉，以彭仕羲未降，遣官安撫湖北。

六月戊午，夏國主諒祚遣人來謝使弔祭。戊辰，以淑妃苗氏爲賢妃。

秋七月辛巳，詔河北諸道總管分遣兵官教閱所部軍。辛卯，命孫抃、張昪磨勘轉運使及提點刑獄課績。丁酉，詔陝西、河北諸路經略安撫舉文武官材堪將領者各一人。

八月己酉，詔：每歲賜諸道節鎭、諸州錢有差，命長吏選官和藥，以救民疾。壬子，命富弼等詳定編敕。庚申，錄繫囚，降罪一等，徒以下釋之。癸亥，策制舉人。丁卯，置廣惠倉。

九月庚子，契丹再使蕭扈、吳湛來求御容。

冬十月乙巳，遣胡宿報使契丹。丙午，班祿令。

十一月丙申，詔三司使體量判官才否以聞。

十二月戊申，詔：「自今間歲貢舉，天下進士、諸科解舊額之半，置明經科，罷說書舉人。」辛亥，立內降闕白二府法。

是歲，西蕃瞎氈并諸族、西平州黔南道王石自品〔七〕、西南蕃鶇州來貢。

三年春正月戊戌，鑿永通河。

二月癸卯，契丹使來告其祖母哀，輟視朝七日，遣使祭奠弔慰。癸丑，錄繫囚，降罪一等，徒以下釋之。

三月甲戌，詔禮部貢舉。

夏四月甲子，吳育卒。乙丑，罷睦親宅祖宗神御殿。丙辰，詔：「守令或貪恣耄昏，以弛爲寬，以苛爲察，以增賦斂爲勞，以出入刑罰爲能，而部使者莫之舉劾。自今其各思率職，毋撓權倖，毋縱有罪，以稱朕意。」

五月壬申，增國子監生員。甲午，契丹遣使致其祖母遺留物。

六月丙午，文彥博、賈昌朝罷，以富弼爲昭文館大學士，韓琦同中書門下平章事、集賢殿大學士，宋庠、田況爲樞密使，張昪爲樞密副使。甲寅，詔學士院編國朝制誥。丁卯，交阯貢異獸。

秋七月丙子，詔：「廣濟河溢，原武縣河決，遣官行視民田，振恤被水害者。」癸巳，以夔州路旱，遣使安撫。

八月己亥朔，日有食之。己未，王堯臣卒。庚申，彭仕羲率衆降。

九月癸酉，議罷榷茶法。己丑，契丹遣使來謝。

冬十月癸亥，除河北坊郭客戶乾食鹽錢。

十一月癸酉，議減冗費。己丑，置都水監，罷三司河渠司。

十二月己巳，詔三司歲上天下稅賦之數，三歲一會虧羸以聞。

閏月丁卯朔，詔：「吏人及伎術官職，毋得任知州軍、提點刑獄，自軍班出至正任者，方得知邊要州軍。」丁丑，詔裁定制科及進士高第人恩數。庚辰，詔：明年正旦日食，其自丁亥避正殿，減常膳。宴契丹使，毋作樂。壬午，錄繫囚，降三京囚罪一等，徒以下釋之。

是歲，安化上中下州、北遐鎮蠻人來貢。

四年春正月丙申朔，日有食之。用牲于社。辛丑，御正殿，復常膳。以自冬雨雪不止，遣官分行京城，賜孤窮老疾錢，畿縣委令佐爲糜粥濟飢。壬寅，賜在京諸軍班緡錢。頒嘉祐驛令。

二月己巳，罷榷茶。庚午，廣南言交阯寇欽州。乙亥，以廣惠倉隸司農寺。戊子，白虹貫日。

三月戊戌，命近臣同三司減定民間科率。是月，賜進士、諸科及第出身三百三十九人。

夏四月丁卯，詔孟冬大祫于太廟。癸酉，封柴氏後爲崇義公，給田十頃，奉周室祀。丙子，復銀臺司封駮制。癸未，陳執中薨。辛卯，詔：「中外臣庶居室、器用、冠服、妾媵，有違常制，必罰毋貸。」壬辰，錄繫囚，降罪一等，徒以下釋之。大震電，雨雹。

五月戊戌，詔：「兩制臣僚舊制不許詣執政私第，執政嘗所舉薦不得用爲御史〔八〕，今除其法。」庚子，詔：內臣員多，權罷進養子入內。壬子，遣官經界河北牧地，餘募民種藝。

六月己巳，羣臣請加尊號曰「大仁至治」，表五上，不許。癸酉，詔諸路經略安撫、轉運使、提點刑獄，各舉本部官有行實政事者三人，以備升擢。嘗任兩府者，許舉內外官。丁丑，詔轉運司，凡鄰州饑而輒閉糴者，以違制論。辛卯，放宮女二百十四人。

秋七月丁未，放宮女二百三十六人。

八月乙亥，策制舉人。

冬十月壬申，朝饗景靈宮。癸酉，大祫于太廟，大赦。詔諸路監司察士有學行爲鄉里所推者，同長吏以聞。民父母年八十以上，復其一丁。復益州爲成都府，并州爲太原府。戊寅，加恩百官。

十一月庚子，汝南郡王允讓薨。

十二月丁丑，白虹貫日。

是歲，唃廝囉來貢。

五年春正月辛卯朔，白虹貫日，太白犯歲星。己亥，錄劉繼元後。

二月壬戌，錄繫囚。

三月壬辰，詔禮部貢舉。癸巳，劉沆薨。乙未，歲星晝見。壬子，詔以蝗滂相仍，敕轉運使、提點刑獄督州縣振濟，仍察不稱職者。

夏四月癸未，程戡罷，以孫抃爲樞密副使。丙戌，命近臣同三司議均稅。

五月戊子朔，京師民疫，選醫給藥以療之。己丑，京師地震。丁酉，詔三司置寬恤民力司。己酉，王安石召入爲三司度支判官。丁巳，錄繫囚，降罪一等，徒以下釋之。

六月乙丑，詔戒上封告訐人罪或言赦前事，及言事官彈劾小過不關政體者。乙亥，遣官分行天下，訪寬恤民力事。

秋七月癸巳，邕州言交阯與甲峒蠻合兵寇邊，都巡檢宋士堯拒戰死之，詔發諸州兵討捕。丙申，詔待制、臺諫官、正刺史以上各舉諸司使至三班使臣堪將領及行陣戰鬬者三人。戊戌，翰林學士歐陽脩上新修唐書。庚戌，詔中書門下采端實之士明進諸朝，辨激巧僞者放黜之。

八月壬申，詔求逸書。庚辰，置陝西估馬司。乙酉，罷諸路同提點刑獄使臣。丙戌，置江、湖、閩、廣、四川十一路轉運判官。

九月己丑，太白晝見。

冬十月乙酉，深州言野蠶成繭，被于原野。

十一月辛卯，罷內臣寄遷法。辛丑，宋庠罷。以曾公亮爲樞密使，張昪、孫抃爲參知政事，歐陽脩、陳升之、趙槩爲樞密副使。

十二月己卯，蘇茂州蠻寇邕州。辛巳，補諸州父老百歲以上者十二人爲州助教。

是歲，大食國來貢。

六年春正月乙未，許兩制與臺諫相見。

二月丁巳，詔：宗室賜名授官者，須年及十五方許轉官。乙丑，詔：良民子弟或爲人誘隸軍籍，自今兩月內父母訴官者還之。丙寅，錄繫囚，降罪一等，徒以下釋之。

三月己亥，富弼以母喪去位。庚子，以富弼母喪罷大宴。戊申，給西京周廟祭享器服。是月，賜進士、諸科及第同出身二百九十五人。

夏四月辛酉，詔：嶺南官吏死于儂賊而其家流落未能自歸者，所在給食，護送還鄉。庚辰，陳升之罷，以包拯爲樞密副使。出諫官唐介趙抃、御史范師道呂誨。

五月丙戌，官諸路敦遺行義文學之士七人。庚戌，錄繫囚，降罪一等，徒以下釋之。分命官錄三京繫囚。

六月壬子朔，日有食之。乙丑，太白晝見。壬申，歲星晝見。丙子，以司馬光知諫院，入對。戊寅，以王安石知制誥。

秋七月乙酉，泗州淮水溢。丙戌，詔淮南、江、浙水災，差官體量蠲稅。戊子，錄昭憲皇太后、孝明孝惠孝章淑德皇后家子孫，進秩授官者十有九人。癸巳，詔：「臺諫爲耳目之官，乃聽險陂之人興造飛語，中傷善良，非忠孝之行也。中書門下其申儆百工，務敦行實，循而弗改者絀之。」

八月乙亥，策制舉人。丁丑，詔：「諸路刺舉之官，未有以考其賢否，比令有司詳定厥制，其各務祗新書，以稱朕意。仍令考校轉運、提刑課績院以新定條目施行。」戊寅，詔：州縣長吏有清白不擾而實惠及民者，令本路監司保薦再任，政迹尤異，當加獎擢。

閏月乙酉，復以成都府爲劍南西川節度。庚子，以韓琦爲昭文館大學士，曾公亮同中書門下平章事、集賢殿大學士，張昇爲樞密使。辛丑，以胡宿爲樞密副使。

冬十月壬午，定內侍磨勘法。丙戌，詔京西、淮、浙、荆湖增置都同巡檢。壬辰，起復皇姪前右衞大將軍岳州團練使宗實爲泰州防禦使〔九〕，知宗正寺。辭以喪不拜。

十一月己巳，許夏國用漢衣冠。癸酉，賜昭憲皇太后家信陵坊第。戊寅，許康州刺史李樞以己官封贈父母。

十二月丙戌，復豐州。庚寅，命諸路總管集隨軍功過簿，以備遷補。

是歲，冬無冰。占城國獻馴象，安化州蠻來貢。

七年春正月辛未，復命皇姪宗實爲泰州防禦使，知宗正寺。乙亥，詔南郊以太祖配爲定制。改温成皇后廟爲祠殿。

二月己卯朔，更江西鹽法。詔開封府市地于四郊，給錢瘞民之不能葬者。癸未，錄繫四，命官錄被水諸州繫囚。

三月辛亥，詔禮部貢舉。乙卯，孫抃罷，以趙槩參知政事，吳奎爲樞密副使。甲子，以旱罷大宴。乙丑，祈雨于西太一宮。庚午，謝雨。壬申，徐州彭城、濠州鍾離地生麪十餘頃，民皆取食。

夏四月壬午，頒嘉祐編敕。己丑，夏國主諒祚進馬求賜書，詔賜九經，還其馬。

五月戊午，太白晝見。庚午，包拯卒。

六月丙子朔，歲星晝見。

秋七月戊申，太白經天。壬子，詔季秋有事于明堂。

八月乙亥朔，出明堂樂章，肄于太常。己卯，詔以宗實爲皇子。癸未，賜名曙。丁亥，奉安眞宗御容于壽星觀。庚子，以立皇子告天地宗廟諸陵。

九月乙巳朔，以皇子爲齊州防禦使，進封鉅鹿郡公。己酉，朝饗景靈宮。庚戌，饗太廟。辛亥，大饗明堂，奉眞宗配，大赦。己未，加恩百官。

冬十月乙亥，皇子表辭所除官，賜詔不允。丙戌，白虹貫日。乙未，太白晝見。丙申，詔內藏庫、三司共出緡錢一百萬，助糴天下常平倉。

十二月甲午，德妃沈氏爲貴妃，賢妃苗氏爲德妃。丙申，幸龍圖、天章閣，召羣臣宗室觀祖宗御書。又幸寶文閣，爲飛白書分賜從臣。作觀書詩，命韓琦等屬和，遂宴羣玉殿。庚子，再召從臣于天章閣觀瑞物，復宴羣玉殿。

是歲，冬無冰。占城來貢。

八年春正月辛亥，交阯貢馴象九。

二月癸未，帝不豫。甲申，下德音，減天下囚罪一等，徒以下釋之。丙戌，中書、樞密奏事于福寧殿之西閤。

三月戊申，罷籍薨。癸亥，御內東門幄殿，優賜諸軍緡錢。甲子，御延和殿，賜進士、諸科及第同出身三百四十一人。辛未，帝崩于福寧殿，遺制皇子卽皇帝位，皇后爲皇太后，喪服以日易月，山陵制度務從儉約。謚曰神文聖武明孝皇帝，廟號仁宗。十月甲午，葬永昭陵。

贊曰：仁宗恭儉仁恕，出於天性，一遇水旱，或密禱禁廷，或跣立殿下。有司請以玉淸舊地爲御苑，帝曰：「吾奉先帝苑囿，猶以爲廣，何以是爲？」燕私常服澣濯，帷帟衾裯，多用繒絁。宮中夜飢，思膳燒羊，戒勿宣索，恐膳夫自此戕賊物命，以備不時之須。大辟疑者，皆令上讞，歲常活千餘。吏部選人，一坐失入死罪，皆終身不遷。每諭輔臣曰：「朕未嘗詈人以死，況敢濫用辟乎！」

至於夏人犯邊，禦之出境；契丹渝盟，增以歲幣。在位四十二年之間，吏治若媮惰，而任事蔑殘刻之人；刑法似縱弛，而決獄多平允之士。國未嘗無弊倖，而不足以累治世之體；朝未嘗無小人，而不足以勝善類之氣。君臣上下惻怛之心，忠厚之政，有以培壅宋三百餘年之基。子孫一矯其所為，馴致於亂。傳曰：「為人君，止於仁。」帝誠無愧焉！

校勘記

〔一〕八月庚申　原脫，據本書卷五五天文志補；以下兩事長編卷一六九也繫在八月。

〔二〕石全斌　即「石全彬」，見本書卷四六六石知顒傳附傳。

〔三〕五千人　「五千」，原作「五十」，據長編卷一七三、太平治蹟統類卷一〇改。

〔四〕其祖父母父母妻子犯流以下罪　「祖父母」下原脫「父母」二字，據長編卷一七六補。

〔五〕溫成皇后廟祭饗樂章　「廟祭饗」三字原脫，據長編卷一七七、宋會要樂三之一六補。

〔六〕德政遺留物　「遺留物」，原作「遺貢物」，據長編卷一八一、宋會要蕃夷四之三三改。

〔七〕黔南道王石自品　本書卷四九六西南諸夷傳云：「又有張玉、石自品者，嘉祐中來貢。」貴陽府志卷一亦云：「嘉祐二年黔南道張玉、西平州石自品入貢。」疑此文「王」爲「玉」訛，又脫「張」字。

〔八〕執政嘗所舉薦不得用爲御史　「執政嘗」三字原脫，據長編卷一八九、宋史全文卷九補。

〔九〕泰州防御使　「泰州」，原作「秦州」，據長編卷一九五、宋大詔令集卷四一宗實起復制改，下文七年正月辛未條同。